最新 一番よくわかる離婚の準備・手続き・生活設計

監修
弁護士 森 公任
弁護士 森元みのり

西東社

離婚が成立するまでの流れ

まずは、離婚手続きの流れを見てみましょう。夫婦の話し合いによって離婚に合意できれば、協議離婚が成立します。合意できない場合は家庭裁判所で離婚調停。それでも解決できない場合は、離婚裁判を起こすことになります。

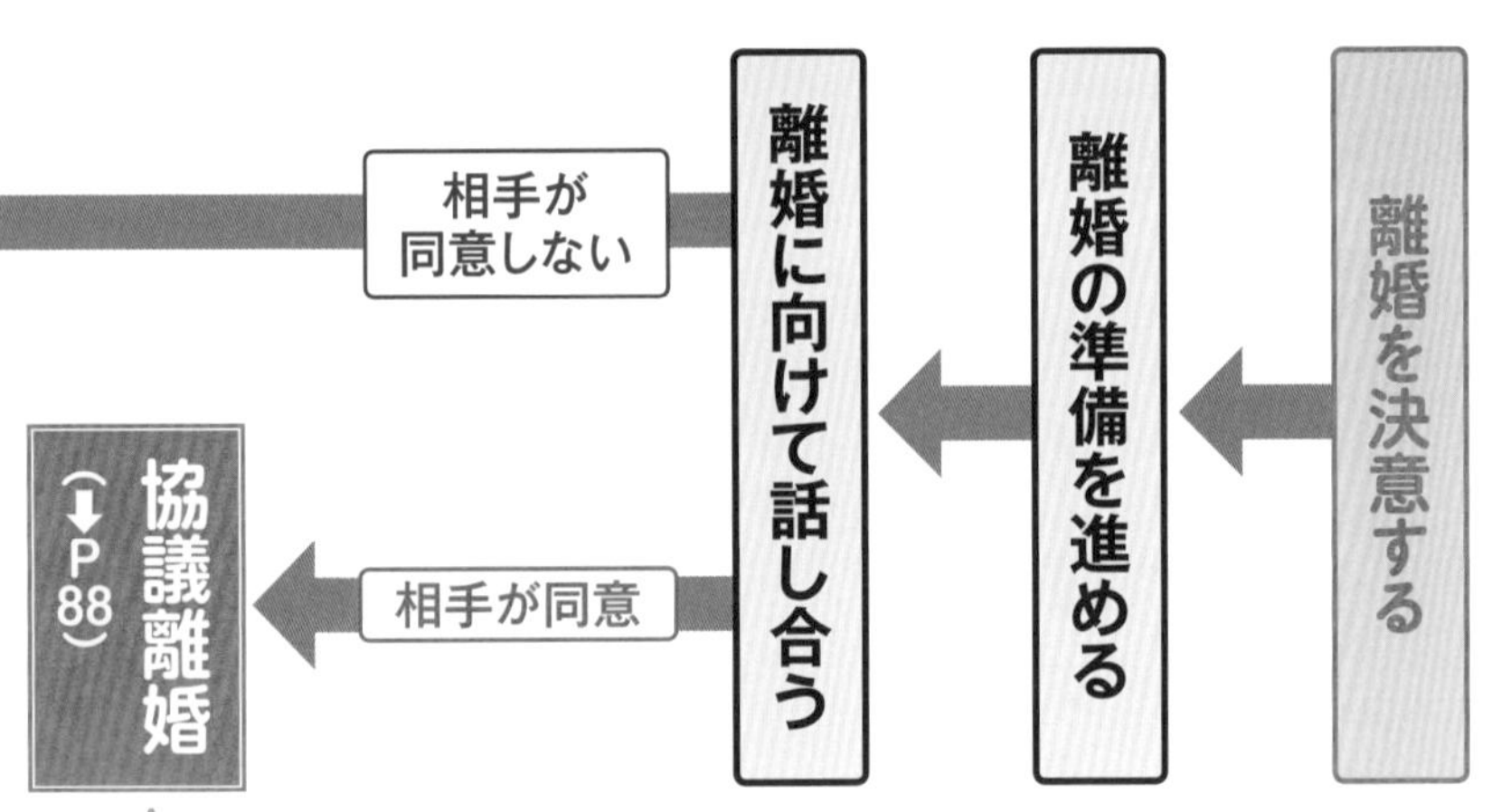

協議離婚の流れ

1 離婚の条件について話し合う。

おもな協議の内容
- 親権者の指定(➡P182)
- 養育費(➡P200)
- 面会交流(➡P192)
- 財産分与(➡P146)
- 婚姻費用(➡P130)
- 慰謝料(➡P140)
- 年金分割(➡P160)

↓

2 離婚の条件について互いに合意する。

↓

3 合意した内容について文書を作成する。(➡P90)

↓

4 離婚届を提出する。(➡P122)

↓

5 離婚が成立。

協議離婚の場合、お互いが合意できればどんな理由で離婚してもかまわない。

家庭裁判所で調停を行う

調停が成立 → 調停離婚（➡P94）

審判離婚が成立する場合もある（➡P28）。

調停が不成立 → 離婚裁判を起こす

裁判を起こす場合は弁護士に依頼するのが基本。

裁判中に和解 → 和解離婚（➡P112）

裁判中に被告が原告の請求を認める → 認諾離婚（➡P113）

判決が出る

離婚が認められる → 裁判離婚（➡P102）

離婚が認められない → 離婚できない

※判決に不服なときは、上級裁判所に上訴することもできる。

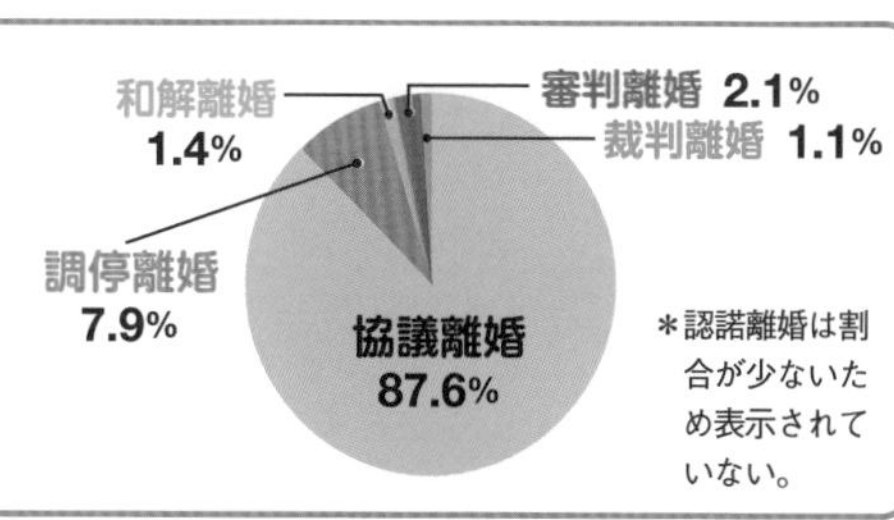

裁判では離婚だけでなく、親権や養育費、財産分与、慰謝料などについても申し立てることができる。

離婚全体の9割近くが協議離婚

協議離婚は圧倒的に多いものの、徐々に割合は低下しつつある。都道府県別では、最も協議離婚の割合が高いのは沖縄県。次いで高知県となっている。

種類	割合
協議離婚	87.6%
調停離婚	7.9%
審判離婚	2.1%
和解離婚	1.4%
裁判離婚	1.1%

＊認諾離婚は割合が少ないため表示されていない。

出典：2022年人口動態統計

離婚を考えたときのセルフチェック

離婚の決断

離婚によって生じるお金のやりとり、また離婚後の収入や支出についてもチェックしておきましょう。同時に、自分の心も整理しておき、自分が本当に離婚できるのか、すべきなのかを見つめ直しましょう。

心のチェックリスト

☐ 離婚したい理由がはっきりしているか?

理由

☐ 離婚する相手と2度と会えなくても後悔しないか?

後悔しない理由

☐ 離婚後はどんな生活を送りたいか?

離婚後の生活ビジョン

☐ 離婚について相談できる人、支えてくれる人がいるか?

相談できる人

☐ 離婚しても自分の心の支えになるものがあるか?

例：仕事、子どもの成長など

☐ 離婚について子どもにきちんと説明できるか?（子どもがいる場合）

説明する内容

Point 上の質問すべてにはっきり回答し、それでも離婚が必要と思えば、離婚に向けて具体的な行動を起こしてもよい。

お金のチェックリスト

入ってくるお金のチェック

予定している金額を実際に書き込んでみましょう。

❶ 離婚後の定期収入

□ 離婚後に定期収入はあるか　[YES , NO]

（YESの場合）

□ 仕事による収入はいくらか?　[毎月＿＿＿＿＿円]

□ 公的な手当はいくら受け取ることができるか?　[毎月＿＿＿＿＿円]

（NOの場合）

離婚後の生活が成り立たない可能性が高いので、離婚後の定期収入を確保しましょう。

❷ 離婚にともなって受け取るお金

□ 離婚によってお金を受け取ることができる　[YES , NO]

（YESの場合）

□ 離婚が成立するまで受け取れる婚姻費用はいくらか?　[毎月＿＿＿＿＿円]

□ 慰謝料はいくら受け取ることができるか?　[＿＿＿＿＿円]

□ 養育費はいくら受け取ることができるか?　[毎月＿＿＿＿＿円]

□ 婚姻期間中に築いた財産はどのくらい受け取ることができるか?

[お金＿＿＿＿＿円] [その他（　　　　）＿＿＿＿＿円相当]

❶と❷の合計額は [＿＿＿＿＿円+毎月＿＿＿＿＿円] = Ⓐ

出て行くお金のチェック

出て行くお金をシミュレーションしてみましょう。

❸ 離婚後の生活費

□ 毎月の支出はいくらか?　[毎月＿＿＿＿＿円]

❹ 離婚にともなって支払うお金

□ 離婚によってお金を支払うことになる　[YES , NO]

（YESの場合）

□ 離婚が成立するまで支払う婚姻費用はいくらか?　[毎月＿＿＿＿＿円]

□ 慰謝料はいくら支払うか?　[＿＿＿＿＿円]

□ 養育費はいくら支払うか?　[毎月＿＿＿＿＿円]

□ 財産分与として相手に渡す財産はどのくらいか?

[お金＿＿＿＿＿円] [その他（　　　　）＿＿＿＿＿円相当]

❸と❹の合計額は [＿＿＿＿＿円+毎月＿＿＿＿＿円] = Ⓑ

Point 離婚後の生活を考えるうえでは、Ⓐ＞Ⓑにすることが基本。支出が収入を上回る場合は、お金を確保できる方法を考えましょう（➡P56、128）。

離婚に悩んだときの選択肢と手順

「離婚」か「関係修復」か

離婚に悩んだときのゴールは、「離婚」か「関係修復」かのどちらかしかありません。夫婦で話し合いの場をもちながら答えを見つけ出していきます。2人で結論が出せないときは、第三者の力を借りることも考えましょう。

【離婚すべきか？ 関係修復できるか？ を考える】

心のチェックとお金のチェックを行う

自分はどこまで離婚に本気なのか、ひとりで生活していけるか…など自分の気持ちを4ページの表を使って整理しましょう。離婚後のお金の問題についても確認しておくことが大切です。

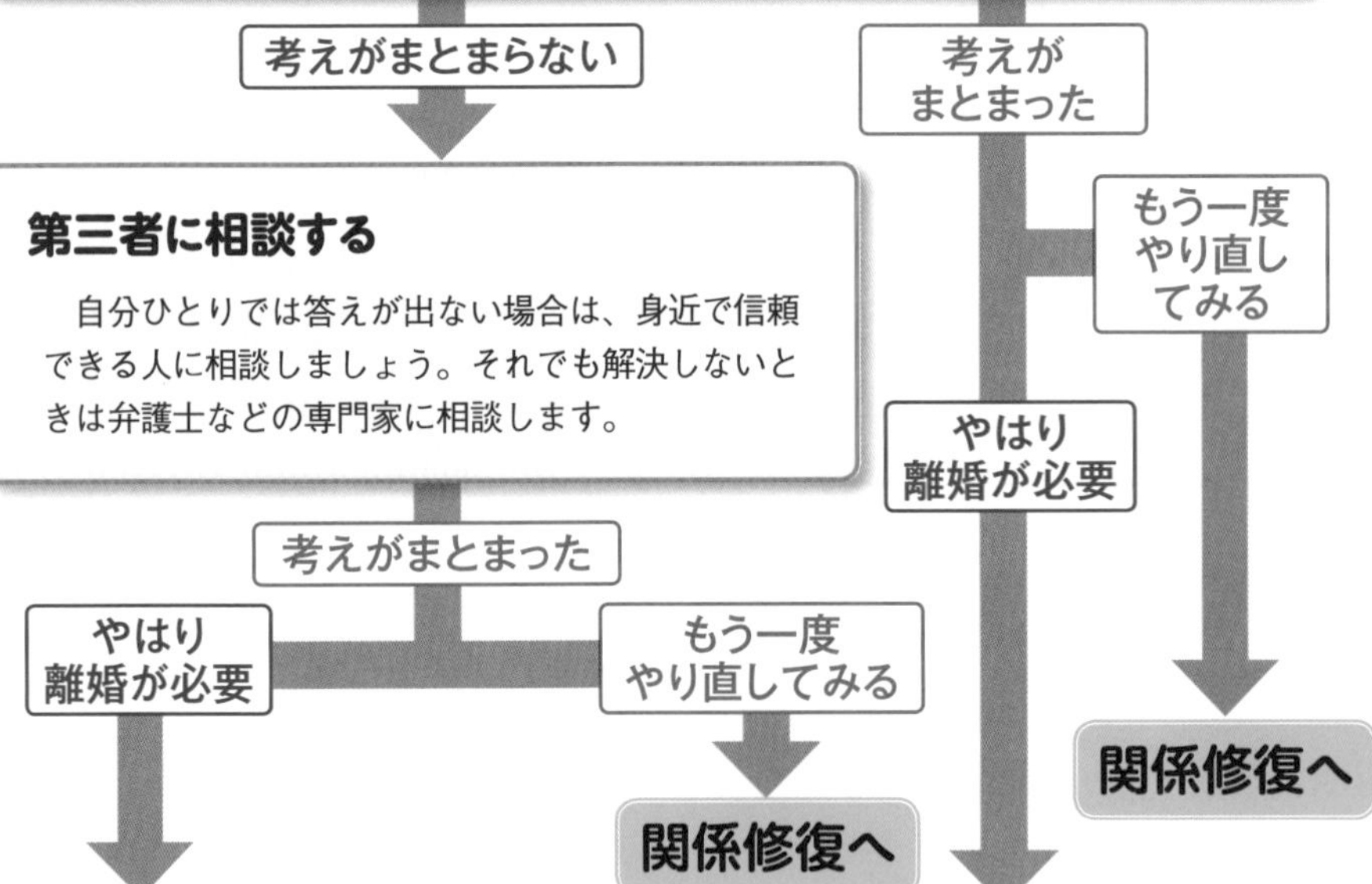

第三者に相談する

自分ひとりでは答えが出ない場合は、身近で信頼できる人に相談しましょう。それでも解決しないときは弁護士などの専門家に相談します。

夫婦で離婚について話し合う

離婚を視野に行動する決断ができたら、夫婦での話し合いの場を設けます。すぐに離婚という結論が出せないときには、一定の期間をおいて、改めて話し合いの場を設けます。離婚に合意できたら、具体的な条件について協議します。

別居してみる

離婚について夫婦で意見が分かれたとき、話し合うことで離婚についての迷いが深まったときには、別居を提案するのも1つの方法です。お互いに距離を置くことで、もう一度自分自身の気持ちを見つめ直します。

離婚への話し合いがまとまらない

もう一度やり直してみる

やはり離婚が必要

離婚の条件を話し合う

お互いが離婚に合意したあとには、離婚の具体的な条件について話し合いを進めます。お金の問題や子どもの問題などについて、双方の条件を提示したうえで協議していきます。

互いに離婚に合意する

離婚へ

関係修復を選択したとき

修復に向けた努力を行います。たとえば、共働き夫婦で家事負担の割合に不満がある場合は、役割分担を決めるなどです。家庭裁判所の調停を利用して話し合う方法もあります。

離婚を選択したとき

離婚の条件に合意できたら、市区町村役場に離婚届を提出し、離婚を成立させます。条件に合意できない場合は、調停や裁判により離婚を成立させることになります。

離婚の基本の知識①

知ってておきたい！離婚の疑問 お金編

離婚するときには、お金の問題を避けて通ることはできません。慰謝料や財産分与、婚姻費用はどうなるのか。もらえるはずだったお金をもらわず後悔しないためにも、基本的な知識を知っておきましょう。

1 慰謝料はどれくらいもらえるものなの？（➡P140）

▶平均100～300万円程度

慰謝料は、浮気や暴力などの精神的または肉体的苦痛に対する損害賠償です。離婚するときに必ずしも発生するものではありません。婚姻期間や支払う側の財力、離婚原因となった行為の内容などを考慮して金額が決められます。

■金額の目安

内容	金額
浮気	100～500万円
DV	50～500万円
悪意の遺棄	50～300万円
性行為の拒否	100～300万円

■慰謝料の支払い額の割合

区分	割合
なし	34%
100万円以内	11%
200万円以内	19%
300万円以内	20%
500万円以内	14%
500万円超	2%

出典：判例タイムズ 788号

2 慰謝料って結婚期間によって変わるもの？

▶5年未満は平均193万円

結婚期間に比例して、慰謝料の額も上がる傾向にあります。しかし、結婚期間が長いからといって必ずしも多額の慰謝料が支払われるとは限らないので注意が必要です。

婚姻期間	平均支払い額
5年未満	193.1万円
5年以上	304.3万円
10年以上	438.0万円
15年以上	534.9万円
20年以上	699.1万円

出典：厚生労働省「平成11年度 人口動態統計特殊報告 離婚に関する統計」より1998年を抜粋

3 財産分与ってどれくらいもらえるものなの？（➡P146）

▶50%ずつが原則

妻が専業主婦だった場合も、財産の名義が夫だった場合も、財産は夫婦のものとして原則2分の1ずつ分けることとなっています。

4 こっそり貯めていたへそくりも分けないといけないの？（➡P158）

▶結婚後につくったものは分けなければならない

へそくりは夫婦が協力して得た共有財産とされ、財産分与の対象となります。しかし、へそくりの存在を正確に申告しているケースは多くありません。

5 どんなものが財産分与の対象になるの？（➡P146）

▶結婚後につくった財産は分与の対象となる

結婚生活を始めた日以降に、夫婦が協力して得た財産は、どれも共有財産とみなされます。独身時代からの貯蓄や相続した財産は財産分与の対象外です。

分けられる財産

- 現金や預貯金
- 不動産
- 株式、有価証券
- 退職金
- 年金
- 保険
- 自家用車、家財道具
- 住宅ローン

分けられない財産

- 独身時代から所有している預貯金など
- 資格
- 相続や贈与で得たもの
- 日用品
- 独身時代の借金

6 婚姻費用ってどういうものなの？（➡P130）

▶結婚生活を送るための生活費

婚姻費用とは、結婚生活を送るための生活費、医療費、交際費などの費用のことです。夫婦には婚姻費用を分かち合う義務があり、離婚に向けて別居している間も、扶養を必要としているほうが婚姻費用を請求することができます。たとえ浮気をして離婚原因をつくった側でも、子どもの分は婚姻費用を請求できます。ただし、慰謝料を請求される可能性があります。

7 財産分与の平均額は？

▶半数近くが400万円以下

100万円以下が約4分の1で、1,000万円超はほとんどありません。

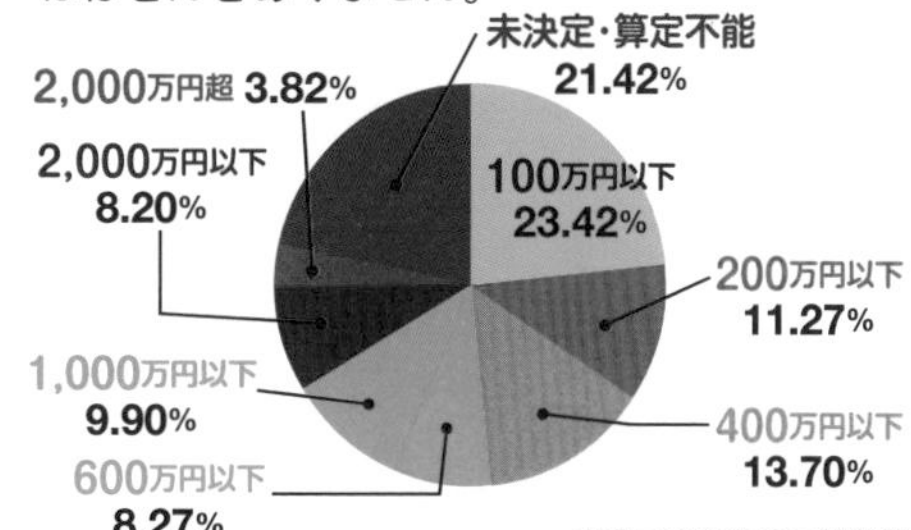

出典：2020年度司法統計

知っておきたい！離婚の疑問　子ども編

離婚の基本の知識②

両親の離婚は、子どもにも大きな影響を与えます。子どもの健全な成長を見守るのは親の義務です。親権や養育費といった問題について、子どもの幸せを最優先に考えるためにも、正しい知識をもちましょう。

1 親権者はどうやって決まるの？（➡P184）

▶同居している親が有利。子どもの年齢も判断基準となる

子どもの生活環境を維持するため、同居している親が優先されます。また幼い子は主たる監護者が優先され、15歳以上は子ども本人の意思が尊重されます。

2 親権者は離婚後でも変更できる？（➡P188）

▶できる

離婚したあとでも、家庭裁判所に申し立て、親権者を変更することができます。ただし、変更するためには相応の理由が必要になります。

3 子どもを虐待する親権者はどうすればいい？（➡P190）

▶相手の親権をはく奪（だつ）できる

親権者が子どもを虐待しているなど、親権者によって子どもの利益が著しく害されている場合は、家庭裁判所に審判を申し立て、親権を喪失させることができます。

4 養育費は本当にもらえているの？

▶約6割は受けたことがない

「現在も養育費を受けている」母子世帯は24.3%と、少ないのが現状です。

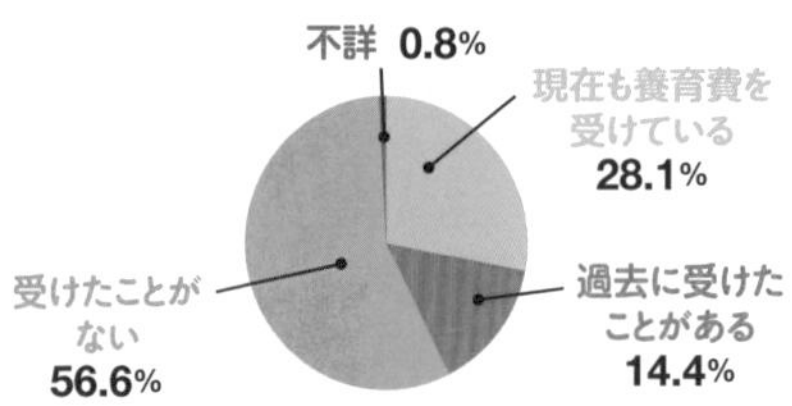

出典：厚生労働省　2021年度全国ひとり親世帯等調査結果報告

5 養育費の相場はどれくらい？

▶平均して月に4万円程度

夫婦でお互いの収入を考慮しながら、「養育費の算定表」（➡P204～211）を基準に決めていきます。話し合いで決まらない場合は家庭裁判所の調停や審判で決め、それでも決まらない場合は裁判で決着します。

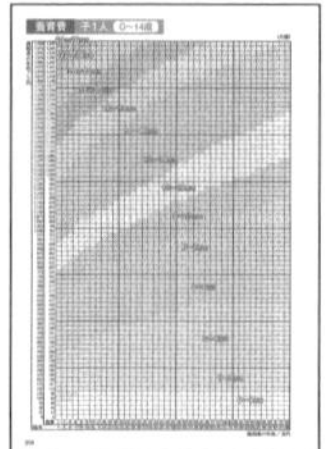

6 養育費を決めていない理由は？

▶相手に支払う意思がないと思ったから

母子世帯の約30%が「相手に支払う意思や能力がないと思った」と回答しています。一方、父子世帯では「自分の収入等で経済的に問題ない」との回答が一定数あります。

■母子世帯の場合

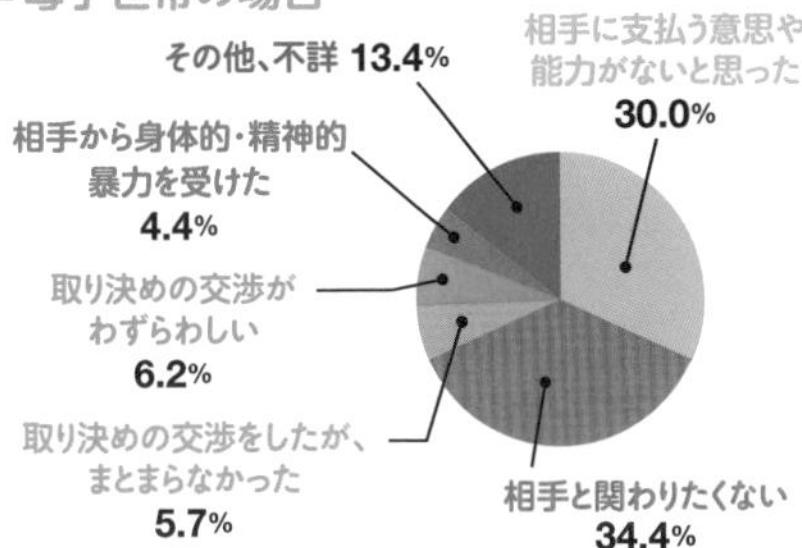

出典：厚生労働省　2021年度全国ひとり親世帯等調査結果報告

■父子世帯の場合

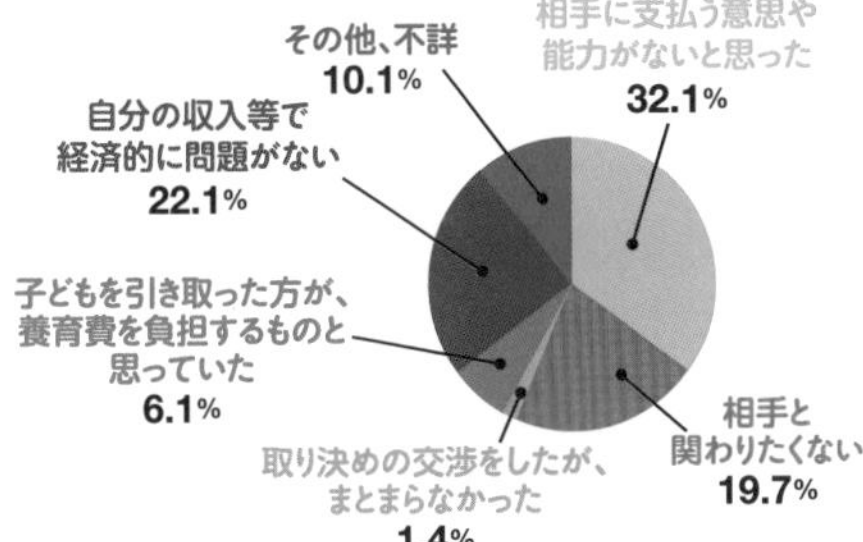

出典：厚生労働省　2021年度全国ひとり親世帯等調査結果報告

7 養育費の取り決めってしないことが多いの？

▶取り決めしていないケースが多い

母子世帯でも養育費の取り決めは意外に行われていないことがあるので要注意です。

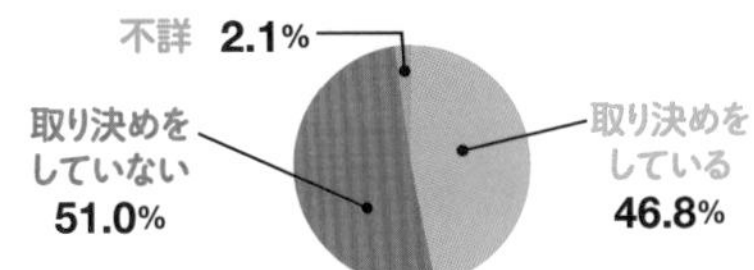

出典：厚生労働省　2021年度全国ひとり親世帯等調査結果報告

8 養育費の額は変更できるの？（⇒P212）

▶変更できる

取り決めた金額では子どもを扶養できなくなったときには、養育費を増額することができます。反対に、支払う親側の失業などをしたときには減額もできます。

9 離婚したら子どもの相続権はどうなるの？（⇒P220）

▶相続権はなくならない

離婚すると夫婦は他人同士になりますから、相手の財産を相続する権利も失われます。しかし、親子関係は解消されませんから、子どもの相続権は残ります。

10 面会交流の範囲はどこまで？（⇒P192）

▶手紙やメールも含まれる

子どもと直接会う以外に、電話・メール・手紙などをやりとりする、プレゼントを贈る、学校行事などへの参加・見学、子どもの写真などをもらうなども含まれます。

知っておきたい！離婚の疑問 戸籍編

結婚によって姓が変わった人は、離婚後には戸籍と姓について選択すべき問題が生じます。子どもにも関わる問題ですので、きちんとした手続きを覚えておき、慎重に判断しましょう。

1 離婚したら、戸籍や姓はどうなるの？

▶結婚時に姓が変わったほうが、旧姓に戻るか、新しい戸籍をつくる

離婚すると、結婚によって姓が変わったほうが、元の戸籍に戻り、旧姓を名乗るか、自分を筆頭とする新しい戸籍をつくります。新しく戸籍をつくる場合は、旧姓と結婚中の姓、いずれかを選択できます。

旧姓に戻す おもな理由

- 親やきょうだいから助言を受けた。
- 気持ちのけじめをつけたい。
- 子どもがいないので子どもの姓を考える必要がない。
- また離婚した場合、元の姓に戻りにくくなるから。

結婚中の姓にする おもな理由

- 仕事を続けるうえで不都合をなくしたい。
- 離婚したことを周囲に知らせたくない。
- 手続きなしで子どもと姓が同じになる。
- 姓が変わると子どものストレスになる。

2 内縁関係解消の場合も手続きがいるの？（➡P116）

▶手続きは不要

内縁関係は婚姻届を提出していないので、解消する際も戸籍の手続きは不要です。内縁関係の子どもを父親の戸籍に入れたい場合は、手続きが必要です。

子どもと父親の親子関係を認めてもらうとき

➡ **認知の手続きを行う**

子どもと父親を同じ戸籍に入れたいとき

➡ **家庭裁判所に「子の氏の変更許可」の申立てを行う**

3 外国人との離婚の場合はどうなるの？（➡P118）

▶戸籍も姓も変更なし

結婚前の姓を名乗っていた日本人は、離婚後も戸籍と姓に変更はありません。外国人配偶者の姓を名乗っていて、離婚後に旧姓に戻りたい場合は手続きが必要です。

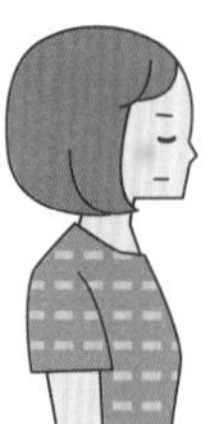

4 子どもの戸籍はどうなるの？ (➡P216)

▶離婚しても変わらない

離婚しても、子どもの戸籍は変わりません。そのため、親権者が旧姓に戻った場合、子どもと姓がちがうということが起こります。親子で同じ姓を名乗るためには、子どもの姓の変更手続きが必要となります。

5 離婚したら戸籍に履歴が残るって本当？

▶「除籍」と記される

1度離婚した人を「バツ1」などと呼ぶのは、離婚した人の戸籍の名前に×印がつくことに由来しています。しかし、現在では離婚した人の名前に×がつくことはなく、「除籍」と記されるようになっています。

6 子どもの姓を変更する手続きはどうするの？(➡P216)

▶家庭裁判所に申し立てる

家庭裁判所に「子の氏の変更許可申立書」を提出します。子どもが15歳未満の場合は親権者が行います。子どもが15歳以上の場合、本人の意思が重要となり、申立ても子ども本人が行います。

7 離婚成立直後に生まれた子どもの戸籍は？(➡P218)

▶基本的には前夫の戸籍に入る

離婚後300日以内に生まれた子どもは、婚姻中に設けられた子どもと考えられ、前の夫の戸籍に入ります。ただし、別の男性と再婚すれば、再婚後の夫の戸籍に入ることができます。

8 再婚した場合の子どもの戸籍は？(➡P248)

▶再婚前と変わらない

離婚時に、自分の戸籍に子どもを入れた母親が再婚した場合、母親が再婚相手と新しい戸籍をつくっても、子どもは母親の戸籍に残ったままです。再婚相手と母親と同じ戸籍に子どもを入れる場合は、再婚相手と子どもが養子縁組をする必要があります。

■再婚したときの戸籍の扱い

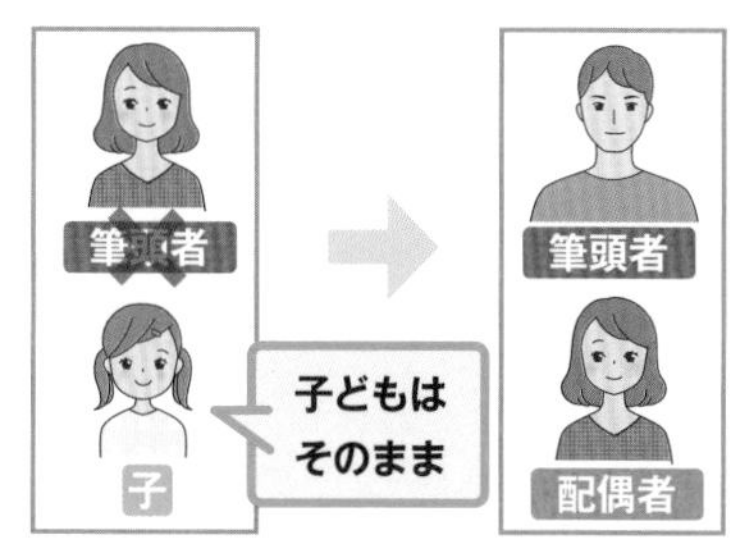

離婚の基本の知識④

知ってておきたい！離婚の疑問 離婚後編

離婚すると経済的にも精神的にもこれまでとは異なる条件で生きていくことになるため、不安に思うのも当然です。将来に備えて、生活に活かせる支援制度などの情報を集めておくことが肝心です。

1 離婚届の提出以外に手続きはあるの？（➡P226）

▶各種名義変更などがある

代表的なものに、運転免許証・パスポートなどの身分証明書の氏名・住所変更、公共サービスの氏名・住所変更、銀行預金の氏名・住所変更などがあります。

■おもな手続き

- 身分証明書
- 公共サービス
- 銀行の名義
- 不動産の名義
- 年金
- 健康保険
- 戸籍の移動
- 子どもの転校

2 仕事が見つかるか不安だけど、どうすればいい？（➡P240）

▶公的就職支援を活用する

ひとり親向けにさまざまな公的就職支援が用意されています。託児サービス付きの公共職業訓練を行う自治体もあります。

■おもな就業支援

①職業相談、職業紹介
②職業訓練
③給付金
④雇用保険給付
⑤企業への助成

3 ひとり親家庭の支援制度はあるの？

▶各種の制度がある

経済的に苦しいひとり親家庭を支援する制度があります。対象となる制度があるかどうかを、居住地の市区町村役場で確認しておくとよいでしょう。

■おもな公的支援

1 児童扶養手当（➡P236）

ひとり親家庭の子どもの生活の安定、自立促進を目的とした給付金。母子家庭だけでなく、父子家庭も対象となっています。子どもが18歳の3月になるまで受給できます。

2 母子・父子・寡婦福祉資金（➡P238）

ひとり親家庭が、市区町村から生活資金や子どもの進学資金など12種類の資金を借りることができる制度です。一部の資金は無利子です。

3 寡婦控除・ひとり親控除（➡P242）

ひとり親家庭の親が未成年の子どもを扶養している場合、勤務先に申告することで税金の負担が軽くなる制度です。

4 面会交流は行われているの？

▶行われていないことが多い

面会交流を行っているのは33.4%。面会交流を行ったことがあるのは20.0%、行ったことがないのは42.7%となっています。離れて暮らす親は、必ずしも子どもに会えていません。

5 再婚はすぐにできるの？

▶すぐに再婚できる

かつて女性は離婚から100日を経過しなければ再婚できませんでした。これは、子どもが生まれたとき、前の夫と再婚後の夫どちらの子か不明確になるのを避けるためでした。しかし、2024年4月から女性の再婚禁止期間が廃止され、現在では男女ともすぐに再婚できます。

6 ひとりで仕事と、育児をしていけるのか？

▶サポートしてくれる人を見つけるべき

専業主婦であった人は、離婚後に働きに出るようになると、慣れない仕事の負担が大きく感じられます。自分ひとりで完璧にこなすことを求めず、家族や親族など、周囲にサポートしてくれる人を見つけておくのも１つの方法です。保育園など、子どもの預け先を早めに確保しておくことも大切です。

■離婚した母子世帯の年間収入の構成割合

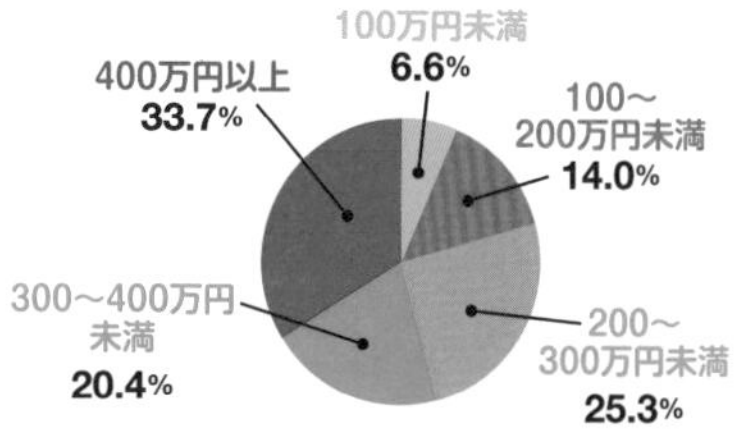

出典：厚生労働省　2021年度全国ひとり親世帯等調査結果報告

7 離婚後の年金と健康保険はどうなるの？（➡P230）

▶年金は分割できる

年金

サラリーマンの妻など、保険料を納付していなかった人も、年金を分割して受け取れます（厚生年金に限る）。生活が厳しく、保険料を納めるのがむずかしいときは、全額もしくは一部免除の制度があります。

健康保険

婚姻中、配偶者の勤務先の健康保険に加入していた人は、離婚後、国民健康保険への加入手続きをします。離婚と同時に就職した場合は、勤務先の健康保険に加入します。

8 熟年離婚の場合、財産分与で生活していける？

▶現実にはむずかしい

仮に50代で離婚しても、日本人の平均寿命は、男性が80歳、女性が86歳ですから、まだまだ先は長いです。定期的な収入を確保するなどの対策が必要です。

■熟年離婚でのおもな対策（➡P72）

- ❶定期収入の確保
- ❷退職金の分割
- ❸相手の年金の分割
- ❹住まいの確保

巻頭特集

4章 離婚とお金

※本書の内容は、特に明記のないかぎり、2024年6月1日現在の情報に基づき、構成されています。

はじめに

結婚するときには、この人と一生添い遂げようと誓ったものの、何らかの理由で離婚を考えざるを得なくなることがあります。それは何も特別なことではなく、誰にでも起こり得ることです。離婚は、葛藤（かっとう）、喪失感、罪悪感、怒りなど、さまざまな感情が押し寄せる、極めて精神的負担の多い出来事です。

現実に、結婚よりも離婚のほうが、何倍ものエネルギーが必要です。すでに夫婦で築き上げた生活があり、財産があり、子どもがいる場合もあります。それまで1つだった家庭が2つに分かれ、お互いに大切にしていたものを分け合うのですから、並大抵のことではありません。感情的な対立もある中で、多くの課題を1つひとつ解決していかなければなりません。

本書は、このような難題に直面している方の助けになりたいという思いのもと、準備されました。離婚が認められる理由から、離婚のための準備、お金や子どもについての考え方、離婚に関わるさまざまな手続きまで、離婚前後のあらゆるステージが網羅されており、今どの段階にいる方にとっても参考になるはずです。

本書が、現在悩みを抱えている方のお手元に届き、自信をもって一歩を踏み出す道しるべとなることを願っています。

弁護士・森 公任
弁護士・森元みのり

1章

離婚の基礎知識

離婚は方法によって手続きや進め方が異なります。まず、離婚するときの決まりごとは何か、離婚にはどんな方法があるのか、どんな理由で離婚できるのかなど、離婚の基礎知識を知っておきましょう。

この章のキーワード

- 離婚での決まりごと
- 離婚とお金
- 離婚の方法
- 5つの離婚理由
- 一方的な離婚

離婚するために必要な決まりごとを知る

「離婚」について知っておく

いっしょに人生を歩きたいから結婚する。それが無理だから離婚する。そんな単純なイメージで、離婚を考えてはいないでしょうか。そもそも「離婚」とは、法律上の手続きであり、離婚届を市区町村役場に提出するという手続きを必要とします。法律に基づいて処理されるということは、**必ず決めておかなければならない決まりがある**ということです。

一方で、法律上では明確に決めるよう求められていない部分もあります。財産の分け方などがこれにあたります。このような、決めておくかどうかの判断が当事者に任されている部分については、自分自身で解決しなければならないということも知っておきましょう。

離婚についての法的な決まりを知り、そのうえで、財産などの対策をあらかじめ立てておく。こうすることで、のちのち困らないようにできるのです。

クリアすべき条件

離婚する際にクリアしなければならない条件の**1つめは、お互いに「離婚することに合意」すること。**また法律上の離婚理由（⬇P32）があること。

日本の憲法では、結婚にはお互いの合意が必要と定めており、離婚でそれを解消するときにも、合意または明確な離婚理由が必要とされています。

離婚したい側にとっては、相手にいかに離婚に合意させるかが、離婚したくない側には、合意できない理由にいかに説得力をもたせるかが重要になるのです。

2つめは、未成年の子どもがいる場合は「子どもの親権者（⬇P182）**を決める」ことです。**

これまでは夫婦が共同で子どもを守り育てていましたが、離婚の手続きをする時点で、別れたあとにはど

ここが大切

- 離婚するためには、お互いに合意することが不可欠。
- 親権者が決まらないと離婚することはできない。

気をつけて 事実婚の夫婦の場合

離婚は法的に結婚している夫婦が、結婚を解消することです。そのため、事実婚の夫婦が別れたとしても「離婚」ではなく「事実婚の解消」となります。

ちらがその役割を果たすのかを決めなければなりません。離婚届には、離婚後に子どもの養育について責任をもつ人＝親権者を記載する欄があります。未成年の子どもがいる場合は、親権者を決めて、**親権者の名前を記載しないと離婚届は受理されません。**ただし、2024年に成立した改正民法が施行されれば、双方が親権を持つ「共同親権」を選ぶこともでき、離婚後に親権を決める場合も生じることとなります。

離婚届に記入欄があるもの

さらに離婚届には、養育費（⬇P200）の分担と面会交流（⬇P192）について、取り決めの有無をチェックする欄も設けられています。これは2011年の民法の一部改正で、子どもの利益を優先するために導入されたものです。

ただし、**養育費と面会交流についての記入は、離婚届を受理するための要件となっているわけではありません。**未記入の場合でも離婚届は受理されます。また、取り決めの内容までは問われないので、夫婦できちんと話し合うことが大切です。

離婚時に決めておくべき3つのこと

必須
1 お互いが離婚に合意する

合意後に離婚届を書いて役所に提出。合意のため調停や裁判をすることも。

必須
2 子どもの親権者を決める

どちらが子どもを育てるかを決める。記入しないと離婚届は受理されない。

任意
3 養育費と面会交流を決める

離婚届に記入欄が設けられている。ただ、未記入でも離婚届は受理される。

弁護士からのアドバイス

“もめるポイント”には第三者を介すことも

「離婚の合意」「子どもの親権者」。この2点は、手続き上の重要な要素であると同時に、“もめるポイント”でもあります。夫婦で話すことも必要ですが（➡P88）、共通の知人や弁護士などを介すのも1つの方法です。

離婚では必ずお金について取り決めること

ここが大切

- 「財産をどう分けるか」がまず考えるべきお金の問題。
- 慰謝料、年金分割、婚姻費用についても話し合っておく。

押さえておきたいお金の問題

離婚に合意することと、子どもについて取り決めをすること以外にも、押さえておくべき重要なポイントがあります。それが**お金についての取り決め**です。

離婚をめぐって発生するお金の問題は複数あります。まずは、「**財産をどう分けるか**」という問題です。これを**財産分与**といいます。

原則として、結婚後に築いた財産は夫婦の共有財産であり、お互いに2分の1、つまり半分ずつの権利があります。しかし、法律では離婚のときにどう分けるべきかを定めておらず、離婚手続きの際は「どう分けたか」を届け出る必要もありません。

つまり、実際にどう分けるかは夫婦の自由ということ。ですので、離婚にあたっては、きちんと取り決めておく必要があるのです。

話し合いでお金の問題を取り決める

財産分与以外にも、決めておくべきお金の問題はいくつもあります。**慰謝料**は、相手の不法行為で苦痛を受けた場合に請求できるお金です。具体的には、相手が浮気をしたときや暴力をふるったときなどに請求します。

年金分割は、婚姻期間中の厚生年金について夫婦で納付した保険料の総額を分割することです。２００８年４月以降の保険料については自動的に２分の１に分割されますが、それ以前の保険料については話し合いで分割する必要があります。

婚姻費用とは、結婚生活を維持するために必要なお金のこと。簡単にいうと、家族全員の日常生活を支える衣食住の費用を指しています。

民法では、夫婦は婚姻費用を分担して、お互いの生

気をつけて

慰謝料だけでは生活できない！

慰謝料の額は、低額であるケースがほとんど（➡P143）。慰謝料だけで離婚後の生活が保障されることはないと考えましょう。

活レベルが同等になるように助け合わなければならないとしています。離婚に向けての協議中、別居中、離婚調停や離婚裁判を行っている最中であっても、夫婦の婚姻関係が続いている限り、婚姻費用分担の義務は生じます。

慰謝料、年金分割、婚姻費用についても、財産分与と同様に、夫婦の話し合いで決めます。

離婚時に決めておくべきお金の問題

1 財産分与（➡P146）

結婚している間に夫婦が築いた財産を夫婦で分け合うこと。財産をすべてリストアップしたうえで、分割の割合を決める。

2 慰謝料（➡P140）

浮気をした、DVをしたなど、離婚の原因をつくった側に対して、苦痛を受けた側が請求できるお金のこと。金額は話し合いで決める。

3 年金分割（➡P160）

婚姻期間中の厚生年金について、夫婦で納付した保険料の総額を夫婦で分割すること。分割の割合を話し合いで決める。

4 婚姻費用（➡P130）

結婚生活を維持するために必要なお金のこと。別居をしながら離婚に向けて話し合うときにも、話し合いによって婚姻費用の額を決める。

知っておこう 婚姻費用には目安がある

婚姻費用については、裁判官が共同研究によって作成した算定表があり、裁判でも参考資料として用いられています。夫婦の話し合いで婚姻費用を取り決めるときの目安にもなるので、参考にしましょう（➡P134）。

離婚するためにはどんな方法がある？

夫婦が自力で解決する協議離婚

「お互いが離婚に合意する」「子どもの親権者を決める」。この2点をクリアすれば離婚届を提出でき、離婚が成立します。その際には、**子どもの養育費のことや、夫婦で共有していた財産をどう分けるかを決めておくことも必要**です。

これらの問題について、夫婦で話し合って結論を出すのが**協議離婚**です。協議離婚は最も一般的な離婚の方法であり、日本では離婚全体の9割近くが協議離婚となっています。

夫婦で納得できる結論が出なかった場合、あるいはそもそも協議できない場合は、裁判所を通じて第三者＝**調停委員**を間に立てることになります。調停委員は、お互いの言い分を公正な立場で聞き、前例や社会の良識なども踏まえ、「この条件なら、お互いに納得できるのではないか」という案を出します。その案を2人が受け入れれば、**調停離婚**が成立します。

どちらか一方が納得しなければ調停は続き、**どうしても折り合いがつかなければ、結論が出ないままに終了**します。ほとんど合意していて、裁判所が離婚を言い渡す場合は**審判離婚**となります。審判離婚は近年増加傾向にあります。

最終的に裁判で決着をつける

調停で決着がつかない場合に、最後の手段として法廷で決着をつけるのが、**裁判離婚**です。離婚を求めて裁判を起こすためには、法律が定める5つの離婚理由のいずれか1つ以上にあてはまる必要があります。

裁判をすると必ず結論が出ますし、判決の内容には法的な強制力があります。ただし、弁護士や証拠集めに費用がかかり、結論が出るまでに時間もかかります。

ここが大切

- お互いに合意すれば、協議離婚が成立する。
- 協議離婚が成立しなければ、調停や裁判で離婚を目指す。

キーワード　調停委員

医師や大学教授など、社会での豊富な経験や専門知識をもつ人から選ばれます。良識的な市民の考え方を、調停に反映させるためです。

なお、判決を待たずに、裁判の途中で和解することもできます（**和解離婚**）。また、裁判を起こされた側が請求を全面的に認めると、**認諾離婚**が成立します。

離婚するための6つの方法

1 協議離婚（➡P88）

夫婦が話し合いに合意し、離婚届を提出すれば成立する。お互いに合意していれば、どんな理由で離婚してもかまわない。離婚全体の約9割を占める最も一般的な方法。

2 調停離婚（➡P94）

夫婦の話し合いがまとまらない場合、家庭裁判所に調停を申し立てる。調停委員が間に入り、お互いの言い分を調整しながら離婚を目指す。合意に達すれば離婚が成立。

3 裁判離婚（➡P102）

調停が不調に終わった場合、家庭裁判所に離婚を求めて裁判を起こすことができる。法的な離婚理由が必要。

4 和解離婚（➡P112）

離婚裁判の途中で、家庭裁判所から和解の提案を受け、離婚の合意ができたときに成立する。

5 認諾離婚（➡P113）

離婚裁判の途中で、裁判を起こされた側が、裁判を起こした側の請求を全面的に受け入れた場合に成立する。

6 審判離婚

調停で結論が出ないまま終了したあと、家庭裁判所の判断で審判を下す方法。近年は増加傾向にある。

こんなときどうする？ 結婚生活がイヤになったので、調停で離婚したい

法律には離婚するための理由が定められていますが、この理由が問われるのは、裁判離婚を目指すときだけ。ただし、調停では社会的な良識が考慮されるので、このようなあいまい・身勝手な理由だと、不利な条件で離婚しなければならない場合もあります。ほかに夫婦関係が破たんしている証拠を集めたほうがよいでしょう。

離婚をするときの大きなステップは3つ

28、29ページでは、離婚をする方法と、大まかな流れを見てきました。その中でも、協議離婚、調停離婚、裁判離婚の3つは、離婚を考えるときにとても重要なプロセスとなるので、それぞれの特徴を知っておきましょう。

夫婦が合意すれば離婚できる

協議離婚は、夫婦の話し合いだけで離婚を成立させる方法。お互いが離婚に合意し、市区町村役場に離婚届（⬇P122）を提出、受理されれば成立します。

協議離婚のメリットは、費用と手間がかからない、合意すればすぐに離婚できるという点です。離婚届には、離婚理由の記入は不要です。夫婦が合意していれば、どんな理由で離婚してもかまわないのです。しかし、**夫婦で合意できない限り、いつまでたっても離婚ができない**というデメリットがあります。

また、慰謝料や養育費など、お金に関する話し合いがあいまいなまま離婚すると、あとでトラブルに発展するおそれもあります。また、話し合いの結論に不本意なのに、「とにかく離婚したい」といった理由で合意してしまうケースも多くあるのが実情です。

調停を利用して解決を図る

調停離婚では、2名の調停委員と裁判官からなる調停委員会が、夫婦それぞれの意見を調整し、解決に向けたアドバイスを行います。**第三者が間に入ることで冷静に話し合いを進めることができ、話し合う内容にももれがなくなります。**調停委員会は双方が合意したところで**調停調書**を作成します。

一方で、お互いに歩み寄りができなければ、いつまでも調停は続き、未解決のまま調停が終了することもあります。また、調停では、自分勝手な理由での離婚

ここが大切

- **協議離婚は費用と手間がかからず、すぐに離婚できる。**
- **話し合いで解決しないときは調停や裁判に移行する。**

キーワード **調停調書**
離婚の調停で夫婦が合意した場合に作成される合意文書のこと。家庭裁判所が作成するため、本人たちが作成する必要はない。

は認められません。社会の良識に合っているかが調停委員会によって問われます。

裁判所の判決で決着をつける

裁判離婚は、夫婦のどちらかが家庭裁判所に離婚裁判を起こし、裁判所の判決によって決着をつける方法です。裁判離婚では「離婚するかどうか」だけでなく、**子どもの親権をどうするか、将来の年金をどう分けるか、夫婦の共有財産をどうするかといった問題についても同じ手続きの中で処分を求めることができます。**

離婚裁判では法に基づいた公平な判決が下され、判決にしたがわない場合は強制的に応じさせることができます。

一方で、裁判を有利に進めるための証拠を集め、相手の言い分に説得力のある反論をしなければなりません。通常は、弁護士に依頼して裁判を進めるため、その費用を負担する必要があります。

また、法律で決められた理由がないと裁判を起こすことができない、見知らぬ他人が裁判を傍聴するといったデメリットもあります。

協議、調停、裁判のそれぞれの特徴

	協議離婚	調停離婚	裁判離婚
全体の割合	87.6%	7.9%	1.1%
離婚の理由	問われない	問われる	問われる
手続きの費用（弁護士費用などは除く）	かからない	2,000円程度	2万円程度
離婚までの時間	合意すれば即時	6か月〜1年程度	1〜2年程度
第三者の関与	なし	あり	あり
決定事項の強制力	なし（文書を作成しない場合）	あり	あり
離婚届の提出	必要	必要（相手方の署名、証人の記載は不要）	必要（相手方の署名、証人の記載は不要）

法律で離婚が認められる5つの理由

裁判で離婚するには理由が必要

裁判で離婚を争いたい場合、左ページの図に挙げる5つの理由のいずれかにあてはまる必要があります。

理由の①〜④は、「配偶者が、**結婚にともなう義務を果たしていない**」ケースです。「結婚にともなう義務」とは、「お互い以外の人と性交渉をしない義務（貞操義務）」「助け合って家庭を守る義務（協力・扶助義務）」「いっしょに暮らす義務（同居義務）」です。

一方、⑤の理由は、「**夫婦の関係が深刻に破たんし**、共同生活を回復する見込みがない」「お互いに婚姻を継続する意思がまったくない」といったケースです。たとえば配偶者によるＤＶ、性格の不一致などです。

事実を証明して離婚を勝ち取る

離婚の裁判では、訴える側が「相手のこんな行動が、離婚理由にあたる」と主張し、それが事実であると証明していくことになります。それが、**裁判の場で事実だと証明されれば、離婚が認められます。**

ただし、事実と認められても、裁判所が「結婚を継続したほうがよい」との判決を出す場合もあります。なぜかというと、離婚理由をつくったのが事実だったとしても、そうなった事情はさまざまだからです。

たとえば、夫婦仲がすでに冷え切ったあとに不貞行為が始まったような場合、どういう経緯で夫婦関係が冷え切ったかという事情によって、責任の重さも変わってきます。判決にあたっては、そういった点も考慮されるのです。

もっとも、離婚したい本人からすれば、「もう修復できないほど関係が破たんしているのに、無理やり元に戻されても仕方がない」と思うでしょう。その場合は、⑤の理由を強く主張していくことになります。

ここが大切

- 裁判のときに離婚が認められる理由は5つある。
- 夫婦の義務違反、関係の破たんが理由になる。

気をつけて　DV被害者には同居義務はない

ＤＶ（配偶者からの暴力）では、被害者の安全のため、暴力をふるう配偶者から離れることが最優先。同居義務は問われません。

裁判所が扱う5つの離婚理由

理由	内容
1 配偶者に不貞な行為があったとき ➡P34	結婚している人が、配偶者以外の人と自由意志で性的関係をもつこと。 例 性的行為をともなう浮気、風俗店に通い続けるなど。
2 配偶者が結婚の義務を意図的におこたったとき ➡P36	配偶者が理由もなく同居しなかったり、協力しなかったり、生活の保障をしなかったりすること。 例 生活費を家に入れない、家出を繰り返す、病気の配偶者を放置するなど。
3 配偶者の生死が3年以上明らかでないとき ➡P38	失踪や家出などにより、配偶者からの連絡がまったくなく、3年以上生死がわからない状態。 例 家出して消息がわからない、生きているのかどうかがわからないなど。
4 配偶者が重い精神病にかかり回復の見込みがないとき ➡P40	配偶者が重度の精神病になり、家庭を守る義務を果たせなくなること。 例 統合失調症、認知症、そううつ病、偏執病、アルツハイマー病など。
5 その他婚姻を継続しがたい重大な理由があるとき ➡P42	1～4にはあてはまらないものの、夫婦関係が実際には破たんしていると考えられる状態。 例 性格の不一致、性生活の不一致、DV、過度の宗教活動、配偶者の両親・親族との仲たがいなど。

■「結婚にともなう義務」とは？

① 夫婦の貞操義務

夫婦がお互いに配偶者以外の人と性的関係をもってはいけない義務のこと（おこたると1に該当）。

② 夫婦の同居、協力、扶助の義務

いっしょに暮らし、お互いに助け合いながら生活を支え合っていく義務のこと（果たしていないと2～4に該当）。

こんなときどうする？

裁判の途中で、相手が請求を受け入れてくれた

原告の「離婚したい」という言い分を被告が全面的に受け入れれば、途中でも裁判を終わらせることができます。これを「認諾離婚」（➡P113）といいます。ただし、親権や財産分与などについての請求があわせて行われている場合には、この方法での離婚はできません。その場合は「和解離婚」（➡P112）という形になります。

性的関係をともなう浮気があったとき

「性的関係」の事実があるかどうか

法律で認められた5つの離婚理由のうち、1つめの「不貞行為」とは、配偶者以外と性的な関係をもつこと。つまり、セックスをともなう浮気をさします。

1回限りのことなのか、何回あったのかなどは、関係ありません。愛情をともなうか、特定の異性なのか、**配偶者以外と性的関係をもったという事実があれば、それが離婚理由になる**のです。「酔った勢いで1度だけ」などの理由は、法的には通用しません。

ただし、性的暴行を受けた被害者のケースは、不貞行為からは除かれます。あくまで、本人の自由な意思で性的関係をもったかどうかが問題とされます。

離婚に向けた別居中にほかの異性と性的関係をもった場合は、判断が2つに分かれます。**婚姻関係がすでに破たん**していたと裁判所が認めれば、不貞行為とされません。しかし、別居が数か月にすぎないときは、関係が破たんしていないとされ、不貞行為と判断されることがあります。

どんなものが証拠になる?

相手が浮気を認めず、証拠もない場合、不貞行為は認められず離婚は成立しません。裁判で離婚を勝ち取るには証拠を集める必要があります。

性的関係があったことを証明する際、最も効力があるのは**浮気の現場を押さえた写真やビデオなどの映像**です。行為中のものでなくとも、ラブホテルに出入りするシーンは性行為があったと推測されるので、証拠となり得ます。

浮気相手宅での外泊や、不倫旅行などの写真や映像を撮っても、性的関係が本当にあったかどうかはわかりませんが、証拠としての効力はあります。**通話履歴**

ここが大切

- 性的関係をともなう行為がなければ**不貞にはならない**。
- 浮気現場の写真やビデオなどが**有力な証拠**になる。

キーワード 婚姻関係の破たん

長期間にわたリ別居しているなど、夫婦関係の維持がむずかしく、修復も不可能な状態を意味します。婚姻関係は事実上ないとされます。

やメールのやりとりも、証拠として無意味ではありません。相手に浮気の事実を認めさせる材料ともなり得るので、離婚の準備をするときには集めておくとよいでしょう。自分で浮気の証拠集めがむずかしいときは、調査会社に依頼する方法もあります。

どんな行為が不貞行為となる?

○ 不貞行為となる　✕ 不貞行為とみなされない　△ どちらとも言い切れない

- ○ 特定の異性と関係を続けている
- ○ 初対面の相手と一度だけ関係をもった
- ○ 愛情はないがセックスフレンドとして付き合っている
- △ 泥酔した状態で関係をもった
- △ 同性と性的関係を続けている
- △ 日常的にキスをしたりふれ合う相手がいる

- ✕ 性的関係のない浮気相手に愛情を抱いている
- ✕ いつか性的行為をしたいと考える相手がいるが、現状は関係をもっていない
- ✕ 意思に反して性的暴行を受けた

浮気の証拠となるもの

- 浮気現場の**写真・ビデオ**
- 浮気を認める言葉が入った**録音データ**
- 性的関係があったことを認める**手紙やメモ、日記**
- ホテルに入ったことを示す**GPSの記録**
- 探偵など**第三者の証言**
- 浮気相手との**メール、通話履歴**
- 浮気相手からの**手紙、贈り物**
- 浮気相手と宿泊したときの**クレジットカードの明細**

知っておこう　同性との浮気も不貞行為となり得る

2021年、同性同士の性的行為を「不貞行為にあたる」とし、慰謝料の支払いを命じる初の司法判断が下されました。従来は不貞行為に当たらないとする見解が有力でしたが、性的少数者への理解が進む状況が反映されつつあります。

夫婦の義務をおこたったとき

結婚生活における3つの義務

離婚理由の2つめは「**悪意**の遺棄」です。民法では結婚にともなう次の3つの義務を定めており、これを故意におこたることを法的に悪意の遺棄といいます。

①同居義務：夫婦がいっしょに住む義務。

②扶助義務：生活費を出し合ってお互いが同レベルの生活が送れるようにする義務。やむを得ない理由で片方が無収入なら、もう片方が助けなければなりません。

③協力義務：力を合わせて暮らしを維持する義務。

ただ、単にこれらの義務をおこたっただけでは、「悪意の遺棄」と認められません。「悪意」とされるのは、「これで夫婦の暮らしを破たんさせてやろう」と、**相手が困ることがわかったうえでやっているか**、そこまで意識していなくても、「**これで結婚生活が破たんしてもかまわない**」と考えているケースです。

また、「遺棄」とは、夫婦の義務をおこたった状態を知りつつも放っておく状態をさしています。

義務違反の証拠になるもの

①の同居義務違反の証拠としては、相手だけが引っ越したことを示す**住民票、別居先の住まいの賃貸契約書が証拠**になります。実家に戻っているケースだとそのような公文書がありませんが、別居した日時や経緯を記したメモが、ある程度は証拠能力をもちます。

②の扶助義務違反では、生活費が渡されていない場合は、**源泉徴収票や預金通帳が証拠**となります。収入の大半を趣味やギャンブルにつぎ込んでいるなら、**購入した現物やレシート、クレジットカードの明細書などが証拠**となります。

③の協力義務違反の証拠はむずかしいですが、たと

ここが大切

- **3つの義務をおこたると離婚の理由となり得る。**
- **義務をおこたっていることの証明はむずかしい。**

キーワード　悪意

自分が行うこと（あるいは行わないこと）が、相手にとって害になると知っているということ。

えば「家事・育児を放棄している」という場合は、そのことで**家庭生活が成り立っていない様子を定期的に映像や写真に撮っておけば、証拠になる**でしょう。妻が専業主婦の場合でも、夫に家事や育児の義務がないわけではありません。これらを放棄している場合も協力義務違反にあたることがあります。

悪意の遺棄とみなされること

○ みなされる　✕ みなされない　△ どちらとも言い切れない

■ 同居義務違反とみなされる基準

- ○ 配偶者の承諾を得ないで勝手に別居している
- ○ たびたび家出をする
- ○ 配偶者を家に入れない
- ○ 配偶者を虐待して追い出す
- ○ 浮気相手の家に入りびたっている
- △ 実家に入りびたっている
- ✕ 単身赴任や病気療養で別居している
- ✕ 夫婦関係をやり直すため、一時的に別居している
- ✕ 配偶者の暴力を避けるために家を出る

■ 扶助義務違反とみなされる基準

- ○ 最低限の生活費を渡さない
- ○ 病気の配偶者を看病せず放置した
- ○ 生活費の大半を趣味やギャンブルに使い込む
- ○ 健康なのに働かない
- ○ 生活費を送る約束で別居したのに送らない
- △ 配偶者が商売をしていて赤字が続いている
- ✕ 家事に専念するため職につかない
- ✕ 配偶者が一方的に家を出たときに生活費を渡さない

悪意の遺棄の証拠になるものは？

同居義務違反の証拠

- 別居したことがわかる住民票
- 別居している家の賃貸契約書
- 別居の経緯を記したメモ
- 同居の拒否を示す録音データ
- 一方的に家を出て行ったことを示す手紙・メール

扶助義務違反の証拠

- 源泉徴収票
- 給料明細書
- 預金通帳
- 浪費した現物
- 浪費したことを示すクレジットカードの明細書
- 浪費したことを示す領収書
- ギャンブル中の写真や映像

協力義務違反の証拠

- 家事・育児を放棄している状況を撮った写真や映像
- 生活状況を記録した日記・メモ

離婚理由③

3年以上生死がわからないとき

ここが大切

● 音信不通が3年続くと裁判を起こすことができる。
● 失踪宣告が認められると死別とみなされる。

生死不明が認められる条件

配偶者と音信不通になってから3年が過ぎ、**生死もわからないときには、離婚を求めて裁判を起こすことができます**。最後に相手といつコンタクトしたかを証明するためには、消印つきの手紙や電話の通話履歴、メールの履歴が有効です。また、相手を探す努力をしたことを示すために、警察に捜索願いを出したことがわかる受理証明書が必要になります。

また、親戚や知人、仕事の関係者などに「○○年以降に連絡はなく、見かけてもいない」という**陳述書**を書いてもらう必要があります。逆にいうと、このときに**「連絡を受けた」「本人と思われる人を見た」という証言があると、生存の可能性がある**とみなされ、離婚理由として認められません。

行方がわからなくても相手から電話や手紙などがあり、生きていることが明らかな場合は「生死不明」という離婚理由にはあたりません。「行方不明」の扱いとなり、この状況で離婚をするには「悪意の遺棄（いき）」（⬇P36）か「婚姻を継続しがたい重大な理由」（⬇P42）として裁判を起こすことが必要です。

なお、裁判で離婚が認められたあとで相手の生存がわかっても、離婚が取り消されることはありません。

失踪宣告という方法もある

生死が7年以上わからないときは、裁判という手段をとらずに、家庭裁判所に失踪宣告の申立てを行うことで婚姻関係を解消する方法もあります。

家庭裁判所で失踪宣告の審判を受けると、**法律上、生死不明者は死亡と判断されます**。つまり、死別したものとして遺産の相続もできるようになり、再婚も認められます。ただし、あとになって本人の生存がわか

キーワード ▶ 陳述書
事件について、実際に経験した事実、見たり聞いたりして知っている事実を述べた文章。時系列にそって記載するのが決まり。

った場合、失踪宣告は取り消されて婚姻関係は復活することになります。

もし、失踪宣告を受けて再婚していたら、再婚が取り消される可能性があるので、裁判での離婚を目指すほうが一般的といえるでしょう。

配偶者が生死不明のときの離婚方法

1 3年未満のとき

▶方法：裁判を起こして離婚

3年未満の場合は「悪意の遺棄（➡P36）」か「婚姻を継続しがたい重大な理由（➡P42）」にあてはまると裁判で認められた場合、離婚が成立する。

2 3年以上、7年未満のとき

▶方法：裁判を起こして離婚

相手からの連絡や消息が最後にあってから「3年以上生死不明」を証明できれば、離婚が認められる。後日生きていることがわかっても離婚はくつがえらない。

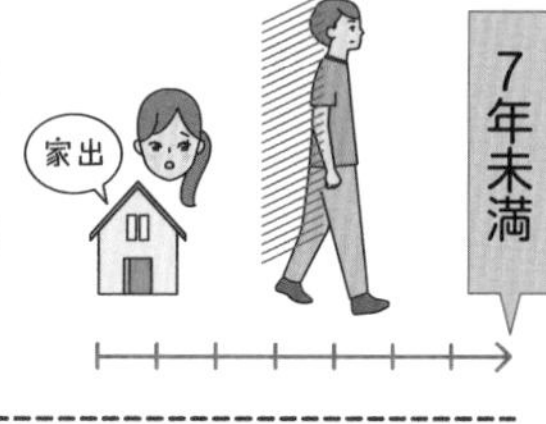

3 7年以上のとき

▶方法①：裁判を起こして離婚

2のときと同じ理由で裁判を起こして離婚を目指す。確実に離婚できる可能性が高いため、方法②よりも一般的な方法といえる。

▶方法②：失踪宣告の申立て

失踪宣告の審判を受けると、生死不明者は死亡したとされ、婚姻関係が解消される。後日生きていた場合、取り消されることになる。

生死不明の証拠となるものは？

- 最後に接触したときのメール、手紙、通話履歴、クレジットカードの明細など
- 捜索願受理証明書（警察が発行）
- 親族や知人による陳述書

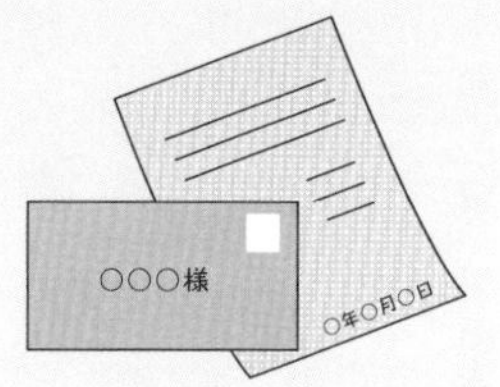

知っておこう　配偶者が死亡してしまったときの手続き

配偶者が死亡しても自動的に離婚となるわけではありません。戸籍上の婚姻関係を解消する場合は、市区町村役場に届け出を行います。配偶者の戸籍から抜けたい場合、本籍地または住所地の市区町村役場に結婚前の氏に戻るための届けを提出します。ここで、結婚前の戸籍に戻るか、新しい戸籍の筆頭者となるかを選択します。

離婚理由④

重い精神病にかかり治る見込みがないとき

長期間治る見込みがないと対象に

配偶者が、**夫婦が助け合って生活していく義務を果たせないほどに重い精神病をわずらった場合には、離婚の理由として認められる**ことがあります。

対象となる精神病には、**統合失調症**、早期性痴呆、双極性障害、偏執病、アルツハイマー病などがあります。さらに、これらをわずらっている期間が長く、治る見込みがない場合に限られます。アルコール、薬物などの依存症、ノイローゼなどの神経症は、重い精神病にあてはまらないとされます。

ただし、これらの病気をわずらっている人が勝手に家出を繰り返しているような場合や、相手が困ることがわかっていて生活費を渡さないような場合は、「婚姻を継続しがたい理由」(⬇P42)で対応することになります。

離婚成立の条件は非常に厳しい

重い精神病をわずらうのは不可抗力でもあり、夫婦はお互いに助け合わなければなりません。ですので、**精神病を理由に離婚が認められるには、いくつもの条件を満たしていることが前提となります。**

まず、病気の状態や、本当に回復の見込みがないのかを確認するために、精神科医が鑑定した診断結果を提出する必要があります。また、これまで誠実に看病をしてきたなど、病気の回復に尽力してきたかどうかも判断の要素となります。

さらに、精神病をわずらっている人が、今後経済面や療養で困らないよう、具体的な対策を立てることも求められます。たとえば、離婚後には患者本人の実家がサポートすることが決まっているなど、金銭的にも配慮する準備が必要ということです。

ここが大切

- 重い精神病は離婚理由になることがある。
- 精神病が理由の場合はいくつもの条件を満たすことが前提。

キーワード 統合失調症

幻覚や妄想の症状が特徴的な精神病のひとつ。家庭や社会で生活を営むのがむずかしくなり、自分の行動が病気のためにゆがんでいることが理解しにくい。

重い精神病が離婚の理由に認められる条件

1 重い精神病であること

夫婦として生活していくのがむずかしい状態である。相手のことが理解できても、ひとり言を繰り返す、幻覚に向かって叫ぶなどの症状がある。

重い精神病として認められる病気

- 統合失調症
- 双極性障害
- 偏執病
- 初老期精神病
- 早期性痴呆
- 麻痺性痴呆
- 認知症
- アルツハイマー病
- 重度の身体障害　など

「婚姻を継続しがたい理由」となり得る病気

- アルコール依存症
- 薬物依存症
- ヒステリー
- ノイローゼ　など

2 回復の見込みがない

治療を続けても回復する可能性がない。この場合、医師の診断書が判断の材料となる。投薬などで回復の見込みがある場合には、離婚は認められない。

3 治療が長期間にわたっている

これまでの治療経過や入院期間、通院の回数などをもとに、長期間にわたって治療が行われたかどうかを判断する。

4 これまで献身的に患者の面倒をみてきた

重い精神病にかかったからといって、病気になった本人を見捨てるような行為は認められない。看病している側の負担に配慮して、結婚生活を続けられるかどうかを慎重に判断する。

5 離婚後の患者の生活の見通しがついている

離婚が成立したからといって病人が放置されるようなことがあってはならない。離婚が成立しても、精神病の患者本人が安定した生活を送れるかどうかが判断の基準となる。

こんなときどうする?

精神病の相手と裁判をすることになった

夫婦のいずれかが重い精神病になっているとき、本人は離婚の意味すらわからない可能性があります。日常会話すらできないような場合は、患者に成年後見人（その人を援助してくれる人）をつけてもらうように家庭裁判所に申し立てます。その成年後見人を被告として裁判を起こすことになります。

結婚を続けられない重大な理由があったとき

離婚のさまざまな原因に対応

「**お互いに結婚生活を続ける意思がまったくない**」、あるいは、片方に離婚の意思がなくても、「**結婚生活が破たんし、回復する見込みがない**」とき「その他婚姻を継続しがたい重大な理由」として離婚裁判で扱われます。

現実として、夫婦関係が破たんする原因はさまざまです。これまで紹介してきた4つの離婚理由だけでは、裁判で扱える離婚問題は非常に限られてしまいます。

しかし、この5つめの理由を認めることで、さまざまな理由の離婚が認められるようになります。すでに結婚生活が破たんしていて、もとどおりになる見込みもないなら、そうなった理由が何であっても、離婚を認めてもいいのではないか——。この離婚理由は、そういう考え方に基づいています。

それぞれの事情が重視される

この離婚理由では、具体的な原因よりも、「どれだけ関係が破たんしているか」が重視されます。ですから、「**性格の不一致**」であっても、離婚が認められるケース、認められないケースが出てきます。訴えた側が主張する理由が本当に夫婦の関係をこわしたのか、そして、本当にもとどおりになれないのか。裁判官が夫婦の事情をもとに最終的に判断することになります。

裁判では、**すでに関係が破たんしていることを証明する証拠**が力をもちます。たとえば暴力や暴言があったなら、その現場の録音や、それが原因で治療を受けたという診断書が証拠になります。性格の不一致や、性生活での不満、異常な宗教活動などは、そのせいでどれほど生活がおかしくなっているかを書いた毎日のメモなどが証拠となり得ます。

ここが大切

- 結婚生活が破たんしているかどうかが争点となる。
- 性格の不一致でも離婚が認められる可能性がある。

キーワード 性格の不一致

文字どおり性格が合わないということ。法律で離婚理由として認められるには、具体的な原因と、それが結婚生活の破たんにつながっていることを示す必要がある。

結婚生活の破たんが認められるケース

1 性格の不一致

相手の価値観や生活に我慢ができないような場合。

➡そのせいでどのような耐えがたいことが起きたのかを主張する。

例ケンカが絶えない。
会話がまったくない。
まったく愛情をもてない。
子どもの教育方針がまったく異なる。

2 暴力・精神的虐待

肉体的な暴力だけでなく、暴言などの精神的な暴力があった場合。

➡外科や心療内科の通院履歴などを示し、心と体に傷を負ったことを主張する。

例殴る蹴るの暴行を受けた。
首をしめつけられた。
何度も「死ね」といわれた。
長期間無視された。

3 浪費・借金

生活費を一方的に使い込んだり、お金を借りて趣味に注ぎ込んだりした場合。

➡そのせいで生活費に困り、通常の暮らしができなくなったことを主張する。

例給料のほとんどをギャンブルにつぎ込んだ。
遊びのために子どもの教育資金をもち出した。

4 家庭をかえりみない

家事や育児にまったく協力しない場合。

➡家事・育児をひとりで負わなければならないなど、負担を主張する。

例子どもの学校行事があるのにひとりで海外旅行に行く。
配偶者が病気で寝ているのに家事をまったくしない。

5 相手の親族との不仲

双方の親や親族と対立したり不仲になったりした場合。

➡相手が「間を取りもつ」「忠告・意見をする」などの関係改善に協力してくれなかったことを主張する。

例配偶者の両親から繰り返し暴言を受けた。
相手の親族から暴力をふるわれた。

6 宗教にのめり込む

家庭生活がおろそかになるほど、過度な宗教活動を行っている場合。

➡その結果生じた耐えがたい事実を主張する。

例宗教活動のために家事や育児を放棄。
宗教グッズ購入での浪費。
入信の強要。
毎晩の勧誘活動。

7 飲酒

過度のアルコール摂取により家庭が崩壊している場合。

➡夫婦のコミュニケーションがとれない、浪費による暮らしへの影響などを主張する。

例朝から酒を飲み仕事をしていない。
給料の大半を飲み代に使ってしまう。

8 性生活の拒否・強要

夫婦が性生活に不満をもっている場合。

➡その状況に置かれたときの耐えがたさ、精神的なダメージの強さなどを主張する。

例SM行為を強要する。
無理やり性的行為を迫る。
相手からの性交渉をまったく受け付けない。

9 病気

重い精神病以外で、重大な病気をわずらっている場合。

➡相手が結婚にともなう義務を果たせないことに加え、自分がこれまで誠実に助けてきたことを主張する。

例アルコール依存症で仕事をしていない。
薬物依存症で幻覚症状がある。

離婚原因をつくった側から離婚することはできる？

ここが大切

- 離婚原因をつくった側からの訴訟も認められることがある。
- 離婚の成立には、厳しい条件をクリアしなければならない。

浮気した本人が離婚を申し立てたら？

たとえば、夫婦のうちで浮気をしたほうが、浮気相手と結婚するために裁判で離婚を求めたらどうなるのでしょうか。**離婚の原因をつくった側からの離婚請求を、裁判所は原則として認めていません**（**有責配偶者**）。常識的に見て、あまりに身勝手だからです。

何の責任もない人が離婚を拒否しているにもかかわらず、原因をつくった側からの離婚請求を認めたら、それは裁判所が原因をつくった側に加担するようなものです。ですから、裁判の過程で原告が離婚の原因をつくったことがわかれば、その請求は棄却されます。

しかし、1987年の最高裁判決（⬇左ページ「知っておこう」）以降、原因をつくった側からの離婚請求を受け入れる例外も出てきました。これは、関係が回復する見込みがまったくない夫婦に、戸籍だけの関係を強制するのはかえって不自然だ、という考えに基づいています。これを「破たん主義」といいます。

関係が完全に破たんしている夫婦に対しては、前向きな解決策の1つとして、離婚を検討してもいいのではないか。これが、近年の裁判所の考え方です。離婚の成立を優先して「どちらに責任があるか」という問題は後回しにしよう、というものです。

厳しい審議が待っている

とはいえ、訴えられる側からしたら、相手が原因で関係が破たんしたのに、「もう破たんしているから、離婚を求める」と言われるのは納得がいきません。

裁判所もそのあたりを考慮し、**離婚の原因をつくった側が離婚請求を行うにあたっては、厳しい条件をクリアしなければならない**としています。

もちろん、条件をすべて満たしているからといって、

キーワード 有責配偶者

結婚生活を続けることができない状況、つまり、夫婦関係を破たんさせた原因をつくった側の配偶者のこと。

自動的に離婚が認められるわけではありません。

裁判の審議では、訴えられた側に責任がないという点が重視されます。離婚を認めるかどうかの判断だけでなく、財産をどう分けるかや慰謝料を決める際にも、**訴えた側は不利な立場になる**ということです。

有責配偶者から離婚するときの最低条件

1 別居期間がかなり長い

別居開始から、かなりの期間が経過していること。具体的にどれくらいかは期間に基準がなくケースごとに判断される。

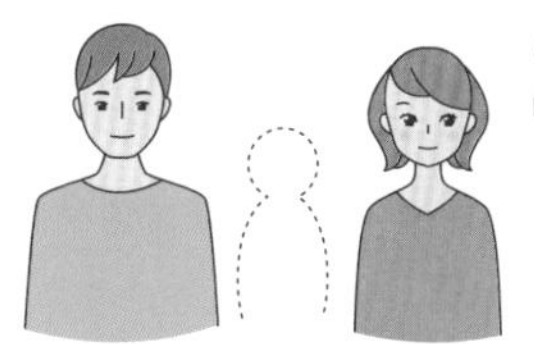

2 未成熟の子どもがいない

未成年で親の養育が必要な子ども、病弱などの理由で経済的に自立できない子どもがいる場合、離婚は認められにくい。

3 相手が過酷な状況に置かれない

離婚後、相手が精神的、経済的に過酷な状況に置かれ大きなダメージを受けないかが重視される。

判断に際して考慮されること

有責配偶者

- 別居後も相手の婚姻費用を負担してきたか。
- 財産分与や慰謝料について誠実な提案を行ったか。
- 離婚後の相手の生活保障について提案しているか。
- 離婚後も養育費を払い続けることができるか。

訴えられた配偶者

- 離婚の拒否が単なる報復になっていないか。
- 仕事があり独立して生計を立てることができるか。
- 夫婦の関係回復に努力してきたか。
- 自分の側にも離婚の原因があったか。

知っておこう 原因をつくった側の離婚請求が認められる別居期間

1987年、日本ではじめて離婚原因をつくった側からの離婚請求が認められる最高裁判決が下されました。この夫婦の場合、別居期間が36年の長期間にわたっていたことが大きな材料となりました。近年は、1年半の別居で離婚が認められたケースもあります。あくまで総合的な要素で判断されるということです。

離婚の理由第1位は性格の不一致

妻からの三行半（みくだりはん）は、夫の2倍超！

離婚理由の第１位は、夫からの申立て、妻からの申立てともに、「性格が合わない」です。1976年から、40年以上にわたって、変わらず１位を保っています。

続けて多いのが「精神的に虐待する」「生活費を渡さない」「暴力を振るう」といったDV関係、そして異性関係です。このどれも妻からの申立てのほうが圧倒的に多くなっています。

そもそも離婚の申立ては、妻からの件数が夫の2倍以上あるのです。

●婚姻関係事件数―申立ての動機別（総数 夫15,500 妻43,469）

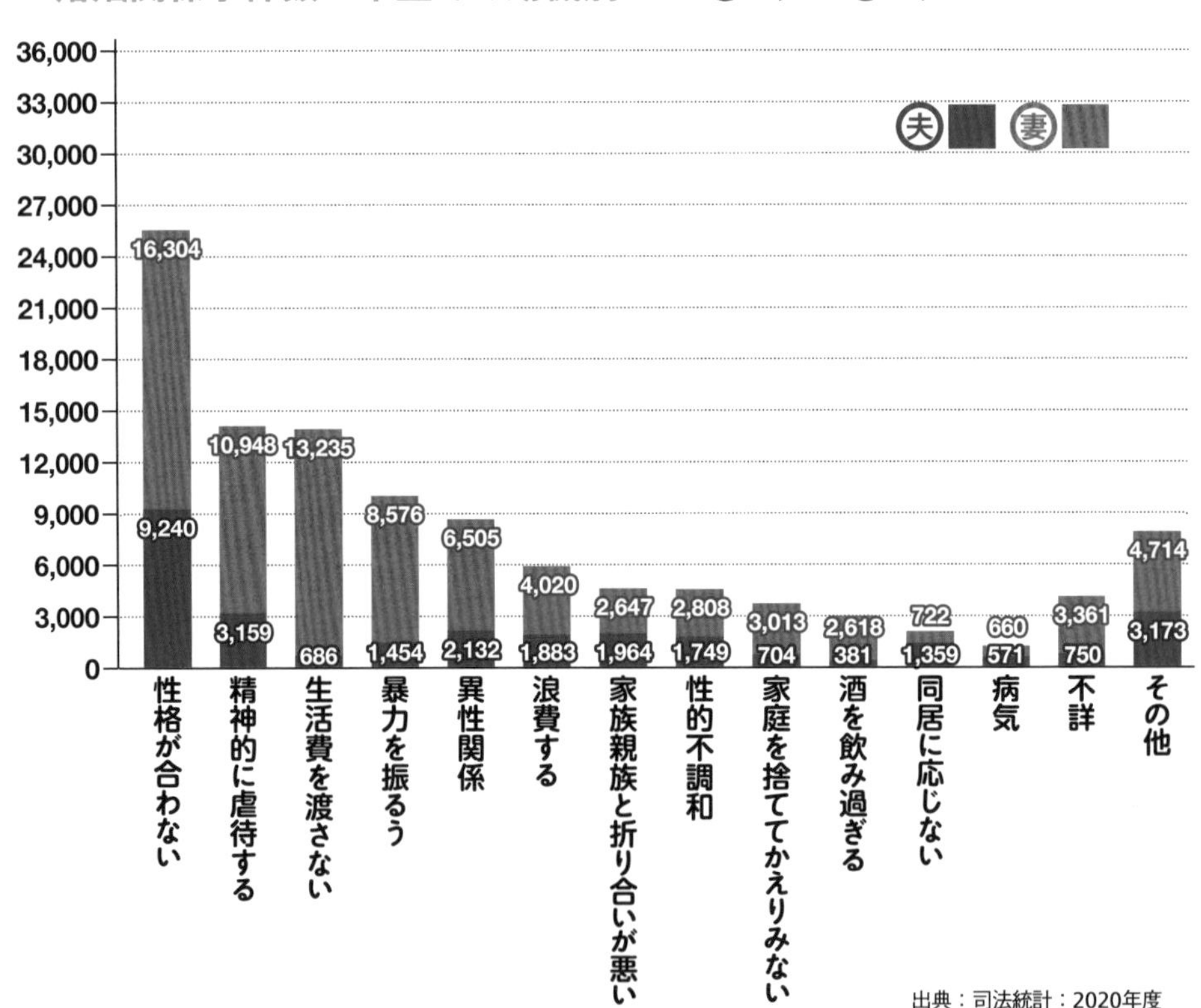

出典：司法統計：2020年度

2章

離婚のために必要な準備

納得のいく離婚を成立させるカギとなるのが「事前の準備」です。大切なのは、離婚すると何が起きるのかを想定しておくことです。そのうえで、お金や子ども、生活といったテーマごとに必要な準備を進めていきます。

この章のキーワード

- 離婚のための準備
- 離婚の決断
- 離婚の対策
（お金、子ども、生活など）
- 離婚の表明
- 調停・裁判の対策
- ケース別準備

離婚するまでに準備しておくべきこと

自分はどうしたいかを考える

離婚をすることは特別珍しいことではありません。厚生労働省が発表した「令和4年人口動態統計」によれば、2022年の離婚件数は17万9099組となっており、「約2分に1組」のペースと数多くの離婚が成立している計算になります。

しかし、離婚は結婚よりも莫大なエネルギーを必要とするものです。お金の問題や子どもの問題について相手と話し合って結論を出さなければなりませんし、離婚後の生活をどうするかについても考える必要があります。

離婚すべきかどうか迷いはじめたときには、後悔しない結論を出すことが大切です。**勢いで結論を出さずに、自分はどうしたいのかを冷静に考えてみましょう。**

ひと言で「離婚を考えている」といっても、「積極的に離婚したい」場合だけでなく、「夫婦できちんと話し合って問題解決の道を探りたい」「一度別居して関係を見つめ直したい」「条件によっては離婚してもよい」「子どもが大きくなったタイミングで離婚したい」など、さまざまな状況があるはずです。じっくり考えたうえで、行動に移すようにしてください。

離婚の理由を明確にする

離婚は法的な手続きであり、離婚届を役所に提出して、夫婦のうち一方の籍が抜かれることで成立します。手続き自体は非常にシンプルですが、そこに至るまでに必要な準備は、夫婦によってさまざまです。

まず、**離婚するうえで絶対に欠かせないのが「離婚の理由」**です。なぜ離婚する必要があるのか、相手を説得できるだけの明確な理由を準備しておく必要があります。特に**裁判での解決を目指すときには、法律で**

ここが大切！

- **離婚の準備に先立ってさまざまな選択肢を想定する。**
- **離婚の明確な理由と証拠を準備しておく。**

優先順位をつけておく

「子どもの親権だけは譲れない」「お金を最大限に請求する」など、優先順位をつけておくとよいでしょう。ただし、実現するかどうかも慎重に検討すべきです。

認められた離婚理由（➡P32）**に該当しているかどうかが問われるため、具体的な証拠なども準備しておきましょう。**

お金の準備も不可欠な要素です。離婚を成立させるまでの手続きそのものにもお金がかかりますが、離婚後の生活を成り立たせるためには、長期的な視野から経済的な収支を見通しておくことが大切です。

子どもがいる場合は、子どもの将来を見据えて、離婚後の子育てに向けた環境づくりを始めておく必要があります。

離婚に向けて準備すべきこと

1 離婚の理由を明らかにする

- 協議離婚には夫婦の合意が必要となるため、**説得力のある離婚理由**を準備しておく。
- 離婚裁判に備えて、**法律で定められた離婚理由と、その証拠**を集めておく。

2 お金の準備をする

- 財産分与の話し合いに備えて、**結婚後に築いた財産がどのくらいあるのか**を確認しておく（➡P146）。
- **裁判費用や弁護士費用**など、離婚の手続きに備えてお金を準備しておく（➡P114）。

3 子どものための準備をする

- 親権者になりたいときは、**子どもを引き取るための準備**をする（➡P182）。
- **子どもの進路や預け先**についても調べておく（➡P222）。
- **養育費**がどれくらいになるのかを調べておく（➡P200）。

4 離婚後の生活の準備をする

- 離婚後も**生活費を得られる見通し**があるのかを確認しておく（➡P56）。
- **就職活動**、**転職活動**などを有利にするため、**資格取得でのスキルアップ**を目指す。または**職業訓練の受講**を検討する（➡P60）。
- **離婚後の住まい**を探しておく（➡P62）。

弁護士からのアドバイス

「カウンセラー」への相談について

夫婦関係の悩みや離婚について考えたとき、離婚問題を取り扱うカウンセラーに相談することもあるかと思います。親身に対応してもらえる場合もありますが、中には何の資格も技術もない「自称」カウンセラーも数多くいます。また、法律関係の手続きは弁護士などの専門家しか行えないため、注意が必要です。

離婚の決断

離婚後に起こる問題をあらかじめ想定しておく

ここが大切！

- 離婚後の生活費の確保が大きな問題。
- 生活場所、子どもの問題などもあらかじめ考える。

最も大きいのはお金の問題

離婚を考えるときのゴールは離婚届の提出ではありません。離婚後も長い人生が待っています。

離婚したら、収入や子どもとの生活などに大きな変化が生まれます。どんなことが起きるのか、何に困るのかなどを、冷静な目であらかじめ想定しておく必要があります。

離婚すると直面するのが、まずはお金の問題です。離婚前から働いていて、離婚後も仕事を続ける見通しが立っている人は、すぐに生活費に困る心配はないかもしれませんが、長年、専業主婦として生活してきたような人は、生活費を確保するために仕事を探す必要があります。

独身時代に仕事の経験があっても、スキルに見合う職が見つかりにくい、資格がなければ働きにくい、といった現実があります。特に正社員として就職するのは決して簡単ではありません。総務省によれば、パート・アルバイトなどの**非正規雇用労働者**の割合は、役員を除く雇用者全体の37・0％（2023年平均）というデータがあります。

離婚後の生活場所についても考えておく必要があります。**離婚後には夫婦のどちらか（あるいは両方）が、新しい住まいを探すことになります。**住居を借りる場合は、敷金・礼金、引っ越し費用などがかかります。実家に頼ることができるなら、実家に転居するというのも1つの方法です。

子どもの問題も避けて通れない

子どもについては、どちらが引き取って育てるかという問題だけでなく、**養育費の支払いをどうするかも大きな問題です。**仕事と育児の両立を目指すのであれ

キーワード 非正規雇用労働者

パート、アルバイト、派遣社員、契約社員、嘱託などで働く人のこと。非正規で働いている人は25～34歳の若年層で22.4％（2023年、総務省）となっている。

ば、子どもの預け先についてもしっかりと考えなければなりません。

子ども本人が両親の離婚をどう受け止めるのかという精神面でのケアも重要です。離婚したからといって必ず子どもが不幸になるわけではありませんが、子どもの幸福を第一に考えることが大切です。

また、親の介護を抱えている場合は、介護と仕事、育児との両立をどうするかについても考えておかなければなりません。

リスクを踏まえて決断する

さらに、自分自身の健康、近所づきあいや会社の人間関係といったストレスも決して無視できない要素です。世間的にはまだ離婚に対して厳しい目が注がれることもあります。周囲には、離婚の事情を理解して、あたたかく接してくれる人ばかりではないことを覚悟しておきましょう。

このような**将来のリスクを踏まえたうえで、後悔のない決断ができるよう、しっかりと準備することが大切です。**

離婚すると起きうる問題

仕事・お金の問題

- 生活費を確保したいが、仕事が見つかりにくい。
- 仕事が見つかっても、生活費が足りない。
- 仕事をかけもちしないと生活できない。
- 資金が足りず、アパートなどが借りられない。
- 姓が変わり仕事がやりにくくなる。
- 職場で離婚に対する理解がない。
- 老後の生活に見通しが立たない。

子どもの問題

- 子どもと離れて暮らす可能性がある。
- 仕事と子育ての両立がむずかしい。
- 子どもとの関係がうまくいかない、子どもが反抗的になる。
- 養育費をもらえないかもしれない。
- 転校などで子どもに負担をかけることになる。

その他の問題

- ひとりで親の介護に対応できるかわからない。
- 近所づきあいがむずかしくなる。
- 病気になったとき精神的な支えがない。
- 再婚したくても、できるかどうかわからない。
- 別れたパートナーから復縁を迫られる。

お金の対策①

結婚後に築いた財産を把握しておく

ここが大切！

●離婚によって発生するお金の問題を知っておく。
●離婚を切り出す前にお互いの収入と財産を把握する。

離婚で避けて通れないお金の問題

離婚の意思が固まったとしても、離婚するまでにはさまざまなお金の問題をクリアしなければなりません。まず、離婚まで別居する場合、婚姻費用（➡P130）の分担が問題となります。これは、扶養能力のあるほうが生活費を支払うというものです。

また、**結婚している間に築いた財産は、どちらの名義になっていても共有財産として分割**します（財産分与➡P146）。

このほか、結婚生活を破たんさせた側が支払う慰謝料（➡P140）や、将来の生活費として受け取る年金の分割（➡P160）、離婚後の子育てに必要なお金、子どもと別居している親が支払う養育費（➡P200）などがあります。1つひとつのお金の問題を話し合いで決めていく必要があるのです。

財産の把握は離婚を切り出す前

こういったお金の問題を解決するには**夫婦の財産を把握することが必要です**。特に相手に請求する場合は、相手の収入を含めて夫婦の共有財産がどれくらいあるかを確認しておくことが大切です。

また、要注意なのが「専業主婦の妻が、夫から毎月最低限の生活費だけを受け取っていたため夫の給与総額を把握していない」「独身時代から相手の貯蓄額を知らないまま過ごしてきた」などのパターンです。

一度離婚を切り出してしまうと、相手がもっている通帳などをチェックするのはむずかしくなります。**離婚を考え始めた時点で、財産の把握をはじめましょう。離**財産の内容がわからないと話し合いもできず、請求額が減る、請求できないなどのおそれもあります。

財産に関わる重要書類は、話し合いに備えてコピー

気をつけて

証拠集めは自分で行う

弁護士や裁判所が、財産についてイチから調査してくれるわけではありません。相手の資産がある金融機関・支店名までは把握しておく必要があります。

を取っておくことをおすすめします。

なお、財産はプラスの財産だけとは限りません。住宅ローンや借金など、マイナスの財産についてもどのくらいあるのかをチェックしておきましょう。これらは、財産から差し引かれることになるからです。

主な財産とチェック方法

	財産の内容	チェック方法
□	**収入**	収入を調べるときは、サラリーマンの場合は**源泉徴収票**、自営業の場合は**確定申告時の資料をコピー**する。
□	**預貯金**	**預貯金通帳をコピー**して、金融機関、口座番号、預貯金残高、満期日などを確認しておく。子ども名義の口座も含めて、**家族全員の通帳をチェック**しておく。
□	**不動産**	**契約書や権利書などをコピー**する。**登記事項証明書**（土地や建物に関する所在・面積、所有者の住所・氏名、その物件の権利関係が記載されている書類の写し）を入手してチェックしておくとよい。不動産業者に査定を依頼する方法もある。
□	**積立型保険**	**保険証書をコピー**する。保険会社、保険の種類、契約者、受取人、保険料、満期日、解約返戻金などを調べておく。
□	**有価証券**	**証書などをコピー**して、銘柄、口数（こうすう）、購入価格、時価を確認しておく。
□	**借金** （ローンなど）	金融機関から送られてくる**明細表をコピー**して、残高を把握しておく。

知っておこう　登記事項証明書の取得方法

不動産の権利関係を知るために必要な登記事項証明書は、不動産の所在地を管轄する法務局で取得できます。法務局で申請書に必要事項を記入し、手数料にあたる額の収入印紙（1通につき600円）を貼って提出すると閲覧（えつらん）できます。なお、法務局からの郵送により取得する方法や、インターネットで閲覧する方法もあります。

離婚の手続きにかかるお金をチェックしておく

離婚の手続きには費用がかかる

離婚では、手続き自体にもお金が必要です。この費用がどれくらい必要なのかをチェックし、準備しておくことも大切です。

協議離婚（⬇P88）**であれば、ほとんど費用はかかりませんが、話し合った内容を公正証書**（⬇P90）**にする場合は作成費用がかかります。**作成を弁護士などの専門家に依頼すると、費用はかかりますが、考えた文案をチェックしてくれたり、法律的なポイントを押さえてくれたりするので安心です。

調停離婚（⬇P94）**の場合は、自分で手続きをすれば、千円程度の収入印紙代と郵便切手代だけ**で済みますが、弁護士に依頼すれば当然費用がかかります。

裁判離婚を選択する場合は、裁判を起こすための印紙代などが必要となります。調停も裁判も結論が出るまでには数か月から、長いときには1年近く時間がかかることもあります。その間、何度も裁判所に出向くことになるので、その交通費がかかるほか、仕事を休んで裁判所に行くとなると、その分の収入が減ることも考えられます。

高額な弁護士、調査会社の依頼費用

裁判は手続きが複雑であり、自分ひとりで勝訴を勝ち取るのは非常にむずかしいのが現実です。ですので、自分に代わって手続きを行ってくれる弁護士への依頼も検討しましょう。**弁護士と契約するときには、相談料、着手金、報奨金、日当、実費などの諸経費がかかります**（⬇P114）。

また、離婚の原因が相手にあることを証明したいとき、調査会社に証拠集めを依頼すると、高額の調査費用が必要となります。弁護士費用と合わせると多くの

ここが大切！

- **協議離婚は最も費用がかからない離婚方法。**
- **離婚に際して別居するときの費用も準備しておく。**

キーワード　収入印紙

税金の支払いや行政に対する手数料の支払いのために利用される証票。郵便局やコンビニで購入することができる。

費用がかかることを知っておく必要があります。

離婚手続き中にもお金がかかる

離婚の手続きを進めるために別居を選択したときは、その間の生活費を準備しておかなければなりません。アパートなどを借りるなら、引っ越し費用に加えて敷金・礼金などまとまったお金が必要です。家電製品や日用品を買いそろえるときは、購入費用を試算しておく必要があるでしょう。

別居中の生活費は、婚姻費用（⬇P130）として、扶養（ふよう）能力のあるほうが負担する義務があります。収入のない専業主婦などは、夫婦の話し合いで合意できたときや、家庭裁判所で支払いを命じる審判が出たときは別居費用を負担してもらえる可能性があります。

ただし、婚姻費用だけでは生活費が十分にまかなえないことはあり得ます。また、裁判所で婚姻費用の支払いを命じる審判が出ても支払われず、差し押さえる財産もない場合は、婚姻費用は得られません。

最初から婚姻費用をあてにするのではなく、ある程度の貯金をしておくなどの計画性が必要です。

手続きにかかる費用の目安

協議、調停、裁判の諸手続きにかかる費用です。専門家への依頼は専門家によって異なるため、費用を確認したうえで行うようにしましょう。

	自分で手続きを進める	専門家に依頼する
協議離婚	公正証書作成費用 5,000円～ ※くわしくは右表。	公正証書作成費用 5万円程度 離婚協議書作成費用 5～10万円程度
調停離婚	収入印紙 1,200円 連絡用の郵便切手代 800円程度	弁護士費用 ●着手金　20～40万円 ●報奨金　20～50万円 ●収入印紙、交通費実費 調査会社費用 30～100万円程度 ※費用は案件によって上下することがある。
裁判離婚	収入印紙 1万3,000円～ 郵便切手代 6,000円程度	

公正証書の作成費用（一部）

目的の価格	手数料
100万円まで	5,000円
200万円まで	7,000円
500万円まで	1万1,000円
1,000万円まで	1万7,000円
3,000万円まで	2万3,000円
5,000万円まで	2万9,000円
1億円まで	4万3,000円

※目的の価格とは、慰謝料や財産分与の費用等を含めた金額の合計。

離婚後の収入と生活費を計算しておく

> **ここが大切！**
> ● 離婚後の収支の見通しをチェックしておく。
> ● 生活費が足りない場合は離婚時期を遅らせる方法もある。

離婚後の生活費を計算しておく

財産分与（⬇P146）や慰謝料（⬇P140）を得ることができたとしても、それだけで十分なお金を得られることは、一般的にあまりありません。そのため、離婚後のお金のやりくりをシミュレーションすることが大切です。**毎月の衣食住にかかるお金のほか、通信費や医療費、子どもの教育費などをわかる範囲ですべて書き出してみてください。**

毎月必要な最低限のお金がわかったら、収入の見込みを計算します。仕事をしている人は月収がベースとなります。児童扶養手当（⬇P236）などの公的支援の内容と金額もチェックしておきます。養育費を受け取る予定があれば、お互いの収入をもとに算定表（⬇P204）からおおよその養育費がわかります。ただし、養育費が支払われなくなるときに備えて養育費は貯金に回すつもりで予定しておくのが賢明です。

収支をもとに計画を立てる

毎月の生活費に対して、収入が足りないと予想されるときには、「就職・転職する」「仕事を増やす」などの選択肢を検討しなければなりません。キャリアにブランクがある人は、ハローワークの職業訓練制度を利用して、職業訓練校に通うのも1つの方法です。

安定した収入を確保してから別居や離婚の話し合いを切り出すのが理想です。**どうしてもすぐに収入を増やす見通しが立たないときには、離婚の時期を遅らせる、実家に戻って家賃の負担を抑えるなども考えたほうがよいでしょう。**

離婚後のお金のやりくりを慎重に判断したうえで、余裕を持ったスケジュールを立てることが大切です。

養育費の約束は守られないことも…

厚生労働省によると離婚母子家庭で養育費を受けている割合は28.1%（2021年度）。養育費の支払いが守られていない厳しい現状があります。

生活設計を踏まえたうえで離婚する

■離婚までのスケジュール 例 専業主婦が就職を目指す場合。

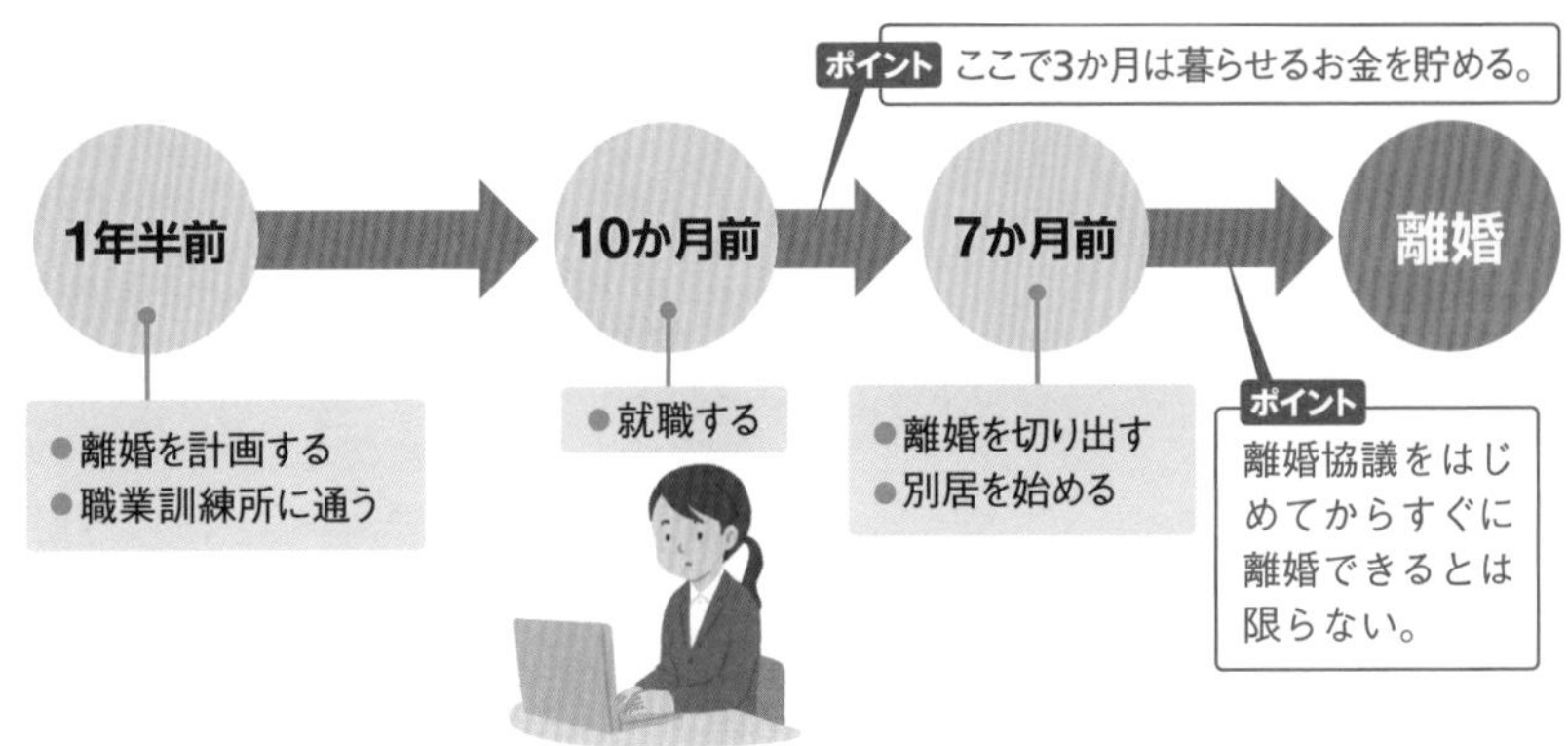

■離婚後の生活費をシミュレーション 例 パート勤務・3歳未満の子ども1人の場合。

▶収入見込み

内訳	金額	内訳	金額
給与（パート）	12万円	児童扶養手当	4万2,910円
養育費	3万円	児童手当	1万5,000円

計20万7,910円

▶支出見込み

内訳	金額	内訳	金額	内訳	金額
住居費	8万5,000円	食費	3万6,000円	教育費	1万6,000円
水道光熱費	1万2,000円	生命保険料	5,000円	交際費	5,000円
日用品	5,000円	医療費	5,000円	預貯金	2万円
交通費	3,000円	被服費	5,000円	その他	7,000円
娯楽費	3,000円	通信費	1万円		

計21万7,000円

●収入見込みから支出見込みを差し引くと…

◆収入見込み ◆支出見込み ◆差額

20万7,910円 − 21万7,000円 = −9,090円

収入が支出を下回っている。安定した生活のためには収入を増やす、住居費を下げるなどの対策をすべき。

子どもがいる場合に必要な準備

親権争いに向けて準備する

子どもがいる場合、必ず親権者（⬇Ｐ１８２）を決めなければなりません。場合によっては親権をめぐって争いが起きることも考えられます。

まずは自分が親権者になりたいかどうかを考え、親権者になりたい場合は準備を進めましょう。親権者を決めるときに大きな判断要素の１つとなるのが「子どもの現在の生活」です。子どもを保護して育てている親が、親権者としてふさわしいと判断される可能性があるということです。

そのため、**親権者になりたいと考えるときの準備は、子どもを手放さないようにすることです。**離婚に向けて別居するときには子どもを置いて出ない、逆に相手が家を出るときには、子どもを渡さないことが大切です。１度子どもと離れてしまうと、あとで引き取りたいと思っても拒否されるケースが多いので、むずかしくなると知っておきましょう。

子どもの生活費を試算しておく

離婚によって子どもの生活が脅かされるようなことがあってはなりません。離婚後、未成年の子どもは独り立ちするまで養育費（⬇Ｐ２００）を受け取る権利があります。

離婚にあたっては2親がどのように養育費を負担するかを話し合うことになります。それに備えて、**子どもの生活費はどの程度必要なのかを試算しておくことも大切です。**

まず、夫婦それぞれの収入を把握したうえで、子どもの衣食住の費用や教育費、医療費などがどれだけかかるのかを確認していきます。保険会社のウェブサイトなどでは進学先に応じた教育費の目安などが掲載さ

ここが大切！

- **親権者になりたい場合は子どもを絶対に手放さない。**
- **市区町村役場で子どもの進学先について確認する。**

キーワード　待機児童

保育施設に入所申請をしても、定員がいっぱいのため入園できない児童のこと。特に都市部や3歳未満の子どもについて問題となっている。

れているので参考になります。

子どもの進学先を確認しておく

子どもを連れて引っ越しを検討する場合は、**子どもの学校の転校手続きや、保育園・幼稚園の転園を考える必要があります**。子どもの進学時期などに合わせて離婚のタイミングを決定するのも1つの方法です。手続きについては、市区町村役場やそれぞれの学校に確認しておきましょう。

ひとり親家庭は保育園の入園が優先されやすくなりますが、自治体や時期によっては**待機児童**数が多く、すぐに入園できるとはかぎりません。仕事をしていることも入園の優先条件となることが多いため、専業主婦の人は就職の準備も進めておく必要があります。

仕事をもちながら子育てをするときは、放課後や、学校の休み期間中、あるいは病気のときの子どもの預け先を調べておくことも大切です。

ひとり親家庭が受けられる手当や支援もあるので、市区町村役場の窓口で話を聞いておくことも大切です。

子ども連れで離婚するときの準備

ポイント1 子どもと離れない
親権者になりたいのであれば、子どもを手放さないようにする。

ポイント2 養育費を確認する
子どもの毎月の衣食住の費用、教育費、医療費を算出しておく。

ポイント3 進学先を確認する
保育園にはすぐに入園できない場合も多いので、転居先の市区町村役場に問い合わせる。

ポイント4 手当や支援を確認する
市区町村役場の福祉窓口に行って、受けられる手当や支援について話を聞き、離婚後の生活の見通しを立てる。

知っておこう 保育園の種類

「認可保育園」とは国が定めた設置基準を満たし、都道府県知事が認可した保育園のこと。公費で運営されます。一方「認証保育所」(自治体によって名称が異なります)は、自治体の基準を満たし、助成を受けて運営する保育施設のこと。両者は、保育料や申し込み方法にもちがいがあります。

生活の対策

離婚の前から職探しとスキルアップを図っておく

ここが大切！

- 生活に必要なお金を計算し、就職の条件を決めておく。
- 専門資格を取得しておくと有利な就職に結びつく。

離婚前に就職するのが理想

現在職に就いていない場合は、**離婚後の生活に備えて早めに職探しをしておきたい**ところです。特にひとり親の職探しは厳しいのが現実です。残念なことですが、偏見をもっている人もいますし、子どもが体調を崩したときに仕事を休む確率が高いとなると、採用側も消極的になりがちです。

職探しにあたっては、高望みしないことが肝心です。正社員になるのがむずかしいときは、パート社員やアルバイトから始めて、登用制度によりステップアップする方法もあります。

最低限生活に必要なお金がわかっていれば、どの条件まで妥協できるかもわかります。また、**ハローワーク**が行っている就職支援制度（⬇P240）を利用するのもよいでしょう。

離婚前に資格取得する方法もある

できるだけ有利な就職ができるようにスキルアップしておくことも大切です。特にＩＴ系の職場などでは求められるスキルも日々変化しているので、独身時代に就職経験があっても通用するとは限らないと知っておくべきです。最低限のスキルとして、パソコンの基本操作は必須といえます。各種の講習や書籍などで身につけておきましょう。

ハローワークが行う就職支援制度では、パソコンの操作や専門職のスキルを教えるものから、就職活動のノウハウやアドバイスを提供するものまであります。また、こうした制度を活用するにあたって、ひとり親向けに託児サービスを提供しているところもあります。最寄りのハローワークに問い合わせてみましょう。

一般的に専門的な資格をもっていると就職には有利

キーワード　ハローワーク
職業紹介事業を行う国の機関。無料で、就職支援のサービスを行っている。また、雇用保険に関する各種の手当や公共職業訓練のあっせんなども行う。

です。離婚前から学校に通って、資格取得に向けた勉強をしておく方法もあります。資格の難易度によっては、準備期間が長期化します。

離婚に先立って資格を取得するのがベストですが、**アルバイトなどをしながら資格取得の勉強をして正社員を目指す道もあります。**

就職を考えたときの3つの方法

プラン1 正社員として就職を目指す

メリット

- 長期にわたって安定した収入が見込める。
- 社会保険に加入できる。
- 昇級や賞与などの金銭的な恩恵が高い傾向にある。
- 各種の福利厚生が用意されている。

デメリット

- 就職できるまで時間がかかりやすい。
- 業種・職種によっては子育てとの両立がむずかしい。
- 残業や休日出勤などにも対応しなければならない。
- 出張などがある場合、子育てとの両立がむずかしい。
- 転勤や部署異動の可能性がある。

プラン2 パート・アルバイトから仕事をはじめる

メリット

- 比較的短期間で仕事が見つかりやすい。
- 希望の時間帯で働くことができる。
- 未経験でも採用される職場が多い。
- 正社員に登用される道が開かれていることもある。

デメリット

- 収入が低い・不安定になりやすい。
- 社会保険に加入するのがむずかしい。
- やりがいのある仕事を任されるとは限らない。
- 賞与や退職金などの待遇面では不利。

プラン3 スキルを身につける、資格取得後に就職する

メリット

- 好条件で就職しやすくなる。
- 就職後にもステップアップしやすくなる。
- 有利な転職活動ができる。
- やりがいのある仕事を任される可能性がある。

デメリット

- 取得までに時間がかかる。
- 取得しても就職できるとは限らない。
- 就職するまで収入が得られない。
- 資格によっては年齢や学歴などの制限がある。

離婚前後の住まいを探しておく

ここが大切！

●実家に戻ることができる場合は、費用負担が軽い。
●公営住宅は民間の賃貸住宅より家賃が安いので検討したい。

実家に頼るのが最も手軽な方法

離婚が成立するまでは、夫婦は1つの家に同居していますが、離婚が成立すると、夫婦のいずれか、あるいは両方が家を出て新しい生活を始めることになります。離婚成立前に、離婚の話し合いのために別居することもあります。

相手が家を出る場合は、そのまま同じ家に住み続けることになります。離婚時の財産分与で家を受け取ることができれば、転居の必要はありません。

自分が家を出る場合、費用、手続きの面で最も負担が少ないのが、実家に戻るという選択です。親に相談でき、子どもがいる場合は面倒をみてもらえるという安心感もあります。ただし、親が離婚に反対しているときは、決して居心地のよい住居とはいえません。経済的、精神的にも長期間にわたって親に頼るのがむずかしいこともあります。

期間を決めて実家に住む、子育てや金銭面で親の助けを借りる範囲を決めておくなどの準備が求められることもあるでしょう。

そのほかの住宅の選択肢

実家以外の住まいとして一般的なのが、賃貸住宅です。**賃貸住宅の契約には敷金・礼金などのまとまった初期費用がかかります。**無職であれば、社会的な信用が低いとみなされるので、部屋を借りるのはむずかしいといえます。

賃貸物件によっては、保証人を頼める人がいれば契約しやすくなります。保証会社にお金を払って保証契約を結んでもらう仕組みもあるので、不動産会社に確認してみましょう。ひとり親を積極的に受け入れるシェアハウス（1つの家を複数の家族・人で共有して暮

気をつけて　敷金・礼金0円物件に要注意

敷金・礼金0円の賃貸では、「高額のルームクリーニング代を請求される」「退去時に多額の費用がかかる」などのトラブルもあるようなので注意を。

らすための物件）もあります。**都道府県や市区町村が管理している公営住宅を借りると月々の家賃負担は軽くなります。**所得が決められた基準内であることなどの条件を満たす必要があり、入居の応募者が多いときには抽選となります。

離婚後の住まいの選択肢

種類	メリット	デメリット
住んでいた家	●もち家の場合、家賃がいらない。 ●生活環境が変わらない。 ●子どもの通学にも支障がない。	●もち家の場合、ローンを支払わなければならないことがある。 ●賃貸の場合、家賃の負担を抱えきれないことがある。
実家	●初期費用がかからない。 ●手続きがいらない。 ●親に相談できる。 ●子どもの面倒をみてもらえる。 ●生活費が抑えられる。	●親との関係が悪化することもある。 ●親に経済的・精神的な負担がかかる。 ●親に甘えすぎて自立がむずかしくなる。 ●生活に干渉を受ける。
賃貸住宅 	●誰にも気兼ねなく住むことができる。 ●条件を満たせばすぐに借りられる。 ●住む場所を自由に決めることができる。 ●転居しやすい。	●敷金・礼金などの初期費用がかかる。 ●毎月の家賃負担が大きい。 ●保証人がいないと契約しにくい場合がある。
公営住宅など 	●賃貸住宅と比べて家賃が安い。 ●更新料がかからない。 ●ひとり親世帯などが優先的に入居できる。	●応募資格を満たさなければならない。 ●抽選で入居できないことがある。 ●入居時期が決められていることがある。

知っておこう 公営住宅の入居条件

地方自治体の中には、低所得者向けに賃貸する公営住宅を運営しているところがあります。東京都の場合、①申込日現在、都内に居住していること、②同居親族がいること、③住宅に困っていること、④所得が定められた基準内であること、という入居条件が設けられています。詳細は各自治体に問い合わせるとよいでしょう。

別居するときにやっておくべきこと

ここが大切！

- 別居に合意できないときでも家を出ることもできる。
- 親権をとるためには子どもを置いて別居しない。

別居をして修復か離婚かを決断する

離婚を考えているとき、冷静に話し合うためにも別居という手段は有効です。別居をすることで、離婚後の生活をイメージすることができ、離婚という選択肢が正しいかを判断する機会も得られます。また、短期間の別居は夫婦関係の修復に役立つこともあります。

夫婦は、法律で同居が義務づけられています。そのため、夫婦が合意したうえで別居をするのが原則です。別居に合意できている場合は、婚姻費用の支払いについて夫婦共同で調停を行い、調停調書を作成しておくと安心です。

どうしても合意できない場合でも、別居することもできます。たとえば、浮気をしている夫が妻子を捨てて別居し、生活費も払わず連絡先も隠しているといった極端な状況でない限り、裁判所で「悪意の遺棄（いき）（➡P36）」などと評価されることはありません。配偶者によるモラハラやDVを受けており、合意なく別居するしかないこともあります。

離婚後の話し合いのために、別居後の住所は知らせておくようにしましょう。ただし、DVなどの理由があれば知らせる必要はありません。

もち出していい物だけを持ち出す

離婚の際に親権がほしいなら、子どもを置いて別居しないようにしましょう。また、別居中に勝手に財産を処分されるおそれもあるので、残高がわかる預金通帳のコピーなど、財産を証明できる資料をもち出しておきます。

また、**結婚前からもっていたもの、自分のお金で購入したもの、個人的にもらったものなどはもち出すことができます。**結婚後に購入して共同で使っていたも

家庭内別居は子どものストレスに

経済的な問題などを理由に「家庭内別居」をする夫婦もいますが、争ったり口もきかなかったりする両親の姿は子どものストレスになるので要注意です。

のは夫婦の共有財産になります。もち出しても罪にはなりませんが、相手の心証を悪くして離婚に向けての話し合いをむずかしくすることがあります。同様に、

相手のもち物や家具・家電製品なども、合意できた範囲、相手が困らない範囲でもち出すのが賢明です。

別居のメリットとデメリット

メリット	デメリット
●冷静に離婚に向けた話し合いができる。	●生活費など金銭的な負担が増える。
●自分の気持ちを見つめ直すことができる。	●無職の場合、仕事が見つかるとは限らない。
●関係修復できる可能性がある。	●周囲から厳しい目で見られることがある。
●離婚したあとの生活をイメージできる。	●生活のリズムがくずれる。
●子どもに夫婦の対立を見られる心配がなくなる。	●どちらが子どもと住むかで争いが起きる。
●DV・モラハラ被害から脱することができる。	

別居前にやっておきたいこと

1 別居後のお金の準備をする

別居中の経済的な計画を立てて、別居中の婚姻費用についても話し合いします。

2 子どもの住む場所を決める

どちらが子どもと住むかを決めます。親権者の決定にも関わるので慎重に考えます。

3 必要なモノを持ち出す

- 自分名義の通帳・実印・キャッシュカード
- 印鑑
- パスポート、運転免許証
  （身分証明書として使える）
- 貯金通帳・不動産権利書のコピーなど
  （財産を証明する資料のコピー）
- 健康保険証・年金証書
- 証拠となるもの
  （浮気が原因の場合など）
- 子どものもち物
- 現金
- 写真など思い出の品

こんなとき どうする?

相手に別居先の住所を知られたくない

DVの被害者が別居する場合、配偶者に別居先の住所を知られないために、住民票の閲覧を制限することができます。この制度を利用する条件には、①DV被害者であり、生命または身体に危害を受けるおそれがあること、②警察に相談した、被害届を出したなど、閲覧制限の必要性があると判断される必要があります。

DVを受けたら公的機関に相談に行く

ここが大切！
- DVを受けたら被害の証拠を集めておく。
- 各種の施設で保護を受けることもできる。

DVの証拠を集めておく

DV（ドメスティックバイオレンス）とは、パートナーなど親密な関係にある相手から受ける暴力のことをいいます。**ここでいう「暴力」とは、身体的な暴力はもちろん、精神的、性的、経済的な暴力なども含まれます。**

DVを受けたときは、医師の診断書をもらう、被害の様子を写真・ビデオに撮るなどの記録を取っておきます。後に、警察に被害届を出すときや、離婚裁判で証拠として役立ちます。

DV被害には複数の相談先があります。警察や女性センターなどに相談した記録は、個人情報開示手続きで取り寄せておきましょう。別居時に転居先を知らせないようにすること、保護命令や裁判の証拠とすることに役立ちます。

一時的な避難場所を活用

家庭内暴力を受けているときは、被害の拡大を防ぐために一刻も早く別居すべきです。安全な別居先が見つけにくい場合は、警察または都道府県に設置されている配偶者暴力相談支援センターに相談すると、一時保護などの措置を受けることができます。

また、NPO法人や社会福祉法人などの民間団体によって運営されている民間シェルターでも、被害者の一時的な受け入れを行っています。こうした施設は被害者の安全を確保するために、所在地が非公開となっています。

入所希望者は、最寄りの女性センターや福祉事務所に相談して、入所が必要と判断されると避難することができます。ただし、受け入れ定員数が少なく満室の場合もあるので注意が必要です。シェルターでは、弁

キーワード　保護命令
配偶者からの暴力で生命・身体に重大な危害を受けるおそれがあるときに裁判所が出す命令。この制度は、2001年に施行されたＤＶ防止法によって設けられた。

護士や福祉事務所などの相談を受けながら、新しい住居への入居や、生活保護受給の手続き、就職活動などのサポートを受けることができます。

ＤＶの被害者が生命・身体に重大な危害を受けるおそれが大きいときは、**被害者が地方裁判所に申立てを行い、加害者に対して保護命令を出すことができます。**命令の内容には、接近禁止命令、退去命令、電話等の禁止命令などがあります。加害者が保護命令に違反した場合は、２年以下の懲役または２００万円以下の罰金に処せられます。

DVとは何か

■DVに含まれるもの

身体的暴力

殴る、蹴る、平手でうつ、ものを投げつける　など

精神的暴力

大声でどなる、暴言を浴びせる、無視する　など

性的暴力

性的関係を強要する、中絶を強要する　など

経済的暴力

生活費を渡さない、外で働くことを許さない　など

社会的暴力

人間関係を監視・制限する、行動を監視・制限する　など

保護命令の5つの内容

❶ 被害者への接近禁止命令

1年間、加害者が被害者につきまとう、住居、勤務先など被害者の近くを徘徊（はいかい）することが禁止される。

❷ 退去命令

加害者に2か月間、家から出て行くように命じる。退去した家の付近を徘徊することも禁止される。

❸ 電話等の禁止命令

面会の要求、行動の監視、乱暴な言動、連続してのメール・ファックス・電話・位置情報の取得を禁じる。

❹ 被害者の未成年の子への接近禁止命令・電話等禁止命令

被害者と同居する子へのつきまとい・連続電話等を禁止する。

❺ 被害者の親族等への接近禁止命令

被害者と密接な関係がある者へのつきまといを禁止する。

調停や裁判では第三者を説得する材料が必要

ここが大切！

- 離婚の形式に関係なく、離婚原因の証拠を集める。
- 証拠集めがむずかしい場合は調査会社・弁護士に依頼する。

自分の主張を明確にしておく

お互いの話し合いで離婚に合意できない場合、調停や裁判に移行することになります。調停や裁判では、離婚問題の解決を第三者に委ねることになります。これは、第三者に向けて説得力のある主張を準備する必要があるということです。

ですので、調停や裁判に備えるにあたっては、まず自分の考えを明確にしておくことが欠かせません。**「なぜ離婚したいのか」「調停や裁判で何を要求するか」「どういう条件なら合意できるか」などを改めて考え、準備しておきましょう。**

また、調停や裁判について情報を集めて勉強する、あるいは質問されそうなことについてシミュレーションをしておくのも有効です。身近に経験者がいれば相談するのもよいでしょう。

少なくとも裁判へと進む場合は、法律の専門家である弁護士に依頼すべきです。代理人として手続きなどをお願いすることもできます。無料相談などを活用して、相手に離婚話を切り出す前に、アドバイスをもらうのも1つの方法です。

離婚が頭をよぎったら、証拠を集める

離婚裁判を起こす場合、離婚の理由と、その理由を裏づける証拠は不可欠です。その前段階の離婚協議や調停の際にも、証拠があれば話を有利に進められるでしょう。**離婚について考えるようになったら、何事も証拠を集めておくにこしたことはありません。**

相手の浮気が離婚理由となる場合、浮気の事実を決定づける写真や動画、メールのやりとり、携帯電話の履歴などが証拠となります。ＤＶであれば、病院の診断書やケガの写真、モラルハラスメントであれば、

キーワード　調査会社

離婚の局面では、浮気調査や素行調査、相手が行方不明になった場合の捜索などで多く利用されます。浮気調査を専門とする調査会社もあります。

日々の暴言や態度を記した日記や音声記録、病院の診断書、ギャンブルであれば、借金の利用明細書や大金を引き出していることを示す通帳のコピーなど浪費を示すものが証拠となり得ます。

それらの証拠をできるだけ、自分自身や周囲の協力のもとで集めつつ、むずかしいものは**調査会社**に依頼するという方法があります。

調査会社の活用と弁護士への依頼

特に浮気が離婚原因の場合、決定的な証拠をつかむために、調査会社に依頼する人が多いようです。

調査会社は、依頼内容や調査に要する時間などによって調査にかかる費用が異なりますが、いずれにしろ高額です。自分で集めた間接的な証拠だけでも、配偶者の浮気を立証することが可能な場合があるので、経済面もよく考えて調査会社に依頼すべきかどうかを決めましょう。

また、**依頼する場合も調査がなるべく短期間で済むよう、事前に配偶者の行動パターンを把握しておくことが大切です。**

調停や裁判で証拠となるもの

離婚を有利に進めたいときは、必ず証拠を集めておくようにしましょう。「性格の不一致」などで離婚したい場合にも、証拠集めをするにこしたことはありません。

原因	証拠となるものの例	
浮気	●2人でホテルに出入りするときの写真や動画 ●メールのやりとり	●携帯電話の履歴 ●ホテルやレストラン、プレゼントのレシート
DV	●病院の診断書 ●ケガの写真 ●言動を録音した音声のデータ	●警察への相談実績 ●病院の診断書
モラルハラスメント	●暴言を受けた日々について書いた日記 ●暴言を録音した音声のデータ	●病院の診断書 ●経済的な束縛(そくばく)を示す家計簿
ギャンブル	●借金の利用明細 ●通帳のコピー	●カードの利用明細 ●領収書

離婚の意思を伝えるタイミングと方法

配偶者への伝え方

離婚するという気持ちが固まり、離婚後の不安要素も解消して、準備も整ったのであれば、相手へ伝えましょう。自分の気持ちを伝えないことには、何も進んでいきません。

伝え方は、対面して口頭で伝える方法が基本です。メールや手紙などで伝える方法もありますが、記録として後々残ることを忘れないでください。裁判になったときに相手からこちらに不利な証拠として出される可能性もあります。

どのような手段で伝える場合でも、最初は冷静かつシンプルに離婚したいということだけを伝えましょう。**まずは離婚したい気持ちを理解してもらうことが大切です。**条件などは追い追い詰めていきましょう。伝える際は、くれぐれも感情的になってはいけません。一方的にならないよう注意しつつ、配偶者の気持ちも聞いてあげてください。

離婚したい理由がＤＶの場合は、弁護士など第三者に間に入ってもらいましょう。また、条件などを話し合う際には優先順位を決め、何回かに分けて話し合うようにします。

家族や子どもへの伝え方

親や兄弟姉妹へ伝える際には、**離婚後の生活の見通しも合わせて話すなど、余計な心配をかけないような配慮が必要です。**力になってほしいことがあればあわせてお願いするとよいでしょう。特に子どもを連れての離婚の場合、周囲の協力が得られれば大変心強いものです。

子どもに伝えるときも、子どもが理解できる年頃であればごまかしたりせずに、真実を話すほうがよいで

ここが大切!

- まずはシンプルに、「離婚したい」ことだけを伝える。
- 子どもに伝えるときは、不安を取り除く配慮をする。

気をつけて　離婚を伝えるときの場所

離婚を切り出す場所は、相手の性格によって判断します。落ち着いて話をしたい場合は自宅、相手が逆上する可能性があるときはカフェなどがよいでしょう。

しょう。離婚することを決断してよかったと前向きな気持ちを伝えれば、子どもも少しは安心するでしょう。

離婚しても配偶者は子どもにとっては唯一の父親、母親です。子どもの心を傷つけないためにも配偶者を悪く言うのはやめましょう。

離婚の意思の伝え方

方法1 口頭

ていねいに説明し、相手に話を聞いてもらう時間をつくることで、誤解を防ぐことができる。

方法2 電話

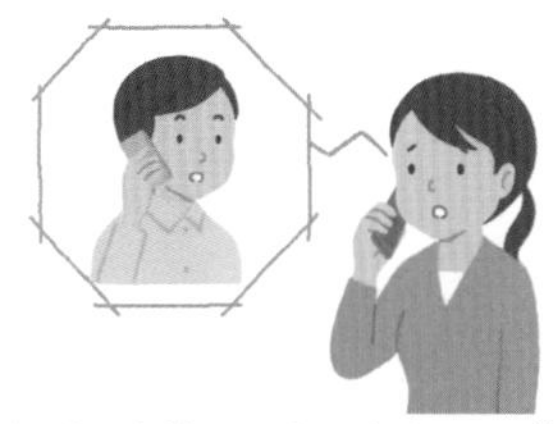

相手の表情や反応に左右されず、自分の気持ちを落ち着いて伝えることができる。

方法3 メール

相手の感情的な応対を防ぐことができる。改めて話し合いの場をつくるきっかけとして送ることもある。

方法4 手紙

主張を整理して書くことができる。相手に距離感を感じさせることができる。

DVが原因のときの伝え方

DVが原因のときは、必ず第三者を介して伝えましょう。直接伝えると、逆上した相手から暴力を受ける可能性があります。

弁護士からのアドバイス

離婚話を先に切り出しても不利にならない

「離婚話は切り出したほうが不利」というのは、特に根拠はなく不確かな情報です。離婚話を切り出したあとには、さまざまな条件について話し合う必要があります。有利不利があるとすれば、その交渉しだいです。切り出すタイミングよりも、話し合いの内容が重要ということです。

ケース別準備①
熟年離婚

子どもの自立をきっかけに離婚したい

老後に必要な資金を確保しておく

熟年離婚で多いのが、価値観のちがいや性格の不一致が積み重なり、子どもの自立などをきっかけに離婚を決断するパターンです。

熟年離婚を考えるときに重要なのは、離婚後の生活資金を確保できるかどうかです。専業主婦の場合、離婚後にも定期収入を得られるのが一番ですが、高齢になるほど就業の機会は減少します。配偶者の退職が迫っている、あるいは退職後間もないときには、退職金を財産分与として請求できるのかも確認したいところです。

また、将来、夫が受け取る年金額の半分をもらえると誤解されがちですが、実際に分割の対象となるのは婚姻期間中の厚生年金です。国民年金は分割できないので注意が必要です。

準備のチェックポイント

- □離婚したあとに定期収入を得られる見込みがあるか?
- □年金分割の制度を利用できるか?
- □退職金を財産分与に含めて分割することができるか?

離婚後の収入・財産の確保がカギ

1 離婚後の定期収入を確保する

結婚中も仕事をしていた人は、引き続き就業できる環境を整えます。無職の人は、新たに仕事を探す必要があります。ハローワークでは中高年向けの求人紹介やセミナーを行っています。サラリーマンや公務員の妻だった場合は、どの程度年金を分割して受け取ることができるか、年金事務所で試算してもらいましょう。

2 退職金を財産分与に含める

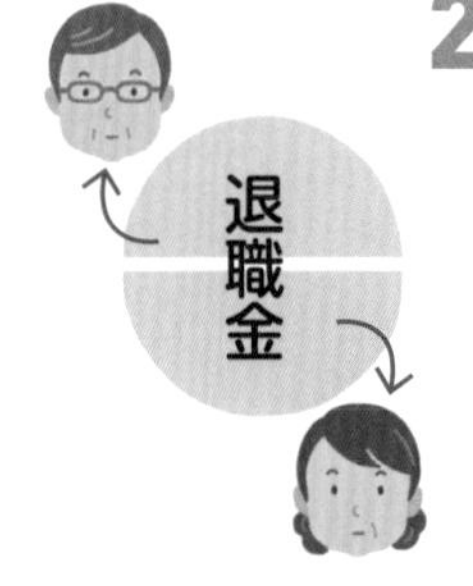

配偶者の退職金の支払い前後は、退職金も財産分与の対象となります。退職金の支払いがまだ行われていない場合は、確実に支払われるかを確認しておきます。すでに支払いがあった場合は、残金がどの程度あるかを確認しておきます。専業主婦の場合、退職金は離婚後の生活資金となります。

ケース別
準備②

相手の借金

夫が多額の借金をしていた

借金の額を把握することが第一

婚姻期間中に、相手が消費者金融で多額の借金をしてギャンブルに費やしていた、浮気相手につぎこんでいた……という場合は、夫婦の生活には無関係の借金ですので、財産分与の計算をするときに差し引かれずにすむのが一般的です。

ただし、相手の借金が多い場合、財産分与や慰謝料などを十分に取得できない可能性が高くなり、離婚後の生活設計にも支障が出ます。

相手の借金が疑われるときには、相手が借金を隠していないか、どれだけ借金があるのかを確認しておく必要があります。同時に、これ以上借金を増やさないための手段も検討します。消費者金融の利用明細書やカード会社からの請求書などは、相手が多額の借金をした証拠としても活用できます。

準備のチェックポイント

- □相手がつくった借金はどれくらいあるのか?
- □これ以上の借金を止められるか?
- □相手が借金していたという事実を証明できるか?

相手に借金がある場合の対処方法

借金をこれ以上増やさせない

日本貸金業協会に申告することにより、一定期間、借金ができないようにします。本人の届出が原則ですが、親族なども条件を満たせば申告することはできます。登録手数料などの費用はかかりません。

方法

- 電話をしたうえで、協会で直接申告を行う。
- 郵送で申告を行う。

問い合わせ先

- 日本貸金業協会

HP https://www.j-fsa.or.jp/
電話 0570-051-051

借金の事実を証明する

消費者金融の利用明細書やカード会社からの請求書などがあれば、コピーしておきましょう。借金の額を把握できるだけでなく、調停や裁判で相手に多額の借金があったことを証明する材料にもなります。

方法

- 購入した贅沢品の写真を撮る。
- 生活費が入っていない預金通帳をコピーする。
- 消費者金融からの利用明細書をコピーする。

利用明細書
請求書

ケース別準備③

相手の浮気

夫に浮気相手がいることがわかった

浮気の場合はとにかく証拠を集める

配偶者に浮気をしている疑いがあり、それを理由に離婚を考えるとき、怒りにまかせて相手を問い詰めると逆効果です。相手は浮気を否定して慎重に行動し、浮気の証拠も隠されてしまう可能性があるからです。

調停や裁判などで浮気を理由に有利な離婚を成立させるには、浮気の証拠を集めておくことが不可欠です。**証拠集めの最大のポイントは「性的関係を証明できるか」です。**典型的な証拠はラブホテルに2人で出入りしている様子を写真やビデオで撮影したものです。写真やビデオは顔がはっきり確認できるように撮影し、日付を入れておくことも重要です。また、メールの内容などの状況証拠もすべて集めておきましょう。

浮気が疑われるときに集めておきたい証拠

□領収書
- 日付、利用した人数、支払いの内容などを記録する。

□カードの利用明細書
- 日付、支払いの内容などを記録する。

□携帯電話・スマートフォン
- 通話履歴やアドレス帳を確認し、通話先の電話番号や名前などを控えておく。保存してある写真は、転送するなどしておく。
- 浮気を連想させるメールの文面があれば、転送しておく。

□交通機関のICカード
- 利用履歴を券売機で印字し、記録に残しておく。買い物履歴のチェックも可能。

□フェイスブック、ツイッター、LINEなどのSNS
- 浮気の状況証拠となる文面や写真データを保存しておく。

□写真・ビデオ
- 2人で会っている様子を撮影する。ラブホテルに出入りしている様子などは性的関係の裏付けとなりやすい。

□手紙
- 浮気を連想させる文面があればコピーしておく。

□感情的に問い詰めず、冷静な対応ができるか?
□浮気相手と性的関係があったという事実を証明できるか?
□慰謝料を請求できるか?

ケース別準備④

性格の不一致

性格が合わず、いっしょに生活できない

夫婦関係の破たんを証明していく

そもそも夫婦の価値観はちがっていて当然ですし、性格の不一致といっても、夫婦のどちらかが絶対的に悪いというわけではありません。そのため、自分が離婚したいと思っても、相手が離婚を望まず、関係修復のために誠実な努力を払っている場合は、性格の不一致だけを理由に離婚を認めてもらうのはむずかしいといえます。

性格の不一致が離婚理由として認められるのは、修復しがたいほどに夫婦関係が破たんしているときです。 夫婦関係の破たんを証明するには、長期間の別居をする、ケンカしたときの記録をつけておくなどの方法があります。また、「過去に浮気をされた」など、ほかの要因と組み合わせて離婚を主張すると認められる可能性があります。

準備のチェックポイント

- □相手を合意させられるか？
- □具体的な証拠を集められるか？
- □ほかにも離婚を後押しする理由があるか？

性格の不一致で離婚するための方法

方法1 夫婦関係の破たんを証明する

証拠となるもの

- ケンカ時の録音
- ケンカのメモや日記
- メールや手紙のやりとり
- 第三者の証言　など

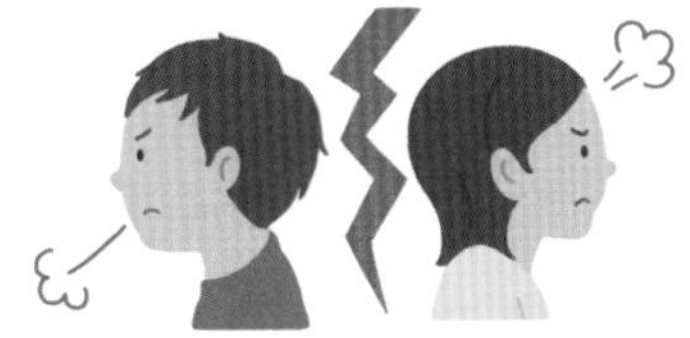

方法2 ほかの要因と組み合わせる

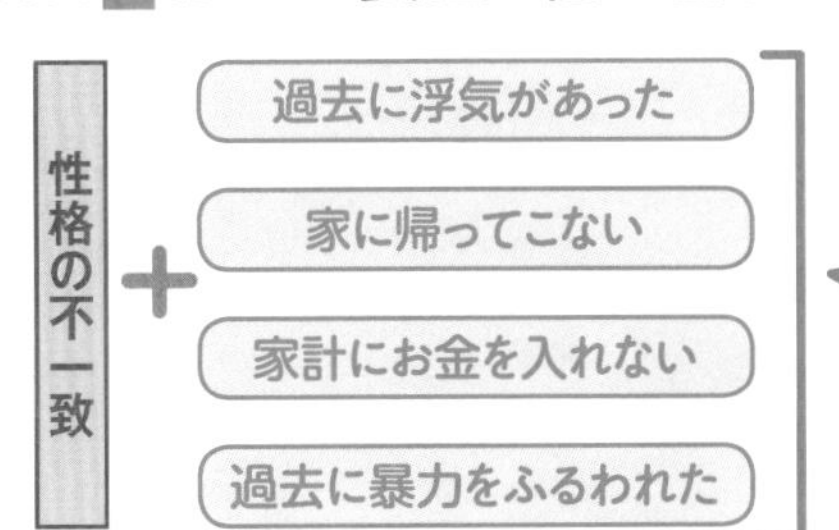

ケース別準備⑤

身体的・精神的暴力

相手が私を傷つける言葉を浴びせてくる

早急な別居の決断も必要

DVとは配偶者から受ける暴力のことであり、身体的な虐待（殴ったり蹴ったりするなどの暴行）だけでなく精神的な虐待も含みます。特に精神的な暴力や虐待はモラルハラスメント（モラハラ）と呼ばれ、離婚の原因となるケースが増えています。

こうした暴力については、調停や裁判に備えて日ごろから具体的な日時や場所、様子などを詳細に記録しておきましょう。日記やメモをつける、録音を残しておくなどの方法があります。

身体的、精神的な暴力はケガなどの影響を受けるだけでなく、精神障害の原因ともなります。また、子どもが感情表現や問題解決の手段として暴力を用いるおそれもあります。早めに別居を検討するなど、対処が必要です。

□相手の行為はDVにあたるか？
□相手の言動はモラルハラスメントにあたるか？
□被害を受けたことを示す証拠集めができるか？

身体的・精神的暴力の例

身体的な暴力の例

- 殴る、蹴る。
- 刃物などを体に突きつける。
- 髪をひっぱってひきずり回す。
- 呼吸が止まりそうなくらい首をしめる。
- 腕をねじって痛めつける。
- 体を傷つける可能性のある物で殴る。

精神的な暴力の例

- 話しかけても無視する。
- やることなすことを否定する。
- 行動を管理しようとする。
- 「誰のおかげで生活できるんだ」などと高圧的に言う。
- 家族や友人について馬鹿にする発言を繰り返す。
- 「外で働くな」と言い、仕事を辞めさせる。

身体的・精神的暴力への対処法

1. 調停や裁判に備え、医師の診断書や暴力の記録を残しておく。
2. 警察や女性センターに保護を求める。
3. 地方裁判所で保護命令を申し立てる。

ケース別
準備⑥

相手親族との不仲

配偶者の親との関係がどうしてもうまくいかない

準備のチェックポイント

- □配偶者と問題解決に向けて話し合ったか？
- □別居するのであれば、トラブルの証拠をもち出したか？
- □配偶者がトラブルに無関心か？

別居という選択肢もある

姑が、家事や育児に文句をつけるなど、距離が近いとトラブルが起こりがちのようです。このようなときは、まずは夫婦が話し合って、問題となる人間関係に距離をおくなどの対処を検討すべきです。

それでも関係が改善しないときは、離婚に向けて家を出て、別居するという選択肢もあります。別居にあたっての準備では、相手親族との不仲の証拠などはあらかじめもち出しておくようにします（➡P64）。たとえば、いやがらせの証拠となる写真や暴言を記録した音声などです。

また、離婚を成立させるうえでポイントとなるのが配偶者の態度です。配偶者がトラブルに無関心で、身内の肩をもつばかりで訴えを聞き入れない場合、裁判で離婚が認められる可能性があります。

相手の親族とうまくいかないときの手順

1 配偶者と話し合う

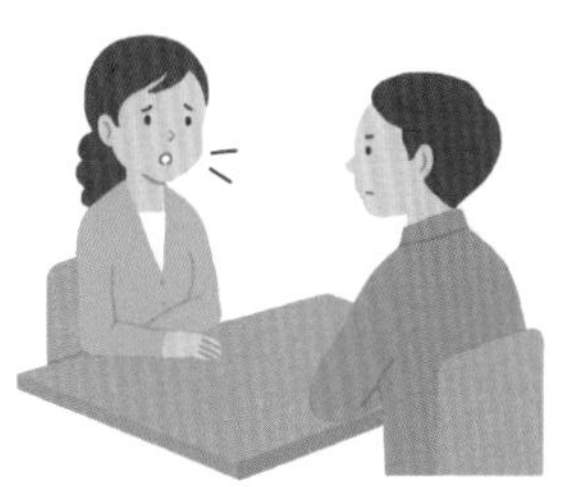

まずは配偶者と話し合い、問題解決の方法を探ります。話し合いの結果、問題が解決することもあります。

2 相手親族と距離をおく

距離をおくことで、これ以上のトラブルが起きるのを回避します。離婚に向けて、配偶者と別居することもあります。

3 離婚に向けて証拠を集める

相手親族とのトラブルの証拠を集めておきます。日記やメモ、音声データやビデオなどが証拠となります。

ケース別準備⑦

一方的な離婚

相手が一方的に離婚をしようとしている

離婚を阻止する手続きを実行

自分の意思とは無関係に、相手が勝手に離婚届を提出してしまうことがあります。離婚の条件がまとまらないうちに、話し合いを打ち切る意味で離婚届を出してしまうケースや、浮気をした側が身勝手に離婚を成立させようとするケースなどが実際には多いようです。

こうした事態に備えて防止策を講じておくことが大切です。提出される前に「離婚届不受理申出書」を提出しておく方法があります。

離婚届が提出され、受理された場合は、家庭裁判所に「協議離婚無効確認」の調停を起こします。調停で合意できたら離婚は無効となります。合意できないときには、裁判へと移ります。無効の判決が得られれば、離婚は無効となります。

相手の一方的な離婚届の提出への準備と対応

離婚届を提出される前

市区町村役場に「離婚届不受理申出書」を提出し、離婚届の受理を阻止します。

申出先

- **本籍地の市区町村役場の戸籍課**
  （本籍地の市区町村役場以外から送付してもらうことも可能）

申出人

- **本人**

必要な物

- **離婚届不受理申出書**
- **本人確認ができるもの**
  （免許証、パスポートなど）
- **印鑑**

離婚届を提出された後

家庭裁判所に「協議離婚無効確認」の調停を起こします。

申出先

- **相手方の住所地の家庭裁判所、または当事者が合意で定める家庭裁判所**

申出人

- **協議離婚した夫または妻**
- **協議離婚した夫婦の親族など**

必要な物

- **協議離婚無効確認の申立書**
- **戸籍謄本**（とうほん）（申立人と相手方）
- **離婚届の記載事項証明書**
- **利害関係人からの申立ての場合は、利害関係を証明する資料**

- □相手と話し合いができているか？
- □「離婚届不受理申出書」を市区町村役場に提出したか？
- □「協議離婚無効確認」の調停を起こすべきか？

ケース別
準備⑧

パーソナリティ障害

相手のパーソナリティ障害に悩んでいる

結婚生活の破たんを主張する

男性、女性を問わず最近、離婚の原因として増えているのがパーソナリティ障害による家庭の不和です。パーソナリティ障害とは精神疾患(しっかん)の1つであり、考え方や感情、対人関係といった機能が偏ることで問題が起きます。「性格が悪い」といったものとは異なり、治療が必要な病気です。

配偶者がパーソナリティ障害の場合は、相手の言動と、それにより生活にどのような支障が生じたのかを、具体的なエピソードを挙げててていねいに主張することが大切です。また、その事実を裏付ける証拠を集めておくことが望ましいといえます。

単なる性格の不一致よりも、深刻な生活上の支障をともなうことが多いため、裁判でも比較的離婚が認められやすくなります。

準備のチェックポイント

□診察で疾患が認められているか？
□いっしょに生活することが精神的・肉体的に耐えられないか？
□結婚生活が破たんしていることの証拠があるか？

パーソナリティ障害の特徴

タイプ1 奇妙で風変わりな特徴

- 不信感や猜疑心が強い。
- 非社交的で他者への関心が乏しい。
- 会話が風変わりで感情の幅が狭い。

タイプ2 感情的で移り気な特徴

- 感情や対人関係が不安定。
- 傲慢(ごうまん)・尊大(そんだい)な態度を見せる。
- 自己評価に強くこだわる。
- 反社会的で衝動的に行動する。
- 派手な外見や演技的行動で他人の注目を集める。

タイプ3 不安で内向的な特徴

- 他者に過度に依存する。
- 孤独に耐えられない。
- 融通性がなく、こだわりが強い。
- 不安や緊張が生じやすい。

配偶者のパーソナリティ障害で離婚するときの証拠例

- わめき声や罵声の音声データ
- たび重なる虚言を記した日記
- 自傷行為を行ったときの診断書　など

ケース別準備⑨ 有責者からの離婚

自分が浮気をしたけれど離婚を申し出たい

とにかく誠実な対応を心がける

浮気をしたなど、自分自身に非がありながら（有責配偶者でありながら）離婚を申し出た場合、離婚を認めてもらうためのハードルは高くなります。

有責配偶者が離婚を請求したケースでは、たとえ別居期間が長期間に及んだとしても、原則として離婚は認められません。離婚の原因をつくった側が勝手に離婚できるとなると、あまりに身勝手な行為を許すことになるからです。

離婚を成立させるには、自分に非があることを自覚し、離婚成立までの婚姻費用を誠実に支払う、離婚後の養育費を充実させることを約束するなど、誠実に対応します。 そうすることで、裁判所も有責者側の立場を考慮し、和解をすすめてくれる例もあります。

準備のチェックポイント

- □相手を金銭的に援助するだけの余裕があるか？
- □子どもにも経済的・精神的に協力できるか？
- □関係の破たんを証明できるか？

自分が悪いときは誠実な対応が必要

1 金銭面での誠実な対応

配偶者に対して、どの程度金銭的な援助があるかが重要です。必要な援助を惜しまず、誠実な対応をしていきます。

具体例

- **別居後の婚姻費用を確実に支払う。**
- **慰謝料を支払うことを約束する。**
- **財産分与の支払いを約束する。**

2 子どもへの対応

子どもがいる場合は、離婚後の養育費を充実させるなど、経済的・精神的な協力を約束します。子どもにも誠実な対応が第一です。

具体例

- **養育費の確実な支払いを約束する。**
- **面会交流については、相手と子どもの意向を尊重する。**

ケース別
準備⑩

配偶者の宗教活動

妻が宗教にのめりこんで家庭をかえりみない

信仰だけを理由に離婚できない

日本国憲法は、信教の自由を保障しています。**配偶者に自分の信仰する宗教を強制することはできませんし、お互いの信仰する宗教がちがうからという理由だけでは離婚できません。**

ただし、過度の宗教活動が離婚理由として認められる場合もあるため、その証拠を集めておくことが重要です。

たとえば、平日、休日関係なく布教活動に明け暮れ、家事や育児を放棄しているときには、日記などに記録しておきます。生活費から家計の負担となるような寄付をしたときには、預金通帳などをコピーしておきます。これらの証拠により、夫婦の協力義務違反や相互扶助に違反した状態であると主張していきます。

宗教が離婚理由になる範囲

離婚が認められる場合

- 家事・育児を放棄して布教活動を行っている。
- 集団生活を送っており、自宅に帰ってこない。
- 仕事をせず、家計にお金を入れない。
- 家計を圧迫するくらいの多額の寄付をする。
- 子どもを学校に行かせず、宗教活動に参加させる。
- 宗教活動のために多額の借金をしている。
- 信仰していない配偶者を精神的に虐待する。

離婚が認められない場合

- 自分の信じる宗教と異なる宗教に入信した。
- 家庭内で宗教に関する会話をしようとする。
- 毎日行っている祈祷（きとう）がうるさい。
- 自分の友人や知人を入信させようと勧誘する。
- 宗教に関する書籍を読ませようとする。
- 同じ信仰をもつ信者を自宅に連れてくる。
- 子どもを宗教の集まりに連れて行く。

準備のチェックポイント

- □単に宗教がちがうだけという理由になっていないか？
- □相手の宗教活動で結婚生活に支障をきたしているか？
- □関係破たんの証拠があるか？

ケース別準備⑪

相手の経歴詐称

配偶者が過去の経歴を偽っていた

経歴詐称による苦痛を主張する

近年は、マッチングアプリや婚活サイトで出会った相手と結婚する人も増えており、結婚後に相手の経歴詐称が発覚するトラブルも起きています。

たとえば「有名大学卒と言っていたのに、実は入学していなかった」「一部上場企業勤務と言っていたのに、子会社勤務だった」などがあります。

ただし、裁判では経歴詐称をしただけで、離婚が認められるわけではありません。そのため、**自分にとって経歴が重要であることを結婚前に伝えていた事実**や、**経歴詐称によってどれだけ苦痛を受けたか**などを具体的な証拠とともに挙げることが重要です。

なお、経歴詐称が発覚してから長い時間が経過すると、離婚理由として主張するのがむずかしくなるので、早めに別居等の決断をする必要があります。

経歴詐称を離婚理由にするための証拠

1 結婚前のやりとり

結婚前に経歴が重要であることを相手に伝えていた証拠を示します。

証拠となるもの

- マッチングアプリ・結婚相談所への登録履歴
- 相手とのメールの文面
- SNSのコメント　など

2 経歴詐称による苦痛

実生活や将来設計への影響や、精神的苦痛を受けたことを示します。

証拠となるもの

- 日記やメモ
- 相手が職場で解雇された記録
- 心療内科などの通院記録　など

3 信頼できない言動

経歴詐称以外にも信頼できない言動があった証拠を挙げます。

証拠となるもの

- 日記やメモ
- 配偶者とのメールの文面
- SNSのコメント　など

準備のチェックポイント

- □結婚前に経歴を確認していたか？
- □経歴詐称で苦痛を受けたことを示す証拠があるか？
- □経歴詐称が発覚してから長い時間が経過していないか？

ケース別
準備⑫

子育てをめぐる問題

ワンオペ育児・教育方針のちがいに耐えられない

準備のチェックポイント

□子育ての問題が生じていた証拠を示すことができるか？
□面会交流に理解を示せるか？
□離婚後も子どもに対する責任を果たす姿勢を示せるか？

子育ての問題が生じていた証拠を示す

子どもに関わる離婚原因には、子どもへの教育方針の相違のほか、夫婦ともに仕事を抱えているのに、自分だけ一方的に家事、育児の負担を押しつけられている「ワンオペ育児」などがあります。

裁判で離婚と親権を認めてもらうには、**子育ての問題が生じていた証拠**を示すのが一般的です。ただし、どれだけ子どもに無関心であったり教育方針が合わないと感じられたりする配偶者でも、面会交流は確保する必要があります。面会交流に理解ある姿勢を示すことが肝心です。

扶養者（ふよう）（収入の高いほう）から、子どもを監護する相手に対して離婚を請求する場合は、子育ての問題が生じていた証拠に加え、離婚後も子どもに対する責任を果たす姿勢を示すことが重要です。

子育ての問題で離婚をするときの対応

子の扶養者

離婚→

子の監護者

扶養者（収入の高いほう）から、おもに子どもを監護する相手に対して離婚を請求する場合

子育ての問題が生じていた証拠に加え、養育費を支払う意思を示すなど、責任を果たす姿勢を示すことが重要です。子どもの特性（障がい、精神的問題など）によっては、特に子どもの住居や教育について誠意ある対応が求められます。

子の監護者

離婚→

子の扶養者

被扶養者（収入の低いほう）で、子どもを監護する側から離婚を請求する場合

夫婦で同程度の収入がある場合に、子どもを監護する側から離婚を請求する場合

母子手帳、育児日記、配偶者とのメール・SNSのやりとりなど、問題が生じていた証拠を示せば、離婚が認められる可能性は高くなります。面会交流に理解ある姿勢を示すことで、離婚と親権の主張を認められやすくすることも重要です。

ケース別準備⑬
LGBTの同棲解消

パートナーと同棲を解消し、慰謝料を請求したい

準備のチェックポイント

□事実婚の関係を証明できるか？
□相手の浮気が原因の場合は、証拠を集めることができるか？
□裁判に向けた準備を進めることができるか？

裁判所に頼ることもひとつの方法

日本では、同性での結婚は認められておらず、夫婦と同一の権利が保障されているわけではありません。一部の自治体で同性カップルをパートナーとして認める制度を導入していますが、法的拘束力はなく、共同親権をもつこともできないのが現状です。

しかし、世界的には「ＬＧＢＴ」などとも称される性的少数者の権利を認める動きが進んでおり、同性婚を認める、あるいは同性カップルの権利を保障する制度をもつ国や地域が増えつつあります。

日本においても、**同性パートナーの浮気による関係解消について、慰謝料を認めた裁判の事例**もあります。話し合いがうまくいかない場合には、裁判所に頼ることもひとつの方法だと知っておくとよいでしょう。

LGBTの権利と浮気による慰謝料の請求

■ 同性パートナーシップ証明制度で認められること

○ 認められる（一部認められる）　✕ 認められない

認められる	認められない
○ 公営住宅への入居	✕ 配偶者控除の適用
○ 生命保険の受取人に指定	✕ 遺族年金の適用
○ 携帯電話の家族割の適用	✕ 財産の相続
○ 病院での面会	✕ 共同親権をもつ

■ 慰謝料を請求するために必要なこと

1 結婚に準ずる関係であった証拠を集める

証拠となるもの

- 同居の事実
- 海外での結婚を証明する書類
- 国内での同性パートナーシップ証明制度を適用したときの書類
- 結婚式、親族への紹介の記録　など

2 浮気の証拠を集める

証拠となるもの

- 携帯電話の履歴
- 写真・ビデオ　など

相手が認知症になって意思の疎通ができない

離婚後の生活にも配慮する

熟年夫婦は、配偶者のいずれかが認知症をわずらう可能性が高くなります。認知症の症状が長期間にわたり、今後も治る見込みがない場合は、離婚の理由として認められることがあります。

ただし、**配偶者の離婚後の生活にも一定の配慮を求められる**ことになります。そのため、認知症をわずらっているという証拠や、それによって家庭生活に支障が生じている証拠、これまで治療や介護に協力してきた証拠を集めるだけでなく、**配偶者の離婚後の生活についての具体的な対策を考えておく**ことが重要です。

配偶者に判断能力がない場合は、協議離婚はできないので、成年後見人を選任したうえで裁判による離婚を求めることになります。

準備のチェックポイント

- □病気が長期間にわたり、治る見込みがない状態か？
- □認知症だという証拠があるか？
- □配偶者の離婚後の生活対策を考えているか？

相手が認知症の場合の離婚の方法

準備1 離婚に向けた証拠を集める

病気の証拠

●診断書　●処方薬の説明書　●医療費領収書　など

家庭生活に支障が生じている証拠

●日記　●会話の録音　●警察から取り寄せた記録（警察のお世話になったことがあれば）　など

これまで病気の治療や介護に協力してきた証拠

●日記　●入院・入所時の身元保証書　など

病気以前に離婚原因があった場合、その証拠

●浮気の写真　●借金の記録　●DVの記録　など

準備2 配偶者の離婚後の生活に関する具体策を考える

●財産分与　●離婚後数年間の生活費の提供　●配偶者の親族等への引き受け要請　●入所施設の確保　など

同居をやめてから離婚までの期間

別居して1年未満に離婚する夫婦が多い

別居開始から離婚に至るまでの期間で、圧倒的に多いのは１年未満です。別居後離婚した夫婦の、なんと82.8%を占めます。

同居中は離婚を拒否していたり、迷っていたりした場合も、別居することであきらめがつき、２人の気持ちが急速に離婚へと傾いていくということでしょう。これらのデータから、別居は離婚への第一歩といえるのではないでしょうか。

● 離婚した夫婦の別居期間

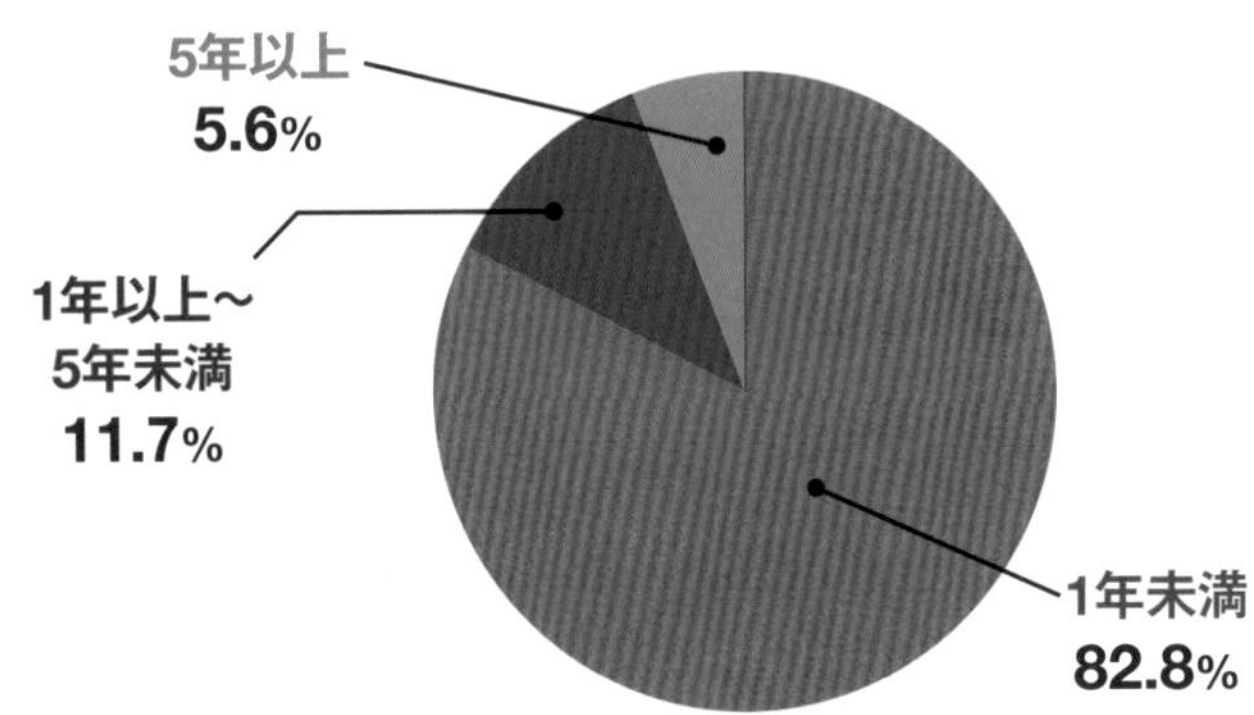

● 協議離婚した夫婦の別居期間

● 裁判離婚した夫婦の別居期間

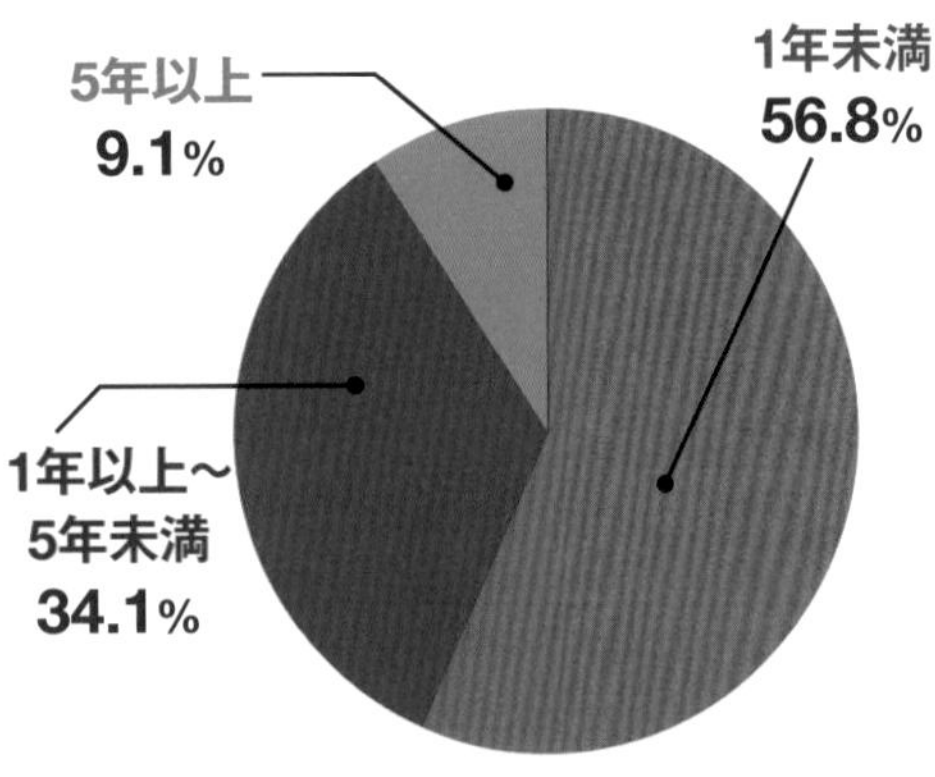

出典：厚生労働省 2022年度「離婚に関する統計」

3章

離婚の手続き

ここからは実際の離婚手続きについて見ていきます。離婚では、基本的には夫婦の話し合いからはじめていきます。夫婦間で合意できないときは、家庭裁判所を利用します。必要な手続きを押さえておきましょう。

この章のキーワード

- 離婚協議
- 離婚調停
- 離婚裁判
- 事実婚と離婚
- 国際結婚と離婚
- 弁護士の探し方
- 離婚届の書き方

夫婦で離婚を話し合うときのポイント

ここが大切

- **最初に離婚したい意思と理由をはっきり伝える。**
- **5W1Hを意識しながら取り決める。**

離婚の意思と理由を伝える

協議離婚で最初にしなければならないのは、「離婚したい」という意思と理由をきちんと相手に伝えること。冷静に話し合うことが大切ですので、感情をぶつけないようにしましょう。

①どういう理由で、離婚を決意したのか。
②その理由のせいで、どんな悪いことが起きたのか。

まずは、この2点を伝えることです。結婚にともなう義務（⬇P36）に違反しているケースは①のみでもかまいませんが、そうでないなら②が重要になります。

①の理由が「性格の不一致」なら、②はたとえば「あなたに合わせていたら、自分の時間がまったくとれなくなった」など、具体的な出来事を伝えましょう。

相手が納得しないなら、そろえておいた証拠を出しましょう。そのうえで話し合いを申し出ます。相手が話し合いを拒否した場合は、調停の申請（⬇P94）に進んでください。

決めなければいけないことを書き出す

相手が話し合いを了承したなら、以下の2点を決めていきます。

①決まっていないと、離婚届が出せないもの。
②離婚届には不要でも、あいまいにしておくと、のちのちの苦労やトラブルにつながるもの。

実際には、条件をすり合わせつつ離婚の合意に向かうケースが多いと思います。左ページのチェックシートを参考に、話し合いを進めていきましょう。

取り決めた内容があいまいだと、将来、相手が取り決めを守らず、**強制執行**をしたいと考えたとき、逃れる口実を与えてしまいます。たとえば、「『慰謝料を払う』とは決めたが、『いつまで』とはいっていない」

キーワード　強制執行
支払いを約束した側が取り決めどおりにお金を支払わない場合に、国が強制的に財産を使えないようにして支払いを行わせること。

といった具合です。

これを避けるには、**取り決めの段階から、5W1Hを意識する**といいでしょう。何について、誰が、誰に、いつまでに、どこで、どういう方法で行うのかを決めておきます。1度ですべてを話し合おうとせず、時間をかけて進めていくことが肝心です。

離婚協議に向けたチェックシート

■離婚を切り出す前にまとめておくこと

●なぜ離婚したいのか（あてはまるものにチェック・複数可）

相手が結婚の義務に反しているケース

- □他人との性的関係
- □同居しない
- □生活費を渡さない
- □浪費
- □理由なく働かない
- □家事・育児に協力しない

それ以外のケース

- □暴力・精神的虐待
- □性格の不一致
- □性生活
- □宗教への異常なのめり込み
- □親族との不仲
- □その他（　　　　）

●そのせいでどんな悪いことが起きたのか（自由に）

●証拠

■離婚の話し合いで忘れてはいけないこと

子ども関係

親権（➡P182）
親権者…夫・妻

養育費（➡P200）
月々必要な額（換算）＿＿＿＿＿円
子が＿＿＿歳になるまで
毎月＿＿＿日に夫・妻が支払う
それ以外の特別な出費（入進学・病気事故など）
＿＿＿割を夫・妻が支払う

面会交流（➡P192）
□ 毎週＿＿曜
□ 毎月＿＿日／＿＿日／＿＿日
宿泊…可・不可
日常の電話…可・不可

財産関係

	現在の財産	離婚時の分け方		現在の財産	離婚時の分け方
預貯金	夫名義＿＿＿円 妻名義＿＿＿円		車	評価額＿＿＿円 ローン＿＿＿円	
現金	＿＿＿＿＿円		保険	夫の分＿＿＿円 妻の分＿＿＿円 ※試算	
株式	夫名義＿＿＿＿ 妻名義＿＿＿＿		借金	計＿＿＿＿＿円	
家	評価額＿＿＿円 ローン＿＿＿円		その他所有を決めておきたいもの		

その他

慰謝料（➡P140）
＿＿＿＿＿＿＿＿＿＿＿円
＿年＿月＿日までに夫・妻が支払う

別居中の生活費（➡P130）
毎月＿＿＿＿＿円
毎月＿日に夫・妻が支払う

話し合った内容を文書にまとめる

ここが大切

- 離婚協議書は2通作成し、1通ずつ保管する。
- 強制執行認諾の約款が付いた公正証書をつくると安心。

書類に法的強制力をもたせるには

話し合いを終えたら、**取り決めた内容は必ず離婚協議書として残しましょう。**口約束だけですませた場合、あとになってから約束が守られないなどのトラブルのおそれがあります。

離婚協議書に決められた書式はありません。**縦書き、横書きの決まりもなく、用紙のサイズも自由であり、箇条書きでもかまいません。**

記載する内容も自由ですが、おもに親権者、養育費、面会交流、財産分与、慰謝料などについての決定事項を具体的に書きます。

たとえば養育費については支払う人の名前、受け取る人の名前、毎月の支払い金額、支払い期間、支払い方法などを記入します。

離婚協議書は同じものを2通作成し（コピーも可）、2人の自筆署名と印を入れて、それぞれが1通ずつ保管しておきます。

公正証書にしたほうが安心

しかし、これらをただ記載しただけでは、取り決めを書きとめただけの私的書類にすぎず、法的な効力は弱いといえます。仮に取り決めを破られたとしたら、強制執行ができません。そこで、**離婚協議書をもとにして新たに公正証書をつくり、その中に強制執行認諾の約款を付け加えます。**

強制執行認諾とは、「ここに書かれた取り決めを破ったら、強制執行を受けても文句は言いません」と約束させる一文です。これを公正証書に入れておけば強制執行が可能となります。

公正証書は、2人で**公証役場**に行き、公証人に作成してもらいます。代理人を立てる場合は、委任状が必

キーワード　公証役場

離婚協議書や遺言書など、さまざまな私的な書類を、法律に従った公文書として作成する役場。法律の専門家である公証人が文書を作成する。

要です。協議の内容を口頭で伝えることもできますが、時間もかかりますし、伝えもれの危険性もあります。離婚協議書を持参し、「強制執行認諾約款付きで」と依頼するとよいでしょう。

公証人は取り決めの内容をもとに公正証書の原本を作成し、夫婦それぞれが内容を確認したうえで署名押印します。公正証書は原本と原本の写しである正本、謄本が作成され、原本は公証役場が保管します。交付された公正証書は、**お金を受け取る側が正本、支払う側が謄本を1通ずつ保管します。**

公正証書に期待しすぎない

しかし残念ながら、公正証書の強制力は完璧とはいえません。強制執行の対象となるのは養育費や慰謝料などの金銭についてだけです。また、実際に強制執行を行うには、公正証書のほかにも公的な書類が必要となり、手間も費用もかかります。

そういう点を考えると、「離婚しても互いの信頼関係は失わず、約束が破られないようにしておく」というのが、最も安心できる協議の姿かもしれません。

公正証書作成のポイント

公正証書

作成する場所	**全国の公証役場** (https://www.koshonin.gr.jp/で調べられる)
手続きする人	**夫婦2人** (委任状をもった代理人も可。ただし、双方の代理人をひとりで行うことはできない)
必要なもの	●**離婚協議書**(簡単なメモでも可) ●**実印** ●**本人確認資料**(運転免許証、パスポートなど) ●**印鑑証明書** ●**戸籍謄本** ●**作成手数料**

■公正証書の作成手数料(一部)

目的の価額*	手数料
100万円以下	5,000円
100万円を超え200万円以下	7,000円
200万円を超え500万円以下	1万1,000円
500万円を超え1,000万円以下	1万7,000円
1,000万円を超え3,000万円以下	2万3,000円

＊目的の価額とは?
協議によって得られる慰謝料や財産分与などを金銭で評価したもの。受け取る側にとっては得られる利益、支払う側にとっては負担する不利益を表す。

離婚協議書の書き方の例

離婚協議書

冒頭には、2人が確かに離婚に合意したことを書く。

1　離婚の合意

◎夫・高橋啓介と妻・高橋友香は、協議離婚することに合意する。

2　離婚届について

◎妻・高橋友香は、各自署名した離婚届を、○○年○月○日までに、○○市役所に提出する。

「離婚届が出されず、離婚が成立しない」という事態を防ぐために、提出期限を明記する。

3　子どもの親権と監護権について

◎夫・高橋啓介と妻・高橋友香の間に生まれた未成年の子である長男・高橋春太（○○年○月○日生）の親権者を、妻・高橋友香と定める。

◎妻・高橋友香は長男・高橋春太の監護権者となり、成年に達するまで、これを引き取り養育する。

子どもが複数いる場合は、同様に列記する。

4　養育費について

◎夫・高橋啓介は妻・高橋友香に対し、長男・高橋春太の養育費として、○○年○月から長男・春太が満20歳に達する日の属する月まで、毎月末日限り、金○○万円を、妻・高橋友香の指定する口座へ、振込送金の方法により支払う。

◎振込手数料は、夫・高橋啓介が負担する。

◎長男・高橋春太が満20歳に達した以降も大学等に在籍していた場合には、夫・高橋啓介と妻・高橋友香は、養育費の支払いを終える期日について協議し、決定する。

◎上記養育費は、物価の変動その他の事情の変更に応じて、夫・高橋啓介と妻・高橋友香の協議のうえで増減できる。

養育費や慰謝料、財産分与など金銭に関わることは、以下の点を明確に文章化する。

- 支払う人
- 受け取る人
- 支払う期間
- 振込の期限
- 支払先
- 支払い方法
- 振込手数料はどちらが負担するか

5　慰謝料について

◎夫・高橋啓介は妻・高橋友香に対し、慰謝料として、金○○○万円の支払義務があることを認める。

◎慰謝料の支払は、○○回に分割して行う。

◎慰謝料の支払期間は、○○年○月から○○年○月までとし、毎月末日限り、金○万円を、妻・高橋友香の指定する金融機関の預貯金口座に振込送金の方法により支払う。

◎振込手数料は夫・高橋啓介が負担する。

◎夫・高橋啓介に下記の事由が生じた場合は、妻・高橋友香に対して残金を直ちに支払う。

慰謝料がない場合、以下の文で、それを明確にしておく。（例）夫○○○○は妻○○○○に対し、慰謝料の支払いが存在しないことを確認する。

相手が支払わなくなったときに、残金を確保する手立てを書いておく。

(1) 分割金の支払いを1回でもおこたったとき。

(2) ほかの債務について、強制執行、競売、執行保全処分を受け、あるいは税金の滞納処分を受けたとき。

6 財産分与について

◎夫・高橋啓介は妻・高橋友香に対して、財産分与として金○○万円を支払う。

◎財産分与の支払いは一括で行う。

◎財産分与の支払期日は○○年○月○日までを限りとし、妻・高橋友香の指定する口座へ、振込送金の方法により支払う。

◎振込手数料は夫・高橋啓介の負担とする。

ほかに取り決めたことも、5W1H に留意して書いておく。

7 面会交流について

◎夫・高橋啓介は、毎月1回、長男・高橋春太と面会交流することができる。

◎面会交流の日時、場所、方法については、長男・高橋春太の福祉を最優先とし、事前に協議して決定する。

8 公正証書作成への協力について

◎夫・高橋啓介と妻・高橋友香は、○○年○月○日までに、本協議書を内容とする公正証書を作成することに合意し、相互に公正証書手続きに協力する。

「公正証書を作ること」も、取り決めとして書いておく。

上記のように合意したので、本書2通を作成し、夫・高橋啓介と妻・高橋友香は各自署名押印のうえ、1通ずつ所有する。

○○年○月○日

住所	住所
東京都文京区湯島○丁目○番地○号	東京都文京区湯島○丁目○番地○号
氏名	氏名
高橋啓介 (高橋)	高橋友香 (高橋)

離婚前（婚姻中）の姓で署名をする。

夫婦が同じ印鑑を使わないようにする。

話し合いがまとまらなかったら調停を考える

ここが大切

- 相手の住所地の家庭裁判所に申し立てる。
- 現住所は相手に知られないようにすることができる。

申立書で調停を依頼する

相手が話し合いを拒否している場合、または、話し合いがまとまらない場合は調停に進みます。離婚調停の申立てができるのは、当事者である夫か妻だけです。第三者からはできません。

申立ては相手の住所地にある**家庭裁判所（家裁）**で行います。その家裁が遠くにあり、通いやすい別の家裁で調停を行いたい場合は、相手の合意をとれば、別の家裁で対応してもらえます。

申立書の用紙は家裁で受け取るほか、「裁判所」のホームページからダウンロードできます。必要事項を記入した申立書とともに、夫婦の戸籍謄本（とうほん）、年金分割のための情報通知書などの必要書類を提出します。なお、申立書は調停相手にも送るので、写しが1通必要です。

相手に住所地を知られたくないなら

申立書には住所を書かなければなりません。ですが、DVの被害を受けて避難している場合など、**現住所を知られたくない場合は、相手に知られてもかまわない住所地（実家の住所など）を書いてもかまいません。**その場合、現住所は家裁が作成する「連絡先等の届出書」に記されます。

このほか、調停の進め方で「どうしても相手と顔を合わせたくない」「自分が先に帰宅できるようにしてほしい」など、相手とのデリケートな問題があるときは、申立ての際に相談する、あるいは「進行に関する照会回答書」に記載すれば、配慮してもらえる場合があります。この書類はもともと、申し立てた人が都合のとれない日などを控えておくためのものであり、相手には見られません。

キーワード 家庭裁判所（家裁）
裁判所のひとつであり、家庭に関する法律問題を扱う。裁判官、調停委員を交えて当事者が話し合いにより問題解決を目指す。

陳述書を添える方法もある

申立書といっしょに自分の言い分を陳述書にして提出することもできます。**事前に陳述書を提出しておくことにより、調停委員が事前に内容を理解した状態で調停がはじまる**ことになり、話し合いがスムーズに進むというメリットがあります。

自分の主張を明確に伝えることができるので、調停という**特殊な場で言いたいことを上手に伝える自信がない人は、陳述書を添えるとよいでしょう。**書面にまとめる過程で、考えが整理される効果もあります。陳述書には、結婚までの経緯や離婚に至った経緯、離婚協議の状況、経済状況、健康状態、自分の考え、希望などを記載します。

陳述書の書き方に決まりはありませんが、これまでの事実を時系列にそって、わかりやすく簡潔に書いていくのが基本です。自分に不利になることは書かないのはもちろん、相手への悪口や愚痴を書きつらねるのは調停委員にマイナスイメージを与えるので、いい書き方とはいえません。

離婚調停に必要なもの

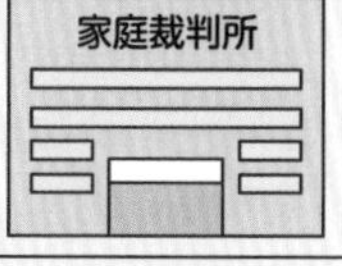

申し立てる人	●夫または妻	
申し立てる場所	●相手の住所地の家庭裁判所 または夫婦の合意で定めた家庭裁判所	
必要な書類	●夫婦関係調整調停申立書 （写しも1通必要） ●夫婦の戸籍謄本 （本籍のある役所に請求する）	●年金分割のための情報通知書 （日本年金機構に請求する） ●ほかの必要書類 （調停の過程で必要に応じて入手する）
申立て費用	●収入印紙 （1,200円分）	●連絡用の郵便切手 （家裁により異なるが、800円程度）

こんなときどうする？

離婚すべきか、まだ迷っている…

夫婦関係調整調停を申し立てるときには申立書に、関係解消を求めるのか、円満調整を求めるのかを記入します。円満調整を求めるときは、家庭裁判所が解決策を提示したり助言したりしてくれます。関係解消を求めたときも、話し合いの結果、もう一度やり直したいとなれば、円満調整の方向で進めることができます。

離婚調停申立書の書き方の例

申立書の写しは相手方に送付される。

この申立書の写しは，法律の定めるところにより，申立ての内容を知らせるため，相手方に送付されます。

受付印	夫婦関係等調整調停申立書　事件名（　離婚　）
	（この欄に申立て１件あたり収入印紙１，２００円分を貼ってください。） （貼った印紙に押印しないでください。）

収入印紙を購入して貼り付ける。

申立書を提出する裁判所を書く。

作成した年月日を書く。

○○　家庭裁判所　御中 ○○ 年 ○ 月○ 日	申立人（又は法定代理人など）の記名押印	島田　貴子　（島田）

添付書類	（審理のために必要な場合は，追加書類の提出をお願いすることがあります。） ☑ 戸籍謄本（全部事項証明書）（内縁関係に関する申立ての場合は不要） ☑（年金分割の申立てが含まれている場合）年金分割のための情報通知書 ☐	準口頭

裁判所から連絡がとれるように正確に。

申立人	本籍（国籍）	（内縁関係に関する申立ての場合は，記入する必要はありません。） 東京 都（道府県） 中央区銀座○丁目○番○号	
	住所	〒 123 － 4567 東京都目黒区○○町○丁目○番○号（　方）	
	フリガナ 氏名	シマダ　タカコ 島田　貴子	○○ 年 ○ 月 ○ 日生 （ ○○ 歳）
相手方	本籍（国籍）	（内縁関係に関する申立ての場合は，記入する必要はありません。） 東京 都（道府県） 中央区銀座○丁目○番○号	
	住所	〒 123 － 4567 東京都新宿区新宿○丁目○番○号（　方）	
	フリガナ 氏名	シマダ　タイチ 島田　太一	○○年 ○月 ○ 日生 （ ○○ 歳）
未成年の子	住所	☑ 申立人と同居　／　☐ 相手方と同居 ☐ その他（　）	○○ 年 ○ 月 ○ 日生 （ ○○ 歳）
	フリガナ 氏名	シマダ　アユム 島田　歩	
	住所	☑ 申立人と同居　／　☐ 相手方と同居 ☐ その他（	月 ○ 日生 ○○ 歳）
	フリガナ 氏名	シマダ　ウミ 島田　海	
	住所	☐ 申立人と同居　／　☐ 相手方と同居 ☐ その他（	月　日生 歳）
	フリガナ 氏名		

未成年の子どもが誰と同居しているかもチェック、記入する。

（注）　太枠の中だけ記入してください。未成年の子は，付随申立ての(1)，(2)又は(3)を選択したときのみ記入してください。　☐の部分は，該当するものにチェックしてください。

夫婦（1/2）

(942090)

この申立書の写しは，法律の定めるところにより，申立ての内容を知らせるため，相手方に送付されます。

※　申立ての趣旨は，当てはまる番号（１又は２，付随申立てについては(1)～(7)）を○で囲んでください。
□の部分は，該当するものにチェックしてください。
☆　付随申立ての(6)を選択したときは，年金分割のための情報通知書の写しをとり，別紙として添付してください（その写しも相手方に送付されます。）。

情報通知書に記載されている住所を知られたくないときは、その部分をおおい隠してコピーする。

申立ての趣旨	
円満調整	関係解消
※ 1　申立人と相手方間の婚姻関係を円満に調整する。 2　申立人と相手方間の内縁関係を円満に調整する。	※ (1)　申立人と相手方は離婚する。 2　申立人と相手方は内縁関係を解消 （付随申立て） ((1))　未成年の子の親権者を次のように定める。 …………については父。 歩、海　については母。 (2)（□申立人／□相手方）と未成年の子が面会交流する時期，方法などにつき定める。 ((3))（□申立人／☑相手方）は，未成年の子の養育費として，１人当たり毎月（☑金　○○　円／□相当額）を支払う。 ((4))　相手方は，申立人に財産分与として，（□金……円／☑相当額）を支払う。 ((5))　相手方は，申立人に慰謝料として，（☑金　○○　円／□相当額）を支払う。 ((6))　申立人と相手方との間の別紙年金分割のための情報通知書（☆）記載の情報に係る年金分割についての請求すべき按分割合を，（☑０．５／□（……））と定める。 (7)

夫婦関係を修復したいときは「円満調整」の項目に、○をする。

養育費、慰謝料、財産分与の請求については、相手方に支払ってほしい金額を記入する。金額がはっきりしないときは「相当額」にチェックする。

分割割合を上限にしたいときは「0.5」にチェックする。

そのほかに申し立てたい内容があれば（7）に記入する。

同居と別居を繰り返しているときは、一番最後の別居の日を記入する。

夫婦がはじめて同居した日を書く。

申立ての理由
同居・別居の時期
同居を始めた日…　○○　年　○　月　○　日　　別居をした日…　○○　年　○　月　○　日
申立ての動機
※当てはまる番号を○で囲み，そのうち最も重要と思うものに◎を付けてください。 1　性格があわない　(2)　異性関係　3　暴力をふるう　4　酒を飲みすぎる 5　性的不調和　6　浪費する　7　病気 8　精神的に虐待する　9　家族をすててかえりみない　10　家族と折合いが悪い 11　同居に応じない　12　生活費を渡さない　13　その他

夫婦（2/2）

申立ての動機にチェックする。

離婚の調停は月に1回程度のペースで行われる

ここが大切

- 調停は平日に行われ、本人の出席が求められる。
- 調停委員会の判断で打ち切り不成立になることも。

調停は月イチペースで行われる

申立てを行って1～2週間後、1回目の調停の期日の書かれた呼出状が、家庭裁判所から届きます。

初回の調停は、通常は申立てから1か月～1か月半後。混み具合で、2～3か月後になることもあります。2回目以降は、月に1回程度のペースで行われます。**調停は平日に行われ、原則として、本人の出席が求められます。**都合が悪ければ期日変更を申請できますが、聞いてもらえるとは限りません。仕事がある場合は、調停のために月イチペースで休むことを、職場に伝えておいたほうがいいでしょう。

調停は、裁判官と、民間人である調停委員2名からなる調停委員会によって進められます。家庭裁判所では、夫婦の一方が調停室で話している間、もう一方は待合室で待機するため、お互いに顔は合わせません。

調停の成立と不成立

調停の結果、離婚の合意がなされれば、裁判所が「調停調書」を作成します。調停最終日に裁判官が読み上げるので、内容を確認しましょう。

このとき、誤りがあれば訂正してもらえますが、これまでの調停とちがう内容への変更や追加はできません。いったん「これでＯＫ」と確認したら、以後の訂正はできません。

双方が確認を行った時点で、離婚が成立します。あとで離婚届を出す義務がありますが、戸籍を処理する手続きにすぎません。

どちらかが出席を拒否した場合や、「これ以上調停を続けても無意味」と調停委員会が判断した場合は、「調停不成立」とされ、調停が終了します。この判断に対して、不服申立てはできません。

気をつけて **無断欠席を続けた場合**

調停に無断で欠席を続けると、調停委員の印象を害するだけでなく、5万円以下の金銭罰が課せられることもあります。

不成立のあとの選択肢は4つ

調停不成立になった場合、その後の対応は、次の4つから選ぶことになります。

①もう1度、夫婦で協議する（⬇P88）。

②離婚裁判を起こす（⬇P102）。

③離婚をあきらめる。

④再度調停を申し立てる。

夫婦での協議はむずかしく、かといって「まだ裁判にはもちこみたくない」と考えている場合は、いったん調停を取り下げ、機会を見てもう1度申し立てるのも、ひとつの方法です。調停委員が替われば、新たな妥協点が見出せるかもしれません。

調停の取り下げはいつでもでき、一方的に行えます。なお、**調停を申し立てられた側には、取り下げる権利はありません。**

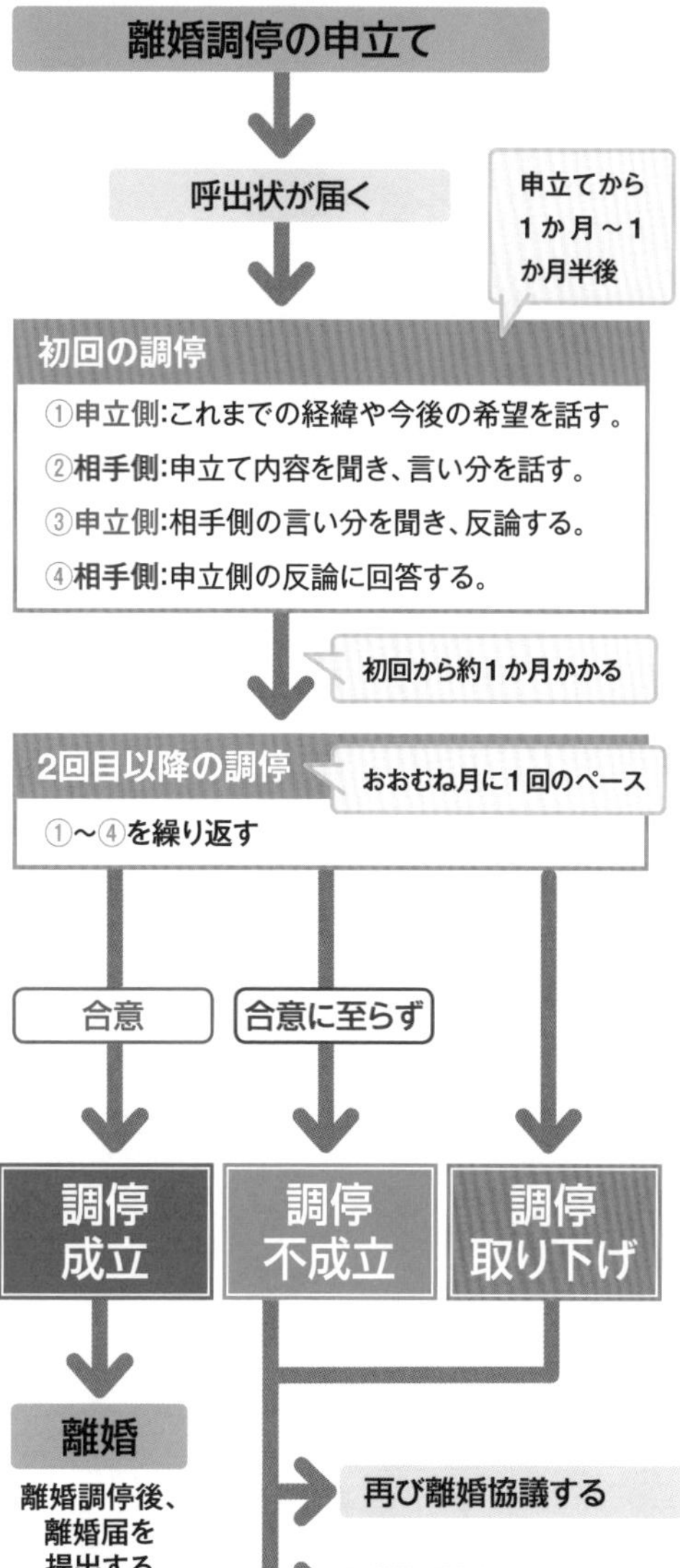

調停に参加するときに気をつけたいこと

ここが大切

- 調停委員によい印象をもってもらうように心がける。
- 次の調停に向けて要点をメモしておく。

印象をよくして調停委員を味方に

離婚調停では、調停委員が夫婦の意見を調整し、解決策をアドバイスしてくれます。夫婦両方の主張に同じ程度の説得力がある場合、印象がよいほうが有利になります。つまり、調停においては主張の内容だけでなく、**調停委員によい印象をもってもらうことも重要**といえるのです。

まずは、**見た目の印象を整えましょう**。服装に決まりはなく、スーツにする必要はありませんが、調停ではお金の問題を扱うため、派手なファッションや高価なブランドものは、浪費しているのではという印象を調停委員に与えかねないため、ふさわしくありません。落ち着いた清潔感のある服装が無難といえます。

次に、**ていねいな言葉づかいと冷静な話し方を心がけてください**。相手をなじり、自分が被害者である点を強調しすぎると、「感情に流されている」として、印象が悪くなってしまいます。悪口や愚痴ではなく、事実をわかりやすく伝えることが大切です。

最後は、**欲をかきすぎないようにしましょう**。あれもこれもと条件を盛り込んだり、法外な慰謝料を求めたりすると、「調停に協力的でない」として印象を悪くします。

調停では譲歩を求める提案を受けることがあります。その際、納得できないからといって怒ったり明らかな不快感を示したりするなどの感情的な対応は控えてください。調停委員に人となりも見られていることを忘れないようにしましょう。

メモをつくって活用する

調停では、離婚に至る経緯や今後の希望について、自分で説明することになります。交互に調停室に出入

気をつけて

メモばかりしていても印象が悪くなる

調停の内容はメモに記録しておくことが大切ですが、メモばかりしている様子は調停委員にとって不快となることも。適度に顔を上げましょう。

りしながらの話し合いになりますから、それぞれの持ち時間は30分程度と短時間です。

言いたいことを正確に伝え、時間を有効に使うためにも、**自分の主張を簡潔にまとめたメモを用意しておくとよいでしょう。**ただし、書いたものを読み上げるだけで、調停委員の質問とかけ離れた話を続けると、かえって印象を悪くするおそれもあります。

調停の際には筆記用具を持参し、最後に調停委員から、今回の調停のまとめや次回の課題を伝えられる際にメモしておきましょう。次の調停に向け、お互いの言い分を整理するのに役立ちます。スケジュール帳は、次回の日程を決めるときに役立ちます。

調停に持っていくとよいもの

証拠品

財産関係を証明する場合、給与明細や預金通帳など。

陳述書、メモ書き

言うべき内容を事前にまとめておく。

筆記用具

調停委員から伝えられた内容を記録しておく。

スケジュール帳

次回の日程を忘れずにメモしておく。

その他

- 離婚調停申立書など
- 離婚調停の呼出状
- 本人確認資料
- 本、雑誌など
- 認め印

調停のまとめを記録するメモ

（メモの例）

テーマ　子どもの学費について

相手の言い分

将来的に、私立高校、大学の学費を負担するだけの収入が得られるかがわからない。

調停委員の意見

公立高校、大学の学費分を確保しておき、学資保険の保険金を負担してもらうのはどうか。

次の調停に備えて、今回の調停のまとめをメモしておくとよい。必要に応じて、記録用の書式を交付している家庭裁判所もある。

調停がまとまらなければ裁判を起こす

ここが大切

- 離婚に関する問題は一括で提訴できる。
- 弁護士に依頼して進めることが一般的。

離婚に関する諸問題を合わせて提訴

調停で解決できない場合には、裁判所に訴状を出し、離婚裁判を起こすことになります。調停を経ずに裁判を起こすことはできません。

離婚裁判を起こすメリットは、判決により必ず決着がつくところにあります。ただし、自分の希望どおりの結論が出なくても従わなければなりません。

裁判を起こすにあたっては、民法に定める5つの離婚理由（⬇P32）のどれかを満たさなければなりません。離婚の訴えを起こしたほうを「原告」といい、起こされたほうを「被告」といいます。

離婚裁判では、「離婚するかどうか」だけでなく、子どもの親権や養育費、財産の分け方、年金の分け方、慰謝料など、離婚と同時に決めたいことについても、いっしょに申し立てることができます。

訴状の提出先は、夫婦のどちらかの住所地を受けもつ家庭裁判所です。調停を取り扱った家裁に取り扱ってもらえることもあります。訴状とともに、「離婚調停不成立調書」、夫婦の戸籍謄本、証拠となる書類のほか必要な費用を添えます。

裁判はどう始まる？

訴状を出すと、おおむね1～2か月以内に、原告と被告の双方に第1回口頭弁論の期日が通知されます。被告には訴状の副本（コピー）が合わせて送られます。被告は「訴状の内容を認めるか認めないか」「認めない場合、理由はなぜか」を書いた答弁書を、家裁と原告に送り返します。

第1回の期日は被告の都合を聞かずに設定されているため、答弁書の送付のみで家裁に出廷したのと同じように扱ってもらえます。

キーワード　訴訟代理人

訴訟の当事者（原告や被告）のために、その本人の名前を使って、訴訟に関するさまざまな件を代行する人。弁護士でなければならない。

弁護士に早めに依頼して準備する

訴状・答弁書は自分でも作成できますが、証拠の書類などいっしょに提出するものが多く、法律に従って準備する必要があります。弁護士に作成を依頼するのが一般的です。

裁判に入ってからも、法律にくわしい助言者がいなければ、何もできません。原告は離婚理由が事実だと証明する必要があり、被告もそれに反論する証拠を出していくことになります。こうした証拠の使い方にも法律の知識やテクニックが求められます。**弁護士に依頼せず進めると、依頼した場合と比較して圧倒的に不利な状況に追い込まれます。**

弁護士に依頼すれば、**訴訟代理人**として手続きを代行してもらえるだけでなく、本人尋問（訴えが本当かどうかを確かめるための質疑応答）と和解の話し合いのとき以外は本人が家裁に出向かなくても、弁護士に進めてもらえます。

裁判を有利に進めるためにも、早い段階から弁護士に依頼し、よく話し合っておきましょう。

離婚裁判の内容

訴えを起こす人	●**夫または妻**
訴状の提出先	●**夫婦どちらかの住所地を受けもつ家庭裁判所** （上記の裁判所と調停を扱った裁判所が異なる場合、調停を扱った家庭裁判所で扱うこともある）
必要な費用	●**収入印紙**（請求の内容によって金額が異なる➡P114） ●**郵便切手**（家庭裁判所で確認）
必要な書類	●**訴状2部**　●**夫婦の戸籍謄本（とうほん）とそのコピー** ●**「年金分割のための情報通知書」とそのコピー** （年金分割について申し立てる場合） ●**証拠書類のコピー2部**（源泉徴収票や預金通帳、医師の診断書など）

こんなときどうする?

弁護士費用がすぐに用意できない

法テラスでは、弁護士費用をすぐに支払う費用がない人を対象に、費用を立て替える制度があるので、利用を検討しましょう。立て替えた費用は、原則として月額5,000円～1万円ずつ返済します。

離婚裁判のための訴状の記入例

貼り付ける印紙の額、郵便切手の額は、訴状を提出する家庭裁判所の窓口で確認する。

訴　　状

訴訟物の価額	円
貼用印紙額	円
予納郵便切手	円
貼用印紙　裏面貼付のとおり	

事件名　離　婚　　請求事件

氏名を書き、認め印を押す。

訴状を提出する裁判所と訴状の作成日を書く。

○○ 家庭裁判所　御　中 ○○年　○月　○日	原告の記名押印	鈴　木　花　子　（鈴木印）

原告	本　籍	東京　都道府県（都）　渋谷区○○町○丁目○番地
	住　所	〒123−4567　電話番号 12（3456）7890　ファクシミリ　（　　） 東京都渋谷区○○町○丁目○番○号 （　　　方）
	フリガナ 氏　名	スズ キ ハナ コ 鈴　木　花　子
	送達場所等の届出	原告に対する書類の送達は，次の場所に宛てて行ってください。 □ 上記住所 ☑ 勤務先（勤務先の名称　株式会社○○　） 〒123−4567　電話番号 12（3456）7890 住　所　東京都渋谷区○○町○丁目○番○号 □ その他の場所（原告又は送達受取人との関係　） 〒　−　電話番号　（　　） 住　所
		□ 原告に対する書類の送達は，上記の届出場所へ，次の人に宛てて行ってください。 氏　名　（原告との関係　）
被告	本　籍	原告と同じ
	住　所	〒123−4567　電話番号 12（3456）7890　ファクシミリ　（　　） 埼玉県さいたま市○○区○○町○丁目○番○号 ○○マンション○○号 （　　　方）
	フリガナ 氏　名	スズ キ　タロウ 鈴　木　太　郎
添付書類		☑ 戸籍謄本（甲第　号証）　☑ 年金分割のための情報通知書（甲第　号証） ☑ 甲第 1 号証〜 第 3 号証　□ 証拠説明書　□ 調停が終了したことの証明書 □ 証拠申出書　□
夫婦関係の形成又は存否の確認を目的とする係属中の事件の表示		裁判所　／　年（　）第　号 事件名　事件　／　原告　被告

裁判所から書類を送る場合に、送ってほしい場所にチェックする。

届出場所で代わりに書類を受け取る人を届け出る場合は、その人の名前と原告との関係を書く。

訴状といっしょに提出する書類にチェックする。原告から提出する証拠書類を「甲第○号証」と呼ぶ。書類ごとに「甲第1号証」「甲第2号証」と番号をつけて提出する。

請求する項目にチェックする。

請求及び申立ての趣旨

原告と被告とを離婚する。

(親権者の指定)

☑ 原告と被告間の 続柄 長男 名 一郎（　○年 ○月 ○日生　），＿＿＿ ＿＿＿（　○年○月○日生　），

＿＿＿ ＿＿＿（　年　月　日生　）　の親権者を☑原告　□被告と定める。

□

慰謝料などの金額、期間などを記載する。

(慰謝料)

☑ 被告は，原告に対し，次の金員を支払え。

☑ 金 100万 円

☑ 上記金員に対する 離婚判決確定の日の翌日 から支払済みまで年 3 分の割合による金員

(財産分与)

☑ 被告は，原告に対し，次の金員を支払え。

☑ 金 200万 円

☑ 上記金員に対する離婚判決確定の日の翌日から支払済みまで年 3 分の割合による金員

□

□

(養育費)

☑ 被告は，原告に対し，判決確定の日が属する月 から 続柄 長男 名 一郎，＿＿＿ ＿＿＿，＿＿＿ ＿＿＿

が 満22歳に達する月の後に到来する3月 まで，毎月 ○ 日限り，子一人につき金 3万 円ずつ支払え。

□

(年金分割)

☑ 原告と被告との間の別紙 1 （年金分割のための情報通知書）記載の情報に係る年金分割についての請求すべき按分割合を，☑ 0．5 □（　　）と定める。

□

上限の割合を求めるときには0.5にチェックをする。

訴訟費用は被告の負担とする。

との判決（□及び慰謝料につき仮執行宣言）を求める。

婚姻の届出をした日を必ず書く。

請求の原因等

1 (1) 原告と被告は，○ 年 ○ 月 ○ 日に婚姻の届出をしました。

(2) 原告と被告間の未成年の子は，□いません。　☑次のとおりです。

続柄	名	年齢	生年月日
長男	一郎	15歳	（○年 ○月 ○日生）
		歳	（○年 ○月 ○日生）
		歳	（　年　月　日生）

夫婦間に未成年の子がいる場合に書く。子が成人している場合は書かなくてよい。

2〔調停前置〕

夫婦関係に関する調停を

☑しました。

事件番号 ○○ 家庭裁判所 ＿＿＿ ○○ 年（家イ）第 ○○○ 号

結　果 ○ 年 ○ 月 ○ 日 ☑不成立 □取下げ □（　　　　）

理　由 □被告が離婚に応じない □その他（　　　　）

☑条件が合わない（ 親権者等 　　　　）

□していません。

理　由 □被告が所在不明

□その他（　　　　）

離婚について話し合った調停の内容を書く。調停が成立しなかった場合は、その理由を書く。

3〔離婚の原因〕

次の事由があるので，原告は，被告に対して，離婚を求めます。

☑ 被告の不貞行為　□ 被告の悪意の遺棄　□ 被告の生死が3年以上不明

□ 被告が強度の精神病で回復の見込みがない　☑ その他婚姻を継続し難い重大な事由

その具体的な内容は次のとおりです。

(注) 太枠の中だけ記入してください。 □の部分は，該当するものにチェックしてください。

離婚の原因に該当するものの□にチェックする。

離婚裁判はほとんどが書類のやりとりで進む

ここが大切

- **裁判は約1か月に1度のペースで行われる。**
- **本人尋問には、自分が出廷する必要がある。**

まずは書面で互いの言い分を交換

家庭裁判所に訴状を提出すると、原告と被告には第1回の**口頭弁論**（裁判）の期日を記した呼出状が届きます。第1回の口頭弁論は、訴状を出した1～2か月後に、原告の都合に合わせて開かれます。

第1回で行われるのは、訴えた内容に関して、原告と被告それぞれの主張を確認する作業です。原告側が訴状を、被告側が答弁書を、それぞれ陳述します。陳述とは、内容を声に出して読むことですが、実際の裁判では事前に相手方に訴状や答弁書が渡っているので、内容を確認し合うだけで終わります。

代理人（弁護士）がいれば、本人が出席する必要はありません。その後、次回の口頭弁論までにやっておくべきことが告げられます。

「訴状や答弁書に反論する書類をつくりなさい」

「反論するための証拠を、書類にして提出しなさい」

といったことです。

書類の提出期限と次回の期日を決めれば、第1回は終了。おおむね10分ほどで終了します。

2回目以降の口頭弁論は、1か月程度の間隔をおいて行われます。しばらくは、準備書面（相手に反論する文書）の陳述が繰り返されるだけです。こちらも、代理人の出席ですみます。

なお、口頭弁論が行われている間に、被告側から逆に「離婚を求め、慰謝料○○万円の支払いを請求する」といった裁判（反訴）を起こすことがあります。家裁では、原告の起こした裁判（本訴）と反訴を同時に審理します。

本人が法廷で証言

準備書面を通じて原告と被告それぞれの主張が整理

キーワード　口頭弁論

原告側と被告側が、それぞれ自分の主張とそれを裏付ける証拠を提出し、自分の主張が正しいという証明を試みること。裁判官の目の前で行う。

され、**証拠の提出が終わった段階で、本人尋問が行われます**（⬇P108）。なお、離婚裁判ではあまりないことですが、証人尋問（原告・被告以外への尋問）も場合によっては行われます。たとえば、配偶者親族との不仲が離婚理由でその親族が証人になる、といったケースです。

裁判は原則として公開されます。夫婦のプライバシーが公になることを覚悟しなければなりません。15歳以上の子どもの親権を争う場合は、裁判所が子ども本人の考えや意思を聞くことになりますが、このときは公開法廷ではなく、面接によって行われます。

本人尋問が終わると、相手の証言の矛盾点や反論を記した最終準備書面がやりとりされることもあります。最後に判決が下され、裁判が終了します。

離婚裁判の流れ

原告が訴状を提出

↓

呼出状と訴状のコピー（被告のみ）が届く

↓

被告が答弁書を送る

↓ 訴状提出の1～2か月後

第1回口頭弁論

- **訴状・答弁書**をもとに陳述が行われる。
- **代理人**がいれば本人が出席する必要はない。

↓

2回目以降の口頭弁論

- **月に1回程度**行われる。
- **書面上で**言い分を争い、主張が食いちがっている点を明らかにする。
- 原告から**証拠**を提出し、主張の裏付けとする。
- 被告から証拠を提出し、**原告の主張に反論**する。
- 必要に応じて**証人尋問**が行われる。
- 裁判官から**和解の提案**を受ける。
- **本人尋問**が行われる。

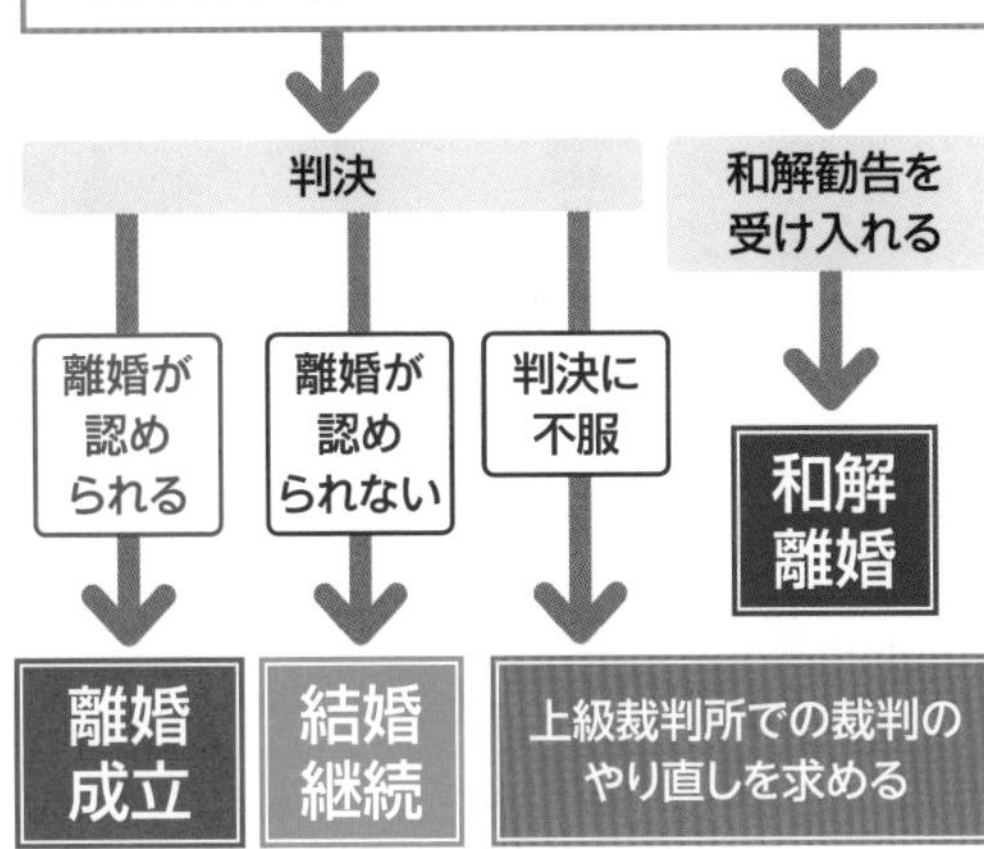

尋問(じんもん)を受けるときは事前のリハーサルが大事

ここが大切

- **相手弁護士からの質問を直接受けることになる。**
- **想定問答集をつくってリハーサルをしておく。**

念入りな対策が必要

本人**尋問**では、原告も被告も、当人が質問を受けることになります。誰でも緊張するのは当然の場ですので、事前の対策が必須です。

本人尋問は、結婚生活や離婚に至る経緯、自分がどうしたいかをまとめた書類（陳述書）を事前に双方が提出し、それをもとに行われます。具体的には、**陳述書に書かれた内容について、「事実と認めるか、認めないか」を答える**かたちになります。まずは自分側の弁護士からの質問に答え、その後、相手側の弁護士からの質問に答えます。最後に、裁判官からの質問に答えます。

準備としては、**双方の陳述書がそろった段階で、弁護士に想定問答集を作成してもらいましょう。**自分側の弁護士がどんな質問をし、相手側がどんな切り口で質問してくるかを想定しておけば、本番であせらなくてすみます。

リハーサルで尋問に慣れておく

想定問答集をただ読んで覚えるだけでは、失敗します。弁護士に、本番のつもりで尋問をしてもらうようにしましょう。実際と同じように、声に出して答える練習を重ねておくことです。

相手側から想定外の質問をされた場合にどうするかも、しっかり打ち合わせておくべきです。あせって陳述書と矛盾する証言をしてしまうと、主張の信用性が失われてしまいます。

そういうときは、こちらの弁護士が助け舟を出してくれますから、落ちついてそれを待ちましょう。助けを出してもらいたいときのサインを事前に決めておくのもよいでしょう。

キーワード　尋問
原告・被告の代理人、および裁判官が、原告・被告・証人に質問をして答えさせること。不適切な質問には答えなくてよい場合がある。

本人尋問の流れと対策

■本人尋問の流れ

主尋問

自分側の弁護士が質問。

反対尋問

相手側の弁護士が質問。

裁判官尋問

担当裁判官が質問。

■対策しておきたいこと

対策1
弁護士に双方の陳述書の要点を聞いておき、想定問答集を作成してもらう。

対策2
想定問答集をもとに弁護士とリハーサルをする。実際に声に出して行う。

対策3
DV 被害者の場合は当日顔を合わさないよう裁判所に配慮を仰ぐ。

本人尋問を受けるときの答え方のポイント

- 見た目や服装の**清潔感**を意識した格好で出席する。
- 横にいる弁護士からの質問にも、**前にいる裁判官を見て**答える。（マイクで録音されているため）
- 質問が**最後まで終わってから**答え、途中から答え始めない。
- 身振りは交えないで、**言葉で答える。**
- **質問されていることにだけ**答える。
- **一問一答**を心がけ、長い回答は控えるようにする。
- 質問の意味が理解できないときは「**質問の意味がわかりません**」と答える。わからないことは憶測で答えず「**わかりません**」と答える。
- **嘘をつかない。**
- 質問に**無関係なこと**は話さない。
- 自分が体験した**事実だけ**を答える。
- **感情的**にならない。
- 大きな声で**はっきりと**答える。

弁護士からのアドバイス

質問の内容に感情的になりそうなとき

本人尋問では、失礼な質問を受けてつい感情的になってしまうことがあるかもしれません。不適切な質問に対しては、代理人が異議を述べることができますので、基本的に弁護士に対応を任せて、冷静さを保つようにしましょう。感情的に答えると自分が損をするだけです。

裁判の判決とその後の流れ

離婚請求を認めるか認めないか

ひと通りの審理が終わると、以下の点を考慮しつつ、担当裁判官の判断で判決が下されます。

①原告と被告では、いずれの主張に合理性があるか。
②証拠のうち、事実として認められるのはどれか。
③認められた事実のうち、重要なものはどれか。

たとえば「浮気をした事実」と「浮気後、誠実に対応している事実」の両方が事実と認められた場合、前者が重視されます。

判決言渡日（いいわたしび）に、原告の離婚請求を認めるか、**棄却**するかが言い渡され、裁判が終了します。その日は出廷しなくてもよく、判決書が双方に送られます。

なお、原告が訴えを取り下げた場合や、被告が原告の訴えを全面的に受け入れた場合（認諾）、両者が和解した場合（⬇P112）も、裁判は終了します。

判決に不服なら上級裁判所で再審理

判決で離婚請求が認められても、調停とは異なり、すぐに離婚は確定しません。**判決に不服がある場合、上級裁判所に訴えれば（上訴）、判決の確定は先延ばしされ、裁判が続きます。**

家庭裁判所の判決後、まず高等裁判所へ上訴（控訴）し、高裁の判決にも不服があるときは最高裁判所へ上訴（上告）することができます。

ただし、最高裁は法律の解釈をする場なので、浮気などの事実をめぐって争うことができるのは高等裁判所までです。

控訴するのは、裁判で敗訴した側だけとも限りません。離婚請求が認められた側も、財産分与や慰謝料、親権、養育費などの請求についての判決に不服の場合は、その部分について控訴することになります。離婚

ここが大切

- **担当裁判官の判断で判決が下される。**
- **離婚請求が認められても、すぐに離婚とはならない。**

キーワード　棄却
裁判所が審理を行ったうえで「原告にはこの件を請求する理由がない」と、請求の内容を退けること。

だけ先に成立させたい場合は、裁判を継続しながらも協議離婚の形式をとって離婚届を提出することはできます。

控訴する場合、判決書が送達された日から2週間以内に控訴状を提出し、50日以内に控訴理由をまとめた「控訴理由書」を提出します。

控訴・上告が行われなければ、その期間が終わった時点で、判決が確定します。判決が離婚の請求を認めるものであれば、その時点で離婚も確定します。

10日以内に離婚届の提出が必要

離婚を認める判決が確定したら、確定日を含む10日以内に離婚届を提出する必要があります。これは、戸籍に離婚の成立を記載するための手続きであり、行わないと戸籍法違反になるので注意が必要です。

離婚届（⬇P122）は通常、離婚を請求した側が提出します。協議離婚のときとは異なり、相手の署名押印や証人は必要ありません。

離婚届とともに「判決書謄本（とうほん）」「判決確定証明書」を市区町村役場に提出します。

裁判離婚の流れ

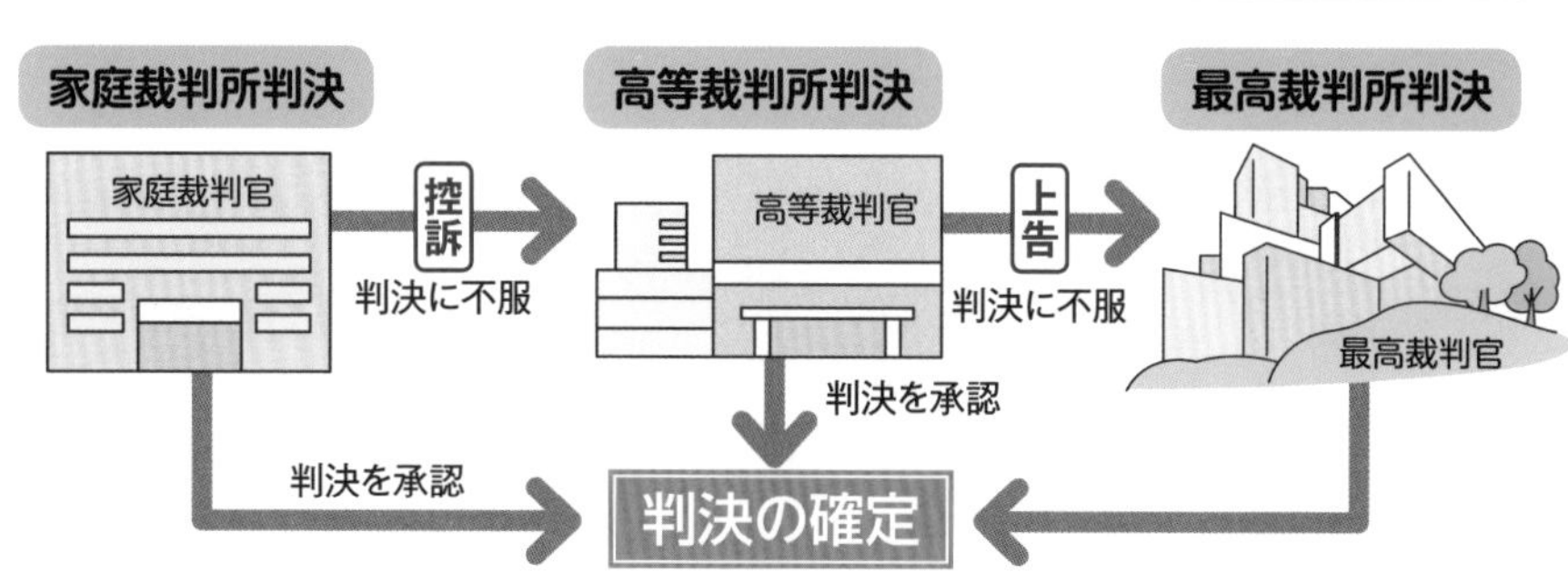

日本の裁判は三審制をとっており、当事者が望めば3回までの審理を受けることができる。ただし、裁判が長引くほど時間的、金銭的、精神的負担は大きくなることを覚悟しなければならない。

知っておこう 裁判を途中でやめるときの注意点

「子どもへの影響が思った以上に大きい」「公開裁判に耐えられない」など、裁判を途中でやめたいと思った場合、原告ならば、訴えを取り下げることができます。ただし、「自分に不利になってきたから、やめたい」という理由での取り下げは、取り下げに被告の同意が必要であることから、事実上不可能です。

裁判途中の和解

裁判の途中でも円満解決ができる

ここが大切

●裁判を続けるより和解するほうが得になるケースもある。
●和解の申し入れは、裁判中のいつでもできる。

裁判所からの和解の勧告

本人尋問など、原告と被告の当人が顔をそろえる日には、裁判所から和解をすすめられます。ここでいう和解とは、「お互い仲良くしなさい」という意味ではなく、「判決を待たずに、このぐらいで手を打ってはどうか」ということです。

和解の話し合いは法廷ではなく、別室で行われます。裁判官などが間に入りながら、原告と被告が話し合いを進めます。

日本では、離婚裁判を起こした夫婦の4割以上が、和解を受け入れています。 和解にも、それなりのメリットがあるからです。

1つには、条件を自由に設定できる点。和解では、どんな条件で手を打つかを、自由に決められます。当初の訴えになかった条件も、ある程度は指定できます。一方、判決は訴状に書かれた件に関してしか、決定を下せません。

もう1つは、現実的な条件で決着がつく点。裁判を通じて、相手も自分も「折り合いのつけどころ」がわかってきているからです。

どちらが得かを考える

和解では、判決を待つよりも早くに離婚が成立します。**和解が成立した時点で、和解調書が作成され離婚が確定**します。

また、和解の場合、判決よりも一般的に慰謝料や養育費などの支払いが取り決めた通りに守られる可能性が高くなるといわれています。納得していないことを命令されるのではなく、自分で納得して合意するからです。

裁判官の和解勧告は強制ではありませんから、納得

気をつけて

和解離婚確定後に離婚届を提出する

和解により離婚が確定した場合も、離婚確定日を含む10日以内に離婚届の提出が必要となります。

がいかなければ応じる必要はありません。しかし、これ以上裁判を続けてもメリットがない、勝訴しても相手の控訴で裁判が泥沼化するおそれがある場合などは、和解に応じたほうがよいとも考えられます。

　和解の申し入れは、裁判の継続中ならば、いつでも可能です。相手の出方を見ながら、判決と和解とどちらが得かを、じっくり考えてもいいでしょう。

認諾(にんだく)離婚の条件は厳しい

　なお、和解以外の手段として、被告側が認諾する認諾離婚という選択もあります。

　これは、訴状に書かれた内容を被告が全面的に受け入れるもので、いわば被告の全面降伏です。その時点で離婚が確定します。

　ただし、**認諾ができるのは、訴えに親権問題が含まれていない場合だけ**です。そのため、年に十数例しかない、きわめてまれなケースとなっています。

和解離婚の流れ

和解の話し合い

- 法廷ではなく別室で行われる。
- 裁判官と参与員（審理に立ち合い、裁判官に参考意見を述べる役の職員）の助言を受けつつ、条件を話し合う。
- 代理人も出席できる。

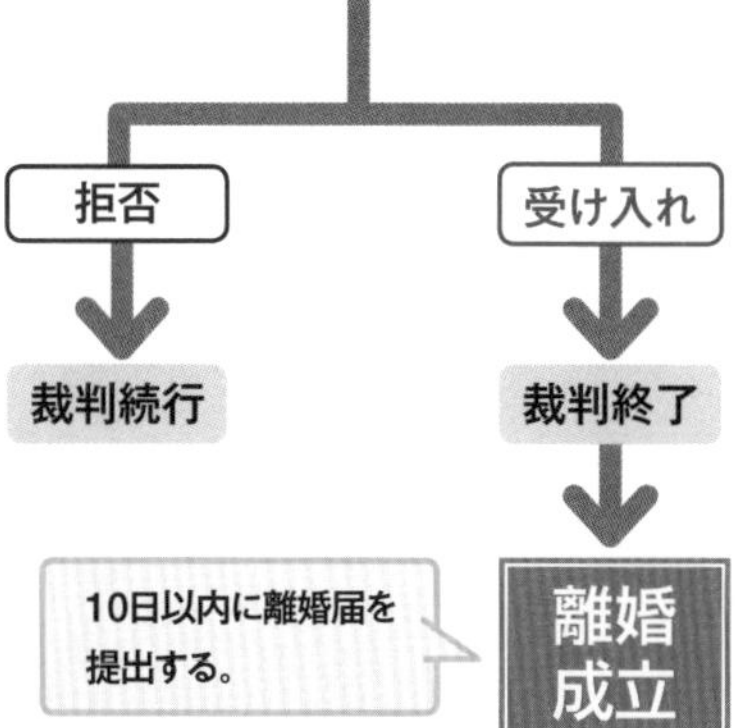

和解確定後の手続きに必要な書類

- 離婚届
（相手の署名押印、証人は不要）
- 和解調書謄本(とうほん)

知っておこう　和解の話し合いは欠席することもできる

　和解には本人の出席が必要とされてきました。離婚が決まると、戸籍が変わるなど、その人の社会的な関係（身分）に変化が生じます。身分に関わることが決まる場には、本人が出席すべきという見解があったためです。しかし、最近では代理人弁護士だけで話し合いが進められることもあり、本人の欠席も認められます。

裁判の費用はどれくらいかかるのか

ここが大切

- **弁護士費用と証拠集めの経費が費用の大半を占める。**
- **かかった費用のほとんどは裁判に勝っても戻ってこない。**

着手金が安いと報奨金が高くなる

裁判の費用は、左ページのように区分できます。仕事を休んで収入が減る分も、一種の費用ととらえたほうがいいでしょう。

このなかで**金額的に大きいのは、弁護士費用と証拠集めの経費**です。どちらにも決まった料金体系がないので、正確にどの程度かかるかは、依頼してみなければわかりません。

かつては「弁護士の報酬に関する規程」がありましたが、現在は使われていません。日本弁護士連合会の調査では、離婚裁判の場合、**着手金**が20～40万円、**報奨金**は20～50万円に設定している弁護士が多いようです。また、着手金が少ないと報奨金を多めに、あるいはその逆に、という傾向があります。

弁護士事務所ごとに報酬の基準が設けられています。費用の説明や見積書の提出を受け、納得したうえで依頼しましょう。

不貞行為の証拠集めは高額

証拠集めについては、**不貞行為を立証しようとすると、費用が高くつきます。**調査会社に依頼した場合、料金は各社でかなりばらつきがあります。調査業や探偵業の上部団体に相場を聞くなどして情報を集め、**「このレベルの調査なら、この金額まで支払う」と、自分なりの相場を見つけてください。**「〇〇万円以内で」と指定する方法もあります。

ほかの離婚理由については、証拠集めの経費はそれほどかかりません。

勝訴で戻ってくる費用

なお、「裁判に勝てば、裁判の費用は相手が支払う」

キーワード　着手金と報奨金

着手金とは、弁護士に手続きに入ってもらうために支払う料金。報奨金とは、裁判などが終了したあとで、成功の程度に応じて支払う料金。

とよく言われますが、裁判費用とは、「裁判にかかった費用すべて」という意味ではありません。**裁判所関連の経費に限られ、**弁護士費用や証拠集めの経費は、そこには含まれません。数万円程度です。

また、判決が下っても、訴訟費用確定処分を申し立てないと、相手から取り立てることができません。費用は裁判所に確認しないとわからないものもあり、計算と申請に手間がかかるため、取り立てをやめるケースが多いようです。

裁判にかかる費用の目安

1 申立て費用　2万円程度

請求する内容などによって異なるため、訴状を提出する家庭裁判所に確認が必要。

- 収入印紙代 1万3,000円～
- 郵便切手代 6,000円程度

2 弁護士費用　80万円程度

弁護士が自由に定めることができる。裁判の結果によっても報奨金が異なる。

- 着手金　20～40万円
- 報奨金　20～50万円
- 実費（交通費など）

3 証拠集めの費用　70万円程度

相手の浮気の証拠を集める場合、調査会社に依頼すると高額な費用が必要となる。

- 調査会社費用 30～100万円程度

4 その他の費用　3万円程度

提出書類の取り寄せ・発行に必要な費用や、コピー代、裁判所への往復の交通費などが必要。

- 各種書類取り寄せなど　1万円程度
- 交通費など　数万円

5 減収分　10万円程度

裁判は平日の日中に行われる。パート勤務などの場合は減収分を見込んでおく必要がある。

- 仕事を休む日数×1日当たりの給与

こんなときどうする？ 裁判所に納める費用を支払えない…

裁判を起こすときの費用が支払えない人は、費用の支払いを猶予する制度を使うことができます。弁護士費用の立て替えを行ったとき（➡P103）もこの制度を使うケースが大半です。ただし、申立ての内容などから裁判に勝つ見込みが明らかにないときは認められないことがあります。

事実婚を解消するときに必要となる手続き

ここが大切

- **事実婚の権利・義務は法律婚とほぼ変わらない。**
- **調停がうまくいかない場合は、離婚を除いた裁判を起こす。**

事実婚は法律婚とほぼ同じ

内縁関係（事実婚）とは、**婚姻届を出していないものの結婚する意思があり、夫婦としてともに生活し、社会的にも夫婦として認められている関係**のことです。

一時的に同居生活を送っている同棲（どうせい）とは異なり、事実婚の夫婦には婚姻届を出した夫婦（法律婚）と同じような権利と義務が認められています。子どもが生まれた場合も、共同で養育する義務があります。

事実婚を解消したいときには、法的な手続きは不要です。婚姻届も出していませんから、離婚届の提出も必要ありません。それぞれが別れる意思をもてばいつでも関係を解消することができます。

ただし、**法律婚と同様に、共同生活で築いた財産があれば財産分与の対象となります。**浮気や暴力など関係を解消する原因をつくった側に慰謝料を請求することや子どもの養育費を請求することもできます。

関係解消の話し合いがうまくいかなかったときは、法律婚と同じように、家庭裁判所で調停を行います。法律婚と区別するために、名称は内縁関係調整調停（解消）となっていますが、申立書は法律婚の調停と同じで、手続きや手数料もまったく変わりません。

裁判を起こすこともできる

調停が成立しなかった場合、法律上は結婚していないので、離婚を求める裁判を起こすことはできません。しかし、子どもの親権と養育費、慰謝料、財産分与、年金分割、婚姻費用に関しては、裁判を起こして請求することができます。

裁判の際、**事実婚が問題となるのは、婚姻届がなく、夫婦となった年月日がはっきりしないこと。**財産分与や年金分割が適用されるのは、夫婦関係があった期間

事実婚の子どもの相続分は同じ

非嫡出子の場合、相続の取り分は法律婚の子どもの2分の1とされてきましたが、民法改正により同等になりました。

の分なので、期間が明確でないと分けられません。事実婚の開始日がわかる証拠、たとえば同じ住所に移動したことを記載する住民票、結婚を披露した日に呼んだ友人の証言などをそろえておきましょう。

事実婚で生まれた子の権利

事実婚の夫婦間に生まれた子どもは「非嫡出子」として母親の戸籍に入り、母親の姓を名乗ります。**父親が認知の手続きをすることではじめて父親との親子関係が法的に認められます。**このとき父親の遺産を相続する権利も発生します。

父親が認知しない限り、法的には他人と同じであり、扶養の義務もありません。事実婚を解消するときにも養育費を請求できなくなるので、必ず認知の手続きをしておきましょう。

また、親権は原則として母親にありますが、父母の話し合いで合意すれば父親を親権者とすることもできます。子どもを父親と同じ戸籍に入れるためには、家庭裁判所に「子の氏の変更許可」の申立てを行う必要があります。

法律婚と事実婚はあまり変わらない

	法律婚	事実婚
慰謝料	請求できる	
調停	申し立てられる（夫婦関係調整調停）	申し立てられる（内縁関係調整調停）
裁判	申し立てられる	
財産分与・年金分割	請求できる	請求できる（事実婚の開始日の証明が必要）
養育費	請求できる	請求できる（子どもの認知が必要）
面会交流	請求できる	請求できる（子どもの認知が必要）
離婚届	必要	不要
子どもの親権	夫婦のいずれかに属する	はじめから母親にある
配偶者の相続権	ある	ない
子どもの相続権	ある	

国際結婚の解消手続きは国によって異なる

ここが大切
- どの国の法律に従うべきかを確認する。
- 子どもの連れ去り・連れ帰りはハーグ条約で禁じられている。

どこの国の法律に従うかを調べる

日本人と外国人配偶者の夫婦が離婚する場合、まず確認すべきは、「離婚手続きをどこの国の法律で行わなければいけないか」ということ。左ページの上のチャートで確認してみてください。

日本の法律に従って離婚する場合、日本人夫婦が行う手続きと変わりはありません。日本以外の国の法律に従う場合は、それぞれの国の結婚・離婚に関する法律を調べましょう。

日本のように協議離婚を認める国は、世界ではまれで、裁判所を介して離婚を認めるケースがほとんどです。その際、離婚を成立させる条件として、日本でも裁判所を介して離婚するように求められることもあります。その国の法律をよく知る専門家に、アドバイスを受けてください。

裁判は相手が出国してしまっても、起こすことができます。しかし、金銭関係の取り立ては、海外で財産を差し押さえる手段がないので、実質不可能でしょう。

なお、**外国の法律に従って離婚した場合も、日本で婚姻届を出しているときは、離婚届を提出**してください。戸籍の処理が行われます。

子どもの連れ去りとハーグ条約

国際結婚が破たんしたとき、最も問題となるのは、子どもが片方の親の国に一方的に連れ去られる問題です。これについては、**ハーグ条約**という国際的な取り決めがあります。ハーグ条約では、**まずは子どもをもともと住んでいた国に戻すことが決まっており、そのうえで、両親が解決を図る**ことが決められています。

とはいえ、無条件に子どもを送り返すわけではなく、返還のルールが定められています。

キーワード **ハーグ条約**
国境を越えた連れ去りで子どもが悪影響を受けないように、国際協力を行う仕組み。正式名称は「国際的な子の奪取の民事上の側面に関する条約」。

この取り決めは、条約の加盟国のみ有効です。日本は91番目の締結国で、2014年4月から発効（効力が生ずること）していますが、まだ半数近くの国が非加盟です。

どこの国の法律で離婚すべき？

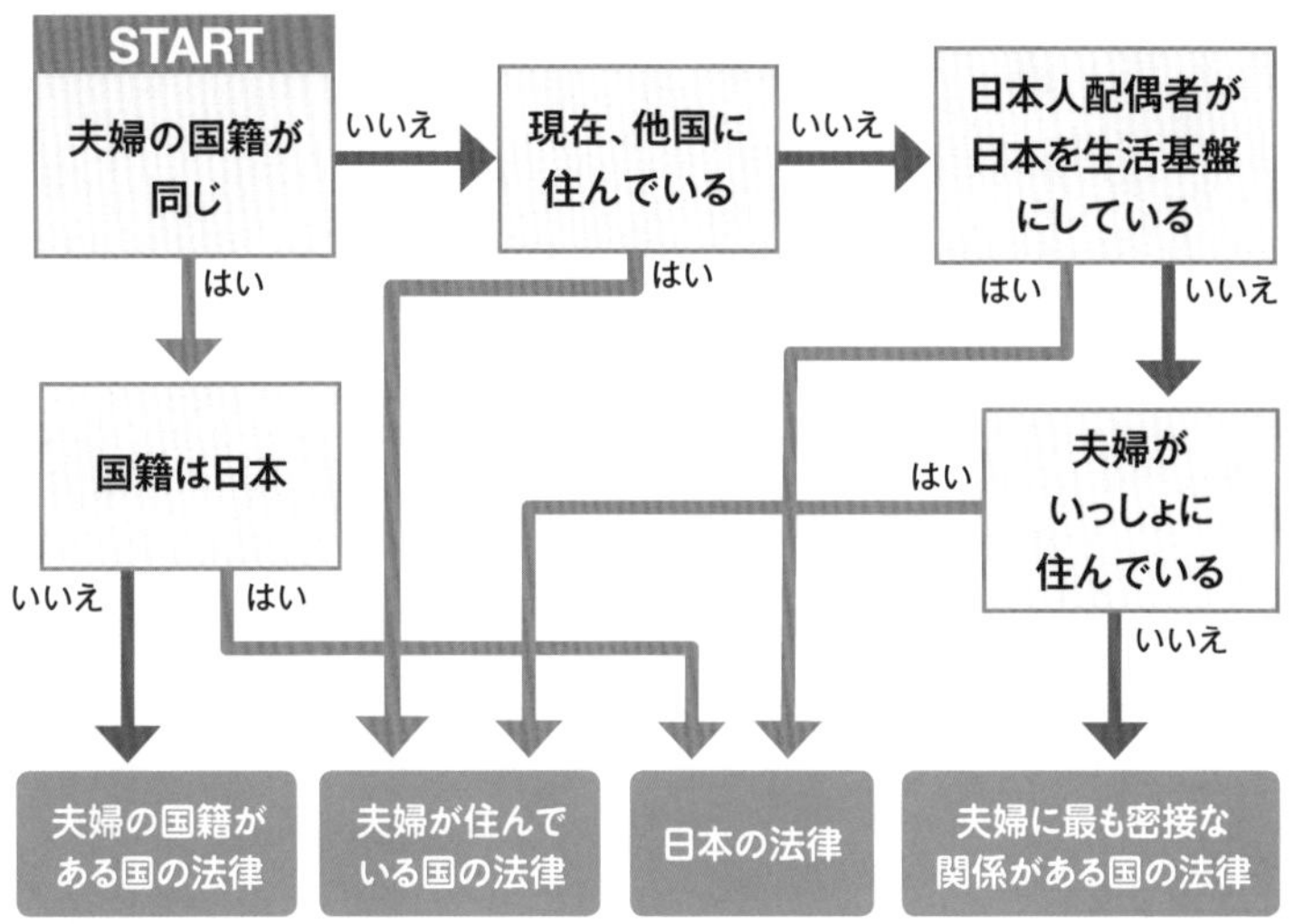

ハーグ条約と子どもの返還申立て

日本からの返還申立てが認められるケース	●子どもが16歳に達していない。 ●子どもが日本国内に所在している。 ●返還を求めた側の国の法律では、連れ去りが監護の権利を侵害している。 ●返還を求めた側の国が条約締結国である。
日本からの返還申立てが認められないケース	●連れ去りから1年以上経ち、子どもが新しい生活になじんでいる。 ●子どもに重大な危険がおよぶ。 ●連れ去り前に相手が子どもを監護していなかった。 ●子どもが返還を拒んでいる。 ●相手の連れ去りに同意・黙認をしていた。 ●人権・基本的自由が保障されていない。

知っておこう 住む国が別れても子どもに会える

子どもを連れ去った側の親も面会交流の機会が与えられるように、加盟している国が支援することになっています。住む国が別れても親子が会えるなら、連れ去りの防止になりますし、子どもの利益にもつながると考えられています。

弁護士を探すポイントは〝信頼〟と〝実績〟

ここが大切
- **弁護士はできるかぎり信用できる人を介して頼む。**
- **ネットで探す場合、ホームページを信用しすぎない。**

経験者から紹介してもらうのが一番

離婚裁判を起こすには、代理人の弁護士が欠かせません。また、協議や調停でも、費用が許すなら弁護士に相談するほうが解決が早まります。特に、相手がすでに弁護士に依頼しているなら、こちらも弁護士についてもらうべきです。

弁護士を探すときのポイントは、**離婚裁判の実績や経験がどれくらいあるか**ということです。弁護士によっても得意分野がちがうため、離婚問題を得意としている弁護士を探しましょう。

弁護士を探す方法のうち、最も手軽でかつ信用がおけるのは、**離婚を経験した人から、当時の担当弁護士を紹介してもらう**やりかたです。その際は、紹介者から実際に裁判がどのように進んだのか、弁護士のどんな点がよかったのかを聞いておきましょう。

弁護士会を通じて探す

人を介して探すのがむずかしい場合、近くの**弁護士会**を訪ねる方法もあります。いくつかの弁護士会では、弁護士紹介センターを設け、特定の分野・部門に経験のある弁護士を紹介しています。

そのようなセンターがない弁護士会でも、法律相談を利用すれば、弁護士とコンタクトがはかれます。

法律相談を担当した弁護士に、必ずしも依頼する必要はありません。その弁護士を通じて、別の弁護士を紹介してもらうことも、ある程度は可能です。たとえば、**「DVにくわしい弁護士を紹介してもらえないか」など、最も気になる点で相談**してみてください。

弁護士事務所のホームページは広告的要素が強いので、内容をそのまま信用せず、別ルートのレビューなどから実績評価を調べてください。

キーワード　弁護士会
弁護士の指導・連絡、監督事務を行う同体。各都道府県に設置されている。弁護士はみな、法律事務所を設けた地域の弁護士会に入会しなければならない。

1章 基礎知識
2章 準備
3章 離婚の手続き
4章 お金
5章 子ども
6章 手続き・生活設計

離婚問題のための弁護士選びのポイント

1 離婚問題を得意としている

弁護士にも得意分野があります。離婚問題について実績や経験のある弁護士に依頼すると、有利な条件で決着できる可能性が高まります。

2 ていねいに説明してくれる

専門的なことや費用や期間についてなど、初歩的な知識から必要事項まで面倒がらずに説明してくれるかどうかもポイントです。

3 忙しすぎず、キチンと相談にのってくれる

忙しすぎる弁護士の場合、話し合いの時間がとれないこともあります。弁護士は基本的に多忙であるため、アポイントの時間は必ず守りましょう。

4 話しやすい

質問に的確に答えてくれる、話に耳を傾けてくれるなど、信頼感をもってつきあえる相手かどうかをチェックしましょう。

5 DV問題などに理解が深い

特にDVなど個別の問題に悩んでいる場合、それらの問題についてくわしい弁護士に依頼すると、手続きや対応がスムーズとなります。

6 できれば同性

希望を受け入れてくれる弁護士事務所もあります。DVやモラハラが離婚原因の場合、男女を含む複数の弁護士で対応すると効果的といわれています。

弁護士からのアドバイス

法テラスの無料法律相談を活用しましょう

離婚について無料法律相談を行う弁護士会もありますが、数は多くありません。収入と財産が一定の条件以下なら、法テラス（日本司法支援センター）の無料法律相談が受けられます。同じ問題につき、3回まで相談できます。

（無料法律相談が受けられる例）子どもが2人いる夫婦の場合

手取月収：27万2,000円以下

現金・預貯金の合計額：270万円以下

離婚事件では配偶者の収入・資産は合算しないので、自分の月収、自分名義の預貯金でチェックしてみてください。

離婚届を書くときに注意したいこと

ここが大切

- 裁判で離婚が成立したときも離婚届は必要になる。
- 記載内容に不備があると受理してもらえない。

どのように離婚しても離婚届は必要

離婚届は、婚姻を終了させ、夫婦で1つにしていた戸籍を分ける手続きです。協議離婚の場合は、離婚届を提出することによって、離婚が成立します。

離婚届の用紙は市区町村役場で入手できるほか、自治体によってはホームページからダウンロードすることもできます。書き直しにそなえて複数枚準備しておきましょう。協議離婚の場合は、夫婦と証人2人の署名が必要です。

調停離婚や裁判離婚など、裁判所の手続きを利用した場合は、処分が確定した時点で、離婚が成立しています。ですが、**戸籍の処理をしてもらうために、必ず離婚届を出さなければなりません。**提出は夫婦のどちらかでもよく、第三者に依頼することや郵送でも可能です。

戸籍係の目線でチェック

書面に不備がある離婚届は、受理してもらえません。戸籍係が確認する以下の4点を、先に確認しましょう。

①書いてある文字がはっきりわかり、内容が正確か？

住所を省略して書いてはいけません。

②書いてある内容に、偽造の可能性はないか？

鉛筆ではなく、消えないインクで書くこと。誤字に修正テープは使えません。

③記載事項にもれはないか？

親権者の欄の子どもの名前は、全員をフルネームで。面会交流と養育費の取り決めについても、申告します。協議離婚には、証人が2名必要です。

④添付書類にもれはないか？

裁判離婚の場合、通常の添付書類に加え、裁判所が発行した書類が必要です。

気をつけて　代理人が離婚届を提出するとき

離婚届は代理人でも提出できますが、本人確認証資料の提出が求められることもあるので持参しましょう。

離婚届の書き方のおもなポイント

1 氏名

離婚前の名前を、戸籍に記載されている通りに書きます。新字体に略さないようにします。

✕中沢　○中澤

2 住所

住民登録している住所を省略せずに書きます。

✕城山町1−2−3
○城山町1丁目2番3号

3 本籍地

戸籍謄本(とうほん)を見ながら戸籍の記載どおりに書きます。「字」や「番地」なども略さずに正確に記入しましょう。

4 生年月日

元号で書くことが一般的です。元号はS（昭和)、H（平成）などと省略せずに正しく書きましょう。

5 署名

署名は自筆で行います。

6 父母の氏名

父母が死亡している場合も記入します。離婚している場合はそれぞれの姓を書きます。

7 続柄

長男、長女という表記は問題ありませんが、次男、次女の場合は「二男」「二女」と記入します。

8 同居の期間

挙式した日、同居を始めた日の早いほうを書きます。不確かな場合、おおよその時期でよいです。

9 連絡先

夫婦いずれかの自宅、勤務先、携帯電話番号のうち、いずれかを記入しましょう。

■間違えたときの訂正の仕方

知っておこう　離婚届の証人は必ず必要

協議離婚では、離婚届に成人2名の署名をしてもらう必要があります。友人や親族、成人していれば子どもも署名できます。証人は法的な責任を負いません。証人になってくれる人が周囲にいない場合、離婚届の証人になるサービスを行う業者もあります。

離婚届の書き方の例

離　婚　届

令和 ○ 年 ○ 月 ○ 日 届出

千代田区 長 殿

受理 令和 年 月 日 第 号	発送 令和 年 月 日
送付 令和 年 月 日 第 号	
書類調査 / 入力 / 戸籍記載	

	夫	妻
氏名	やまだ たろう 氏 山田 名 太郎	やまだ はなこ 氏 山田 名 花子
生年月日	□昭和 □西暦 □平成 ○○ 年 ○ 月 ○ 日	□昭和 □西暦 □平成 ○○ 年 ○ 月 ○ 日
住所（住民登録をしているところ 方書はアパート名・部屋番号を書いてください）	東京都千代田区○○町 ○ 丁目 ○ □番地 □番 ○ 号 方書 世帯主の氏名 山田太郎	同左 丁目 □番地 □番 号 方書 世帯主の氏名
(2) 本籍（外国人のときは国籍だけを書いてください）	東京都千代田区○○町○ 丁目 □番 筆頭者の氏名 山田太郎	
父母及び養父母の氏名 父母との続き柄（右記の養父母以外にも養父母がいる場合にはその他の欄に書いてください）	夫の父 山田 弘 母 優子 続き柄 長 男 養父 養母	妻の父 鈴木定男 母 陽子 続き柄 二 女
(3) 離婚の種別	□協議離婚 □調停 年 月 日成立 □審判 年 月 日確定	□和解 年 □認諾 年 □判決 年
(4) 婚姻前の氏にもどる者の本籍	□夫 □妻 は □もとの戸籍にもどる □新しい戸籍をつくる 丁目 □番地 □番	（よみかた） 筆頭者の氏名
(5) 未成年の子の氏名	夫が親権を行う子 山田一男	妻が親権を行う子
(6) 同居の期間	□昭和 □令和 □平成 □西暦 ○ 年 ○ 月から（同居を始めたとき）	□昭和 □令和 □平成 □西暦 ○ 年 ○ 月まで（別居したとき）
(7) 別居する前の住所	□夫の住所に同じ □妻の住所に同じ	丁目 □番地 □番 号
(8)	□1 □2 □3 □4 □5 □6 ※別表に沿って該当番号の□に✓を付けてください	
	（国勢調査の年… 年…の4月1日から翌年3月31日までに届出をするときだけ書いてください） 夫の職業	妻の職業
その他		
届出人署名 ※押印は任意です	夫 山田太郎	妻 山田花子

連絡先	日中連絡のとれる電話番号をご記入ください 電話 夫（ ） 妻（ ）

氏名・住所は戸籍や住民票の記載通りに書く。
- 旧字体を略さない
- 番地を○-○-○と省略しない

住所は住民登録しているところを書く。
- 別居で住んでいる住所ではない

署名と本籍地は離婚前（結婚時）のものを書く。

父母欄に入れるのは実父・実母の氏名。
- 婚家の義父母ではない

次男・次女ではなく、二男・二女と書く。

子どもの名前はフルネーム。

記入の注意

鉛筆や消えやすいインキで書かないでください。
筆頭者の氏名欄には、戸籍のはじめに記載されている人の氏名を書いてください。
必要なもの　調停離婚のとき→調停調書の謄本
審判離婚のとき→審判書の謄本と確定証明書
和解離婚のとき→和解調書の謄本
認諾離婚のとき→認諾調書の謄本
判決離婚のとき→判決書の謄本と確定証明書

証人	（協議離婚のときだけ必要です）	
署名 ※押印は任意です	高橋 守	高橋洋子
生年月日	□昭和 □西暦 □平成 ○○年○月○日	□昭和 □西暦 □平成 ○○年○月○日
住所	東京都世田谷区○○町 ○丁目○ □番地 □番 ○号 方書	東京都世田谷区○○町 ○丁目○ □番地 □番 ○号 方書
本籍	同上 丁目 □番地 □番	同上 丁目 □番地 □番

□には、あてはまるものに☑のようにしるしをつけてください。

今後も離婚の際に称していた氏を称する場合には、(4)婚姻前の氏にもどる者の本籍欄には何も記載し…場合にはこの離婚届と同時に離婚の際に称していた氏を称する届を提出する必要があります。）。

同居を始めたときの年月は、結婚式をあげた年月または同居を始めた年月のうち早いほうを書いてく…

届け出られた事項は、人口動態調査（統計法に基づく基幹統計調査、厚生労働省所管）にも用いられ…

面会交流、養育費の分担についてもチェックする。

父母が離婚するときは，面会交流や養育費の分担など子の監護に必要な事項についても父母の協議で定めることとされています。この場合には，子の利益を最も優先して考えなければならないこととされています。

・未成年の子がいる場合は，次の□のあてはまるものにしるしをつけてください。
☑面会交流について取決めをしている。
□まだ決めていない。

（面会交流：未成年の子と離れて暮らしている親が子と定期的，継続的に，会って話をしたり，一緒に遊んだり，電話や手紙などの方法で交流すること。）

・経済的に自立していない子（未成年の子に限られません）がいる場合は，次の□のあてはまるものにしるしをつけてください。
☑養育費の分担について取決めをしている。
取決め方法：（□公正証書　□それ以外）

□まだ決めていない。

（養育費：経済的に自立していない子（例えば，アルバイト等による収入があっても該当する場合があります）の衣食住に必要な経費，教育費，医療費など。）

このチェック欄についての法務省の解説動画

詳しくは，各市区町村の窓口において配布している「子どもの養育に関する合意書作成の手引きとＱ＆Ａ」をご覧ください。面会交流や養育費のほか，財産分与，年金分割等，離婚をするときに考えておくべきことをまとめた情報を法務省ホームページ内にも掲載しています。

法務省　離婚

法務省作成のパンフレット

離婚届について（品川区）

日本司法支援センター（法テラス）では，面会交流の取決めや養育費の分担など離婚をめぐる問題について，相談窓口等の情報を無料で提供しています。無料法律相談や弁護士費用等の立替えをご利用いただける場合もありますので，お問い合わせください。

【法テラス・サポートダイヤル】0570-078374　【公式ホームページ】https://www.houterasu.or.jp

別表（婚姻する前の世帯のおもな仕事欄）

1．農業だけまたは農業とその他の仕事を持っている世帯
2．自由業・商工業・サービス業等を個人で経営している世帯
3．企業・個人商店街（官公庁は除く）の常用勤労者世帯で勤め先の従業者数が１人から99人までの世帯（日々または１年未満の契約の雇用者は５）
4．３にあてはまらない常用勤労者世帯及び会社団体の役員の世帯（日々または１年未満の契約の雇用者は５）
5．１から４にあてはまらないその他の仕事をしている者のいる世帯
6．仕事をしている者のいない世帯

裁判離婚で離婚が認められる割合

約9割の確率で離婚が認められる

2022年に全国の家庭裁判所が受理した離婚訴訟事件のうち、判決を受けて終わったものは3,030件。そのうち認容判決、つまり離婚が認められたものが、88.2%にのぼります。離婚したい人が、万全の準備で訴えを起こしていることが推測できます。

なお、判決に至る前に和解で終わることも多く、離婚裁判全体の約37%を占めています。白黒をつけるよりも、現実的な解決を望む人が多いと言えるでしょう。

● 離婚訴訟事件の内訳（離婚訴訟総数　8,118件）

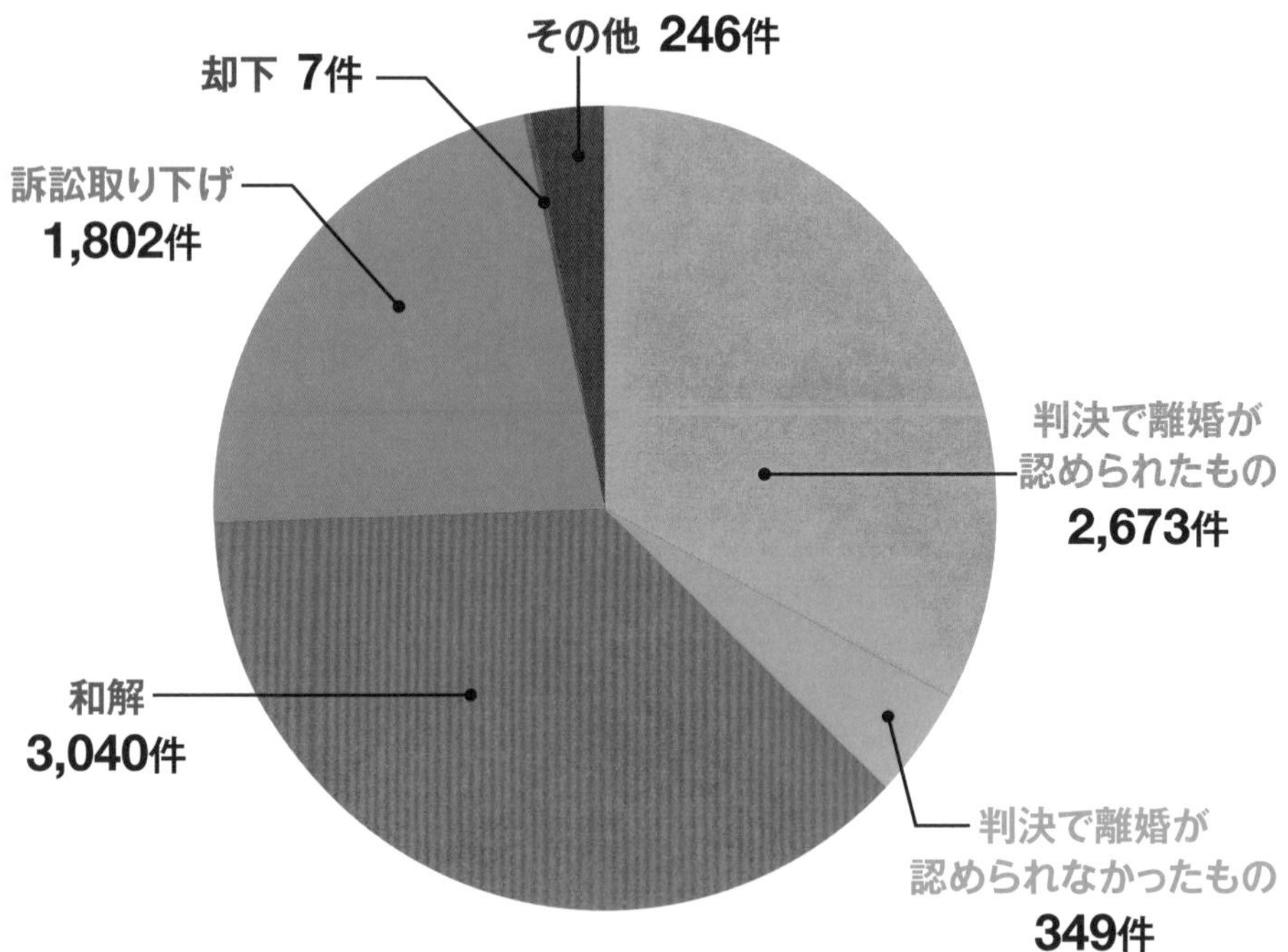

出典：『人事訴訟事件の概況－2022年1月～12月－』最高裁判所事務総局家庭局

4章

離婚とお金

離婚時には、必ずお金の問題に直面します。お金のやりとりは、離婚後の生活を左右します。どんなお金の問題があるのか、どんなお金を支払う（受け取る）ことになるのかをしっかりと確認しておくことが大切です。

この章のキーワード

- 婚姻費用
- 婚姻費用算定表
- 慰謝料
- 財産分与
- 年金の分割
- 離婚と税金
- 財産の保全
- 財産の開示手続
- 強制執行
- 内容証明郵便

離婚にともなうお金の問題をチェック

ここが大切

- **離婚前にお金の問題について取り決めておく。**
- **離婚にともない、どんなお金の問題が起こるかを知っておく。**

お金の問題は避けて通れない

離婚をするときに起こる大きな問題の1つが、お金についての問題です。離婚後の生活を考えるうえで、お金の問題は避けて通れません。

たとえば、これまで収入がなかった専業主婦は、新たな生活のために仕事が必要になるかもしれません。仕事と収入がある会社員の夫でも、子どもを引き取るのであれば、ひとりで仕事と子育ての両立をしなければなりません。

お金の問題について十分に話し合わないまま離婚してしまうと、後悔するケースが少なくありません。離婚後に「やっぱり納得できない」「もらえるお金はもらうべきだった」などと思っても、離婚後だと相手が応じないケースがほとんどです。そのため**離婚前に「どのお金の問題について、どのように分ける（受け渡しする）のか」を、しっかり決めておく**必要があります。

どんなお金の問題があるのか

離婚にともなうお金の問題は、大きく分けて次の4つです。

①**「婚姻費用」**（↓Ｐ１３０）**は、結婚生活を送るうえでかかる生活費のことです。**離婚するまでの期間に、生活費の面倒をみる義務があるほうが生活費を渡さない場合、その生活費を請求できます。婚姻費用は、同居、別居に関係なく請求できるお金です。

②**「慰謝料」**（↓Ｐ１４０）**は、相手の行為によって受けた精神的・肉体的苦痛に対する損害賠償金です。**浮気やＤＶなど、離婚の原因をつくった相手に請求できます。逆に言えば、明らかに相手に離婚の原因があるという場合でない限り、「相手との結婚生活で心身

気をつけて **離婚そのものにかかるお金もある**

離婚手続きにお金がかかることがあります。弁護士の依頼費用、調査会社の依頼費用、調停や裁判の手続き費用、公正証書の作成費用などを確認しましょう。

ともに疲れた」などの理由で慰謝料を請求することはできません。

なお、慰謝料は原因となる行為を知ったときから3年が経過すると請求できなくなります。

③**「財産分与」**（⬇P146）**は、夫婦が婚姻中に協力してつくった財産を分けることです。**慰謝料とはちがい、離婚の原因に関係なく夫婦それぞれに請求する権利があります。

専業主婦で収入がなかった場合も請求ができます。財産分与は、離婚成立後2年経過すると請求する権利がなくなるので、注意が必要です。

老後の生活に関わる**「年金分割」**も押さえておきたいところです。これは離婚の際に、将来受け取る予定の厚生年金の権利を分割できるという制度です。条件を満たしている場合は、手続きを取っておくとよいでしょう。

④**「養育費」**（⬇P200）**は、未成熟子が成長するために必要な生活費や、教育費、医療費などのお金です。**子どもを引き取った親が、子どもと離れて暮らす親に請求します。

離婚にともなって起こるおもなお金の問題

1 婚姻費用（➡P130~139）

結婚生活を送るうえでかかる衣食住費、医療費などの生活費のこと。離婚に向けた別居中も、離婚成立までの生活費を請求することができる。

2 慰謝料（➡P140~145）

相手の行為によって受けた精神的・肉体的苦痛に対する損害賠償金。浮気やDVなど、離婚の原因をつくった相手に請求することができる。

3 財産分与（➡P146~159）

夫婦が婚姻中に協力してつくった財産を原則として半分ずつ分けること。慰謝料とはちがい、離婚の原因に関係なく夫婦それぞれに権利がある。

4 養育費（➡P200~215）

未成熟子が成長するために必要な生活費や、教育費、医療費などのお金。子どもを引き取った親が、相手に対して請求する。

別居・調停の間の生活費も請求できる

結婚が続く限り生活費の義務も続く

結婚生活を送るとき、**日常の生活費、医療費、交際費など必ずかかる生活費のことを、法律では「婚姻費用」と呼んでいます。**

夫婦には、婚姻費用を分かち合う義務があり、結婚している限り、その義務は続きます。夫婦関係が悪化したからといって、義務をおこたることは許されませんし、関係の修復や離婚に向けて別居している間も、婚姻費用は分担しなければなりません。

別居している側が無収入ならもちろんのこと、相手より収入が少ない場合や、相手より収入が多くても、子どもを引き取っているなど**相手よりも扶養（ふよう）の必要性が高い場合には、婚姻費用を請求することができます。**

相手が支払いに応じない場合は、家庭裁判所に「婚姻費用分担請求の調停申立」を行うことで婚姻費用を求めていくこともできます。

調停では、お互いの資産、収入、支出、子どもの有無や年齢などが考慮されます。調停が不成立となった場合は、審判によって結論が示されます。

婚姻費用の請求が認められるのは、多くの場合、請求した時点からです。それ以前にさかのぼって請求することはむずかしいので、別居を開始するときに話し合っておくべきでしょう。

浮気した側は生活費をもらえる？

では、自分が浮気をした結果、別居に至った場合も、婚姻費用を請求できるのでしょうか。法律上はまだ夫婦ですから、**別居の原因をつくった側でも、婚姻費用の請求はできます。** しかしそれは、別居原因の内容しだいです。

たとえば、相手が家庭をまったくかえりみなかった

ここが大切

- **別居している間も生活費を請求することができる。**
- **別居の原因をつくった側も生活費を請求できることがある。**

気をつけて

婚姻費用の分担割合

婚姻費用の負担は、それぞれの収入に応じるものとされ、収入の多いほうがより多くを負担します。妻の収入のほうが多ければ、妻の負担割合が多くなります。

ことが浮気のきっかけになったのであれば、別居の原因の一端は相手にもあるので、婚姻費用の請求はある程度認められます。しかし自分の身勝手な理由で浮気したのであれば、大きく減額されたり、請求自体が認められなかったりすることもあります。

なお、子どもを養育する義務は、どんな状況でも続きます。どちらに別居の原因があるのかにかかわらず、離れて暮らす親が、子どもの養育費を支払わなければなりません。

婚姻費用のおもな内容と目安

■ 婚姻費用の内容

住居費	養育費
食費・衣料費	医療費
交際費	娯楽費

■ 婚姻費用の目安

会社員
年収600万円

パート
年収200万円

第1子　14歳
第2子　10歳

婚姻費用
月額 12～14万円

自営業
年収450万円

会社員
年収450万円

15歳以上
1人

婚姻費用
月額 4～6万円

134ページ～の算定表をもとにした一例です。算定表を参考にしつつ、夫婦で話し合って、金額を決めましょう。

別居中の婚姻費用のルール

ルール1
夫婦が同レベルの生活を営めるようにする。

ルール2
扶養される必要性が高いほうが請求する。

ルール3
婚姻関係が続く限り支払う。

ルール4
別居している子どもの養育費も支払う。

弁護士からの アドバイス

婚姻費用は算定表をもとに金額を決めましょう

婚姻費用の請求額は夫婦の話し合いしだいであり、金額の決まりはありませんが、家庭裁判所が参考にしている算定表が公表されています（➡P134）。夫婦それぞれの年収、子どもの人数と年齢に応じて、妥当な金額が設定されているので、確認してみましょう。

婚姻費用の請求は調停を利用する

離婚調停とは別に扱われる

婚姻費用の分担について、**話し合いがまとまらなかったり、相手が話し合いに応じなかったりした場合は、家庭裁判所に「婚姻費用の分担請求調停」を申し立てます。**

まだ離婚調停をする・しないを決めていない段階でも、婚姻費用の支払いについてだけでも請求することができます。離婚調停を起こすことが決まっている場合は、同時に申し立てることもできます。

生活費が滞っていて、婚姻費用がないとすぐにでも生活が成り立たないという場合は、調停の申立てと同時に上申書（裁判所に依頼や報告事項を伝えるための書類）を提出しましょう。調停委員会が緊急性を認めれば、支払いの勧告または命令が下されます。

これは調停前の処分といい、強制力はありません。しかし、従わなければ10万円以下の金銭罰が課せられるので、一定の効果があります。

収入状況を添えて申し立てる

婚姻費用調停は、離婚調停と同じように、原則として相手の住所地を受けもつ家庭裁判所に申し立てます。夫婦が合意すれば、別の家庭裁判所でもかまいません。

申立書のほか、自分の収入状況がわかる書類として、源泉徴収票、給与明細といった書類が必要です。これは、相手にも写しが渡ります。

書類の中に知られたくない情報がある場合、たとえば「現住所を知られたくないのに、源泉徴収票に書かれている」場合は、提出前にその部分を黒く塗りつぶします。もしくは、「非開示の希望に関する申出書」に、その書類を貼りつけて提出します。ただし、必ず希望が通るわけではないので注意してください。

ここが大切

- 離婚調停とは別に婚姻費用請求調停を起こす。
- 調停が不調に終わると自動的に審判が始まる。

キーワード　審判
家庭裁判所で取り扱う事件について、当事者の合意では解決できない場合に裁判官が判断を下すもの。提出資料や家裁調査官の調査結果などに基づいて判断される。

生活状況が変わったら額を変更できる

婚姻費用分担請求の調停では、裁判官が「婚姻費用の算定表」（⬇Ｐ１３４）をもとに、夫婦それぞれの資産と収入、支出の状況、子どもがいる場合はその年齢を考慮しながら分担額を決定します。

一度分担額が決まったあとで「収入が減った」「子どもが進学した」など生活の状況が変わった場合は、額の変更を求める調停を申し立てることもできます。

また、婚姻費用分担請求の調停が不成立で終わると、自動的に裁判官による**審判**に移行します。審判では、裁判官が、これまでの調停でわかった事情を考慮しながら決定を下します。その決定に不服なら、２週間以内に申し立てれば、審判は確定せず、高等裁判所で改めて判断し直されます。

審判による判断を待つ生活費の余裕がない場合は、「婚姻費用仮払いの仮処分」も合わせて申し立てます。ここで緊急性が認められると、審判前の保全処分という、婚姻費用として仮に一定額を支払うようにという命令が出ます。

婚姻費用分担請求調停に必要なもの

1 申立書

裁判所のホームページから書式をダウンロードできる。写し1通も提出する。

2 夫婦の戸籍謄本（とうほん）

本籍地の役所で直接入手するほか、郵送で取り寄せることもできる。

3 申立人の収入状況がわかる書類

源泉徴収票、給与明細、確定申告書の写しなど収入を証明するもの。

4 収入印紙、郵便切手

収入印紙代は1200円分、連絡用の郵便切手代は家庭裁判所に確認する。

申立書の記入のポイント

- 相手方に支払ってほしい金額を書く。
- 同居と別居を繰り返しているときは、一番最後の別居の日を書く。
- 夫婦が初めて同居した日を書く。
- 増額の請求をしたいときは、その額を書く。
- これまでの支払い状況も書く。

知っておこう 婚姻費用は請求した時点から支払われる

婚姻費用の支払い義務は、請求した時点から発生するものとされています。過去の分までさかのぼることはむずかしいので、早めに調停を起こすべきです。

婚姻費用算定表

夫婦のみ、子の人数、子の年齢（0～14歳、15歳～）に応じて、参考にする表が分かれますので、まずは自分にあてはまる表を見つけましょう。本書では子の人数が3人までの算定表の一部を掲載しています。掲載した以外の場合は家庭裁判所のホームページ（https://www.courts.go.jp/tokyo-f/）で見ることができます。

表の見方

1. 縦軸が【婚姻費用を支払う側（義務者）の年収】、横軸が【支払いを受ける側（子どもを引き取って育てている）】の年収です。

2. 縦軸の左の欄と横軸の下の欄の年収は、【給与所得者の年収】、縦軸の右の欄と横軸の上の欄の年収は、【自営業者の年収】を表しています。

3. 【支払う側】【支払いを受ける側】それぞれの年収を求め、縦軸と横軸の交わる欄の金額が、【支払う側】が負担する月額です。

年収の求め方

●給与所得者の場合

源泉徴収票の「支払金額」に書かれている税金等の控除がされていない額が年収となります。その他にも収入がある場合は、加算します。

●自営業者の場合

確定申告書の「課税される所得金額」に、基礎控除や青色申告控除、支払いがなされていない専従者給与などを加算したものが、年収となります。

●児童扶養手当などについて

児童扶養手当など子どものための社会保障給付は【支払いを受ける側】の年収に含める必要はありません。

算定表の確認のしかた

［例］

・支払う側の年収が
給与所得770万円

・支払いを受ける側の年収が
給与所得103万円

子どもは1人（10歳）

「子1人（0～14歳）」の表を使用

縦軸は左の欄を使用し、支払う側の年収770万円に一番近い775万円となる。横軸は下の欄を使用し、支払いを受ける側の年収103万円に一番近い100万円となる。その交わる欄の金額「約14万円」が婚姻費用の支払い額となる。

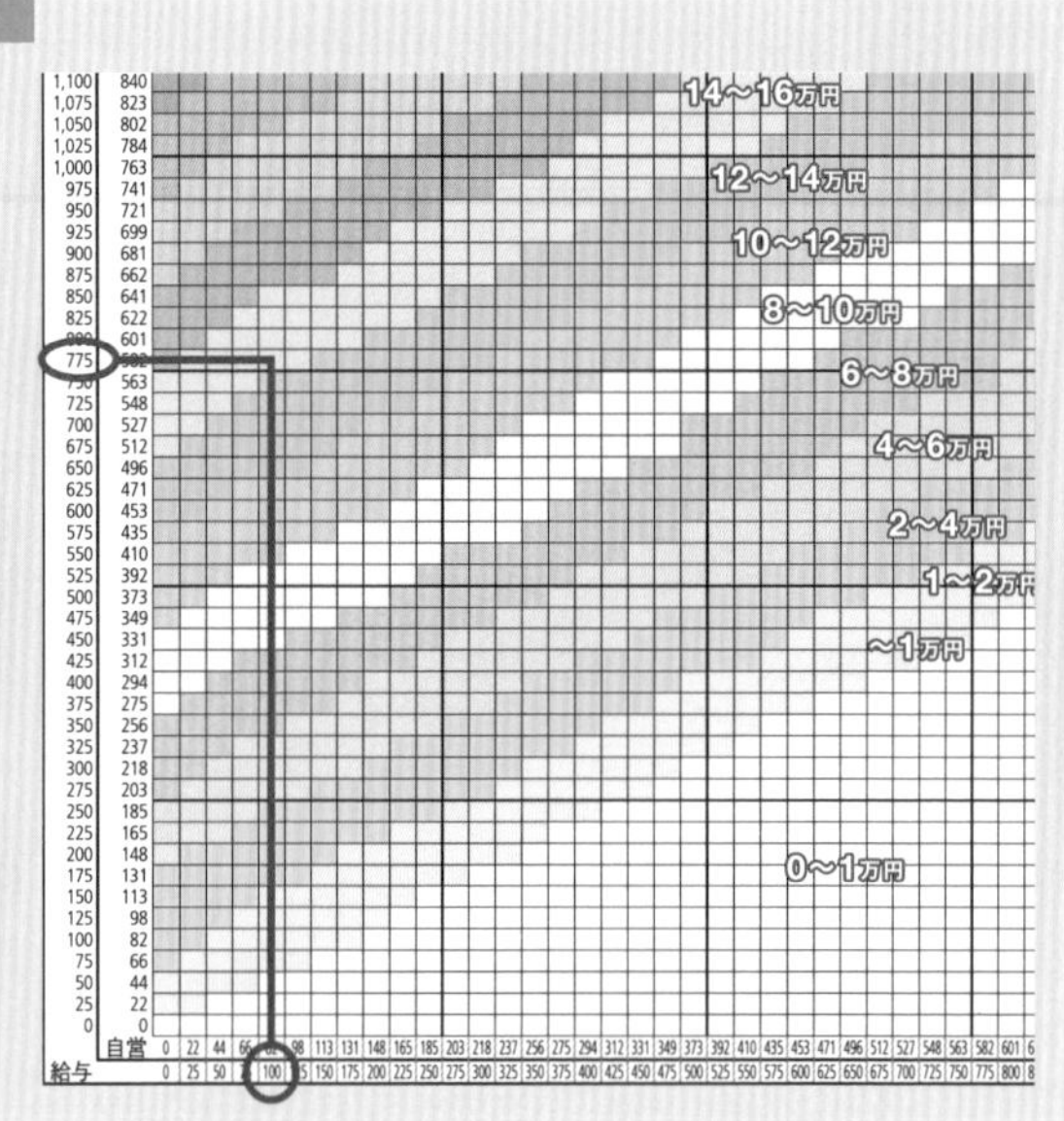

婚姻費用 子1人 0～14歳

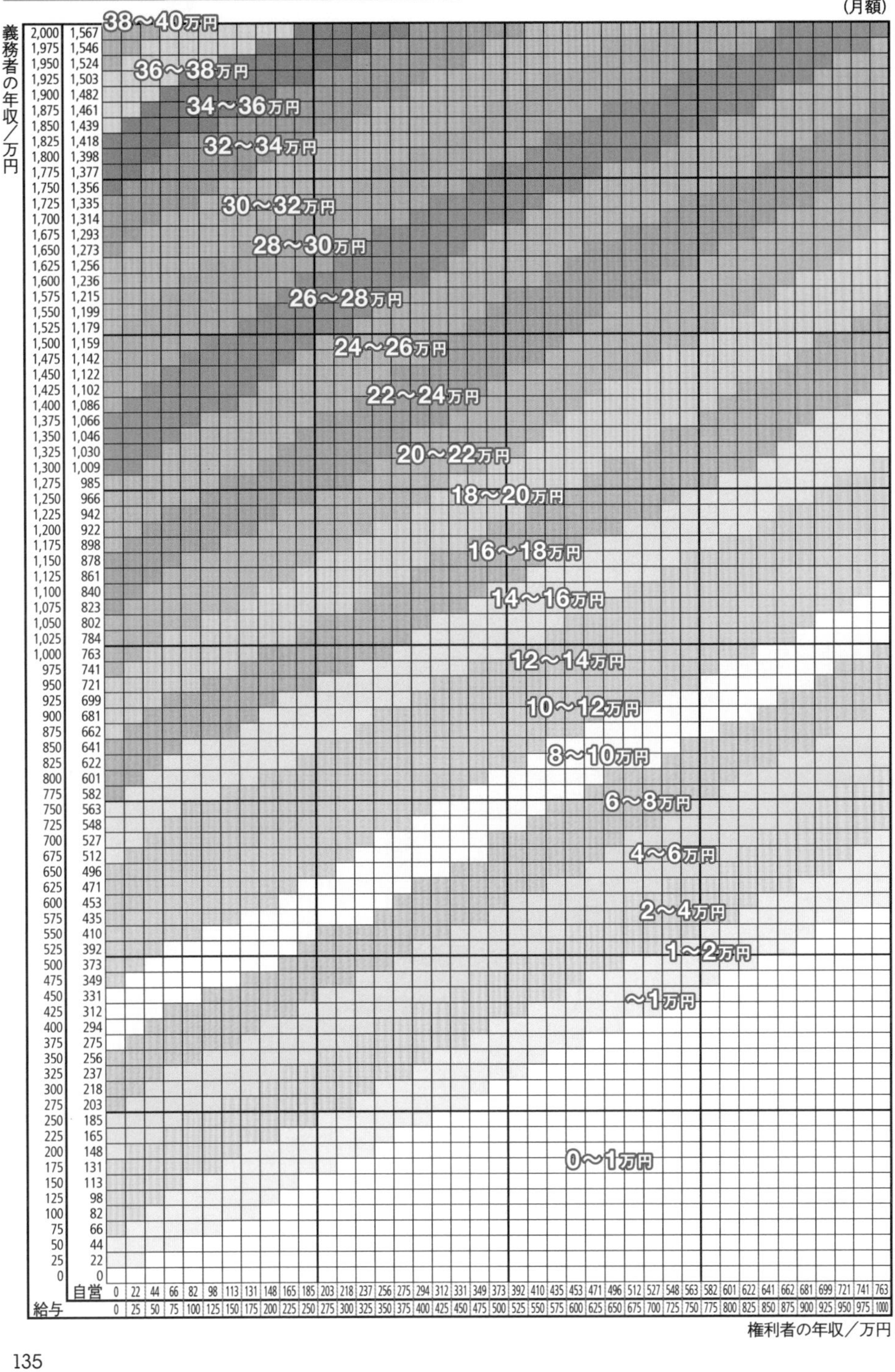

（月額）

38～40万円
36～38万円
34～36万円
32～34万円
30～32万円
28～30万円
26～28万円
24～26万円
22～24万円
20～22万円
18～20万円
16～18万円
14～16万円
12～14万円
10～12万円
8～10万円
6～8万円
4～6万円
2～4万円
1～2万円
～1万円
0～1万円

義務者の年収／万円

給与	自営
2,000	1,567
1,975	1,546
1,950	1,524
1,925	1,503
1,900	1,482
1,875	1,461
1,850	1,439
1,825	1,418
1,800	1,398
1,775	1,377
1,750	1,356
1,725	1,335
1,700	1,314
1,675	1,293
1,650	1,273
1,625	1,256
1,600	1,236
1,575	1,215
1,550	1,199
1,525	1,179
1,500	1,159
1,475	1,142
1,450	1,122
1,425	1,102
1,400	1,086
1,375	1,066
1,350	1,046
1,325	1,030
1,300	1,009
1,275	985
1,250	966
1,225	942
1,200	922
1,175	898
1,150	878
1,125	861
1,100	840
1,075	823
1,050	802
1,025	784
1,000	763
975	741
950	721
925	699
900	681
875	662
850	641
825	622
800	601
775	582
750	563
725	548
700	527
675	512
650	496
625	471
600	453
575	435
550	410
525	392
500	373
475	349
450	331
425	312
400	294
375	275
350	256
325	237
300	218
275	203
250	185
225	165
200	148
175	131
150	113
125	98
100	82
75	66
50	44
25	22
0	0

権利者の年収／万円

自営	給与
0	0
22	25
44	50
66	75
82	100
98	125
113	150
131	175
148	200
165	225
185	250
203	275
218	300
237	325
256	350
275	375
294	400
312	425
331	450
349	475
373	500
392	525
410	550
435	575
453	600
471	625
496	650
512	675
527	700
548	725
563	750
582	775
601	800
622	825
641	850
662	875
681	900
699	925
721	950
741	975
763	1000

婚姻費用　子1人（15歳以上）

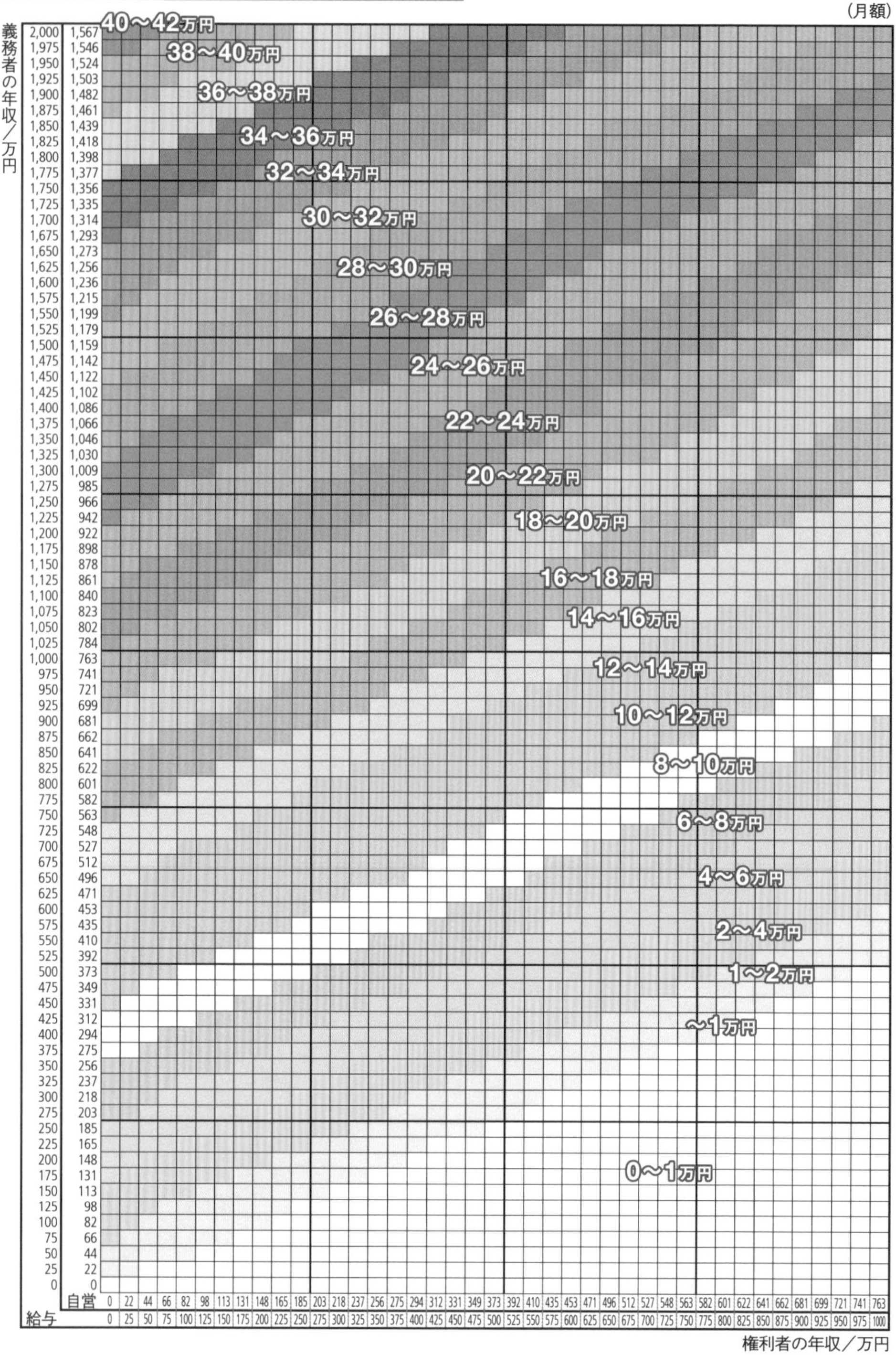

（月額）

義務者の年収／万円

給与	自営
2,000	1,567
1,975	1,546
1,950	1,524
1,925	1,503
1,900	1,482
1,875	1,461
1,850	1,439
1,825	1,418
1,800	1,398
1,775	1,377
1,750	1,356
1,725	1,335
1,700	1,314
1,675	1,293
1,650	1,273
1,625	1,256
1,600	1,236
1,575	1,215
1,550	1,199
1,525	1,179
1,500	1,159
1,475	1,142
1,450	1,122
1,425	1,102
1,400	1,086
1,375	1,066
1,350	1,046
1,325	1,030
1,300	1,009
1,275	985
1,250	966
1,225	942
1,200	922
1,175	898
1,150	878
1,125	861
1,100	840
1,075	823
1,050	802
1,025	784
1,000	763
975	741
950	721
925	699
900	681
875	662
850	641
825	622
800	601
775	582
750	563
725	548
700	527
675	512
650	496
625	471
600	453
575	435
550	410
525	392
500	373
475	349
450	331
425	312
400	294
375	275
350	256
325	237
300	218
275	203
250	185
225	165
200	148
175	131
150	113
125	98
100	82
75	66
50	44
25	22
0	0

40～42万円
38～40万円
36～38万円
34～36万円
32～34万円
30～32万円
28～30万円
26～28万円
24～26万円
22～24万円
20～22万円
18～20万円
16～18万円
14～16万円
12～14万円
10～12万円
8～10万円
6～8万円
4～6万円
2～4万円
1～2万円
～1万円
0～1万円

権利者の年収／万円

自営	0	22	44	66	82	98	113	131	148	165	185	203	218	237	256	275	294	312	331	349	373	392	410	435	453	471	496	512	527	548	563	582	601	622	641	662	681	699	721	741	763
給与	0	25	50	75	100	125	150	175	200	225	250	275	300	325	350	375	400	425	450	475	500	525	550	575	600	625	650	675	700	725	750	775	800	825	850	875	900	925	950	975	1000

婚姻費用　子2人　第1子及び第2子　0〜14歳

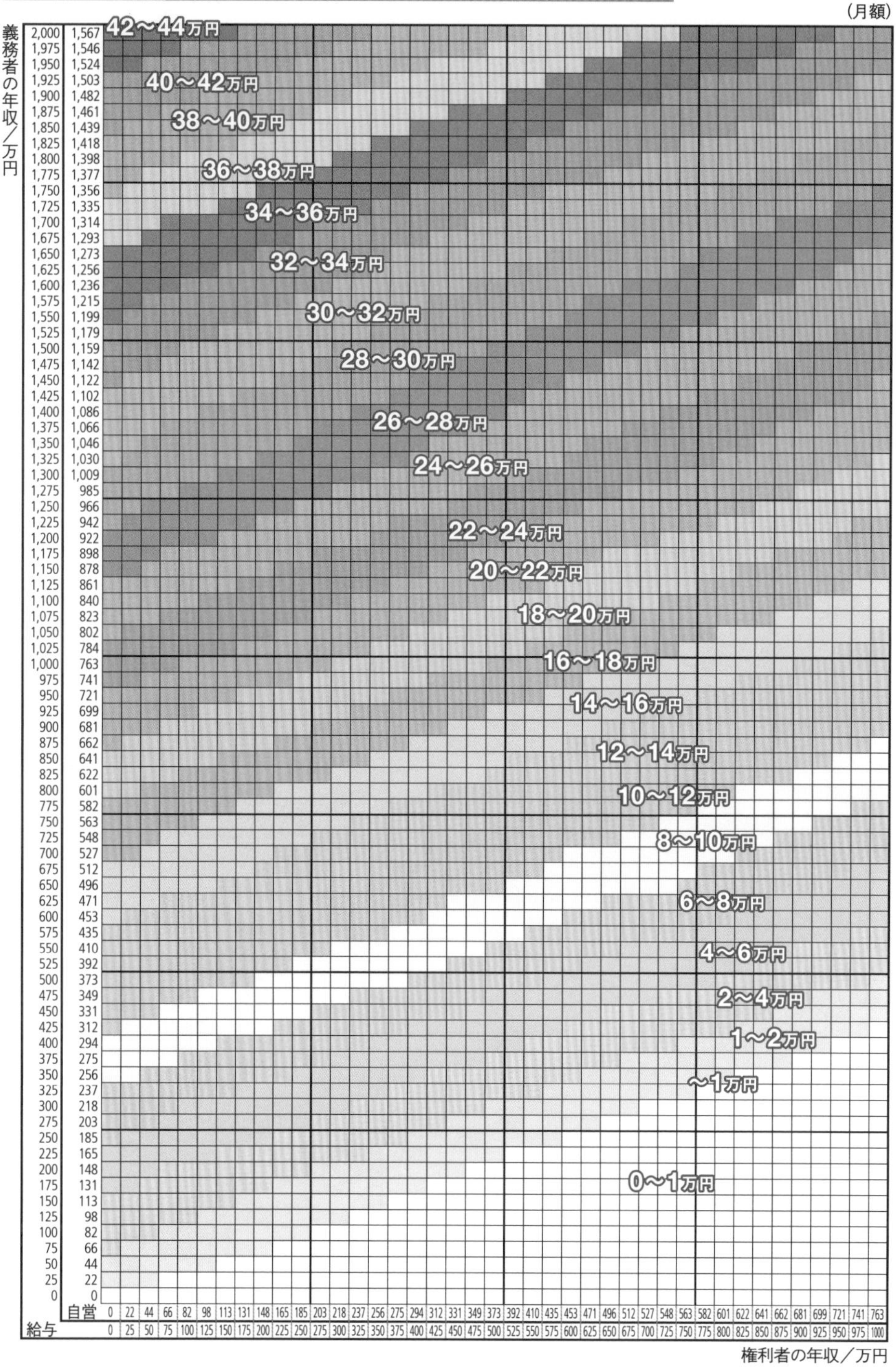

（月額）

義務者の年収／万円

給与	自営
2,000	1,567
1,975	1,546
1,950	1,524
1,925	1,503
1,900	1,482
1,875	1,461
1,850	1,439
1,825	1,418
1,800	1,398
1,775	1,377
1,750	1,356
1,725	1,335
1,700	1,314
1,675	1,293
1,650	1,273
1,625	1,256
1,600	1,236
1,575	1,215
1,550	1,199
1,525	1,179
1,500	1,159
1,475	1,142
1,450	1,122
1,425	1,102
1,400	1,086
1,375	1,066
1,350	1,046
1,325	1,030
1,300	1,009
1,275	985
1,250	966
1,225	942
1,200	922
1,175	898
1,150	878
1,125	861
1,100	840
1,075	823
1,050	802
1,025	784
1,000	763
975	741
950	721
925	699
900	681
875	662
850	641
825	622
800	601
775	582
750	563
725	548
700	527
675	512
650	496
625	471
600	453
575	435
550	410
525	392
500	373
475	349
450	331
425	312
400	294
375	275
350	256
325	237
300	218
275	203
250	185
225	165
200	148
175	131
150	113
125	98
100	82
75	66
50	44
25	22
0	0

42〜44万円
40〜42万円
38〜40万円
36〜38万円
34〜36万円
32〜34万円
30〜32万円
28〜30万円
26〜28万円
24〜26万円
22〜24万円
20〜22万円
18〜20万円
16〜18万円
14〜16万円
12〜14万円
10〜12万円
8〜10万円
6〜8万円
4〜6万円
2〜4万円
1〜2万円
〜1万円
0〜1万円

自営	0	22	44	66	82	98	113	131	148	165	185	203	218	237	256	275	294	312	331	349	373	392	410	435	453	471	496	512	527	548	563	582	601	622	641	662	681	699	721	741	763
給与	0	25	50	75	100	125	150	175	200	225	250	275	300	325	350	375	400	425	450	475	500	525	550	575	600	625	650	675	700	725	750	775	800	825	850	875	900	925	950	975	1000

権利者の年収／万円

婚姻費用　子２人（第1子 15歳以上、第2子 0〜14歳）

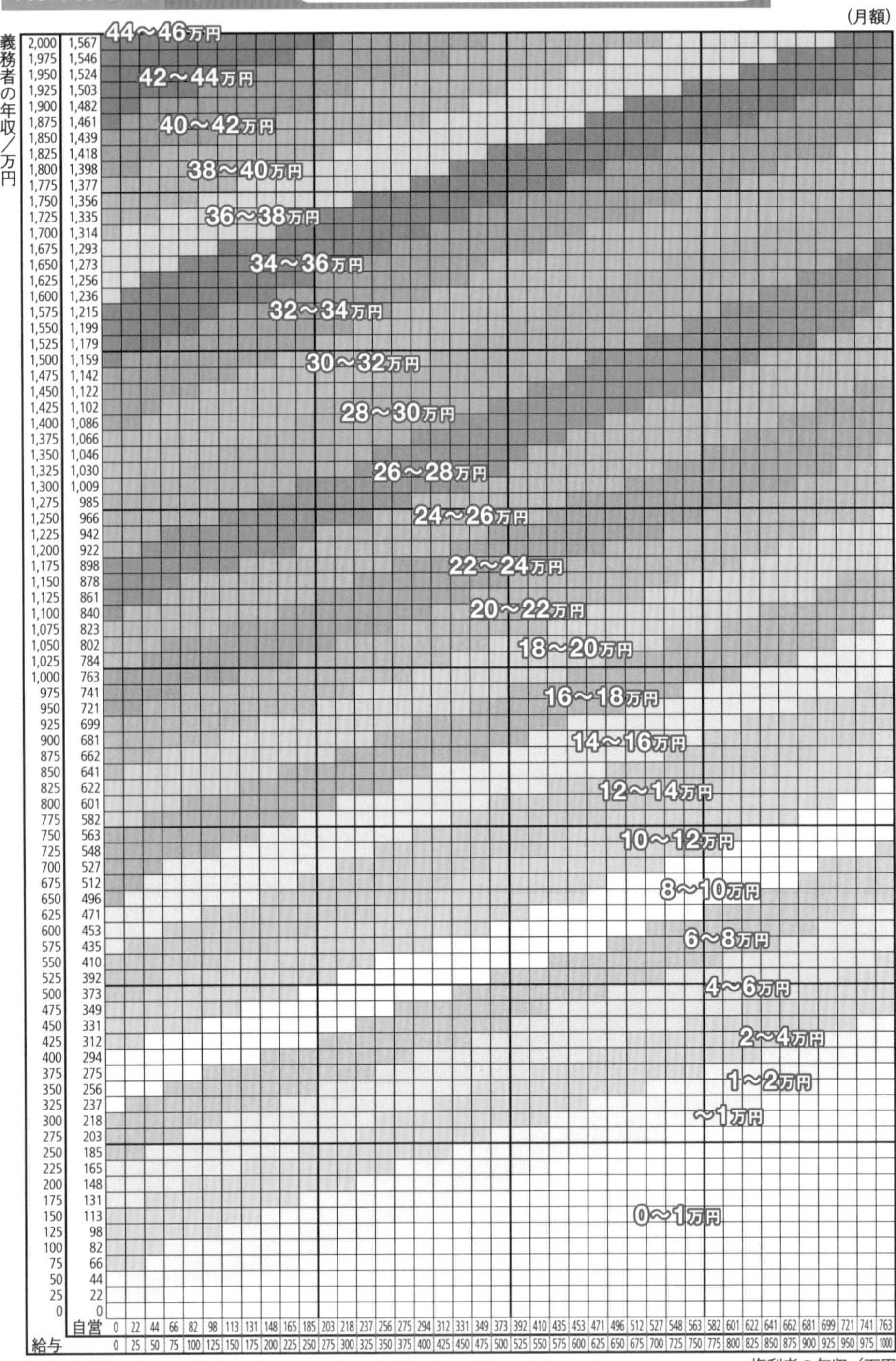

婚姻費用　子３人 第1子、第2子及び第3子　0～14歳

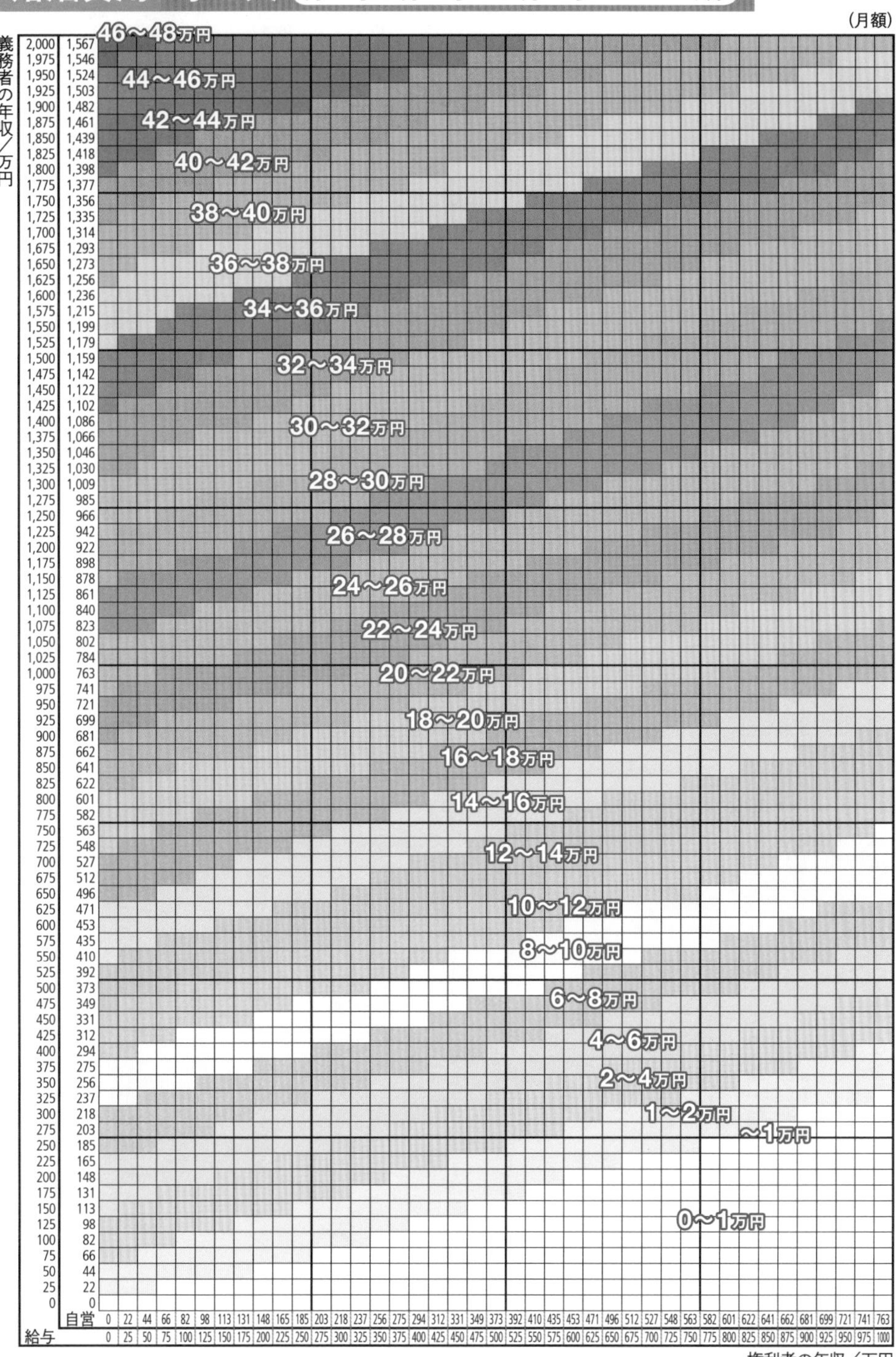

慰謝料は離婚原因をつくった人が支払うお金

ここが大切

● 離婚を急ぐときでも慰謝料をあきらめる必要はない。
● 離婚の後でも請求できるが期限がある。

精神的苦痛をなぐさめるためのお金

慰謝料とは、**相手がした行為によって、精神的苦痛を受けた場合に、〝感情をなぐさめる〟ために支払ってもらえるお金のことです。** **損害賠償**の一種といえるものです。

離婚の際に必ず支払われると誤解している人もいますが、どんな場合にでも請求できるものではありません。浮気や暴力などの不法行為に対しては請求できますが、単に性格が合わないといった理由では請求できません。「夫から妻に支払われる」というのも誤解です。離婚原因をつくったのが妻であれば妻から夫に支払うことも当然あります。

離婚の慰謝料には以下の2つの要素がありますが、裁判ではこの2つを明確に区別せずに扱うことが多いようです。

①離婚理由となる行為を相手がしたことによる精神的苦痛（離婚原因慰謝料）。

②夫婦関係が、①の行為によって破たんすることになった精神的苦痛（離婚自体慰謝料）。

当然の権利を手放してはいけない

離婚を話し合っているとき、とにかく離婚したいという一心から、「離婚してくれるなら、慰謝料なんかいらない」と、相手に告げてしまうことは、よくあります。

離婚前に「慰謝料はいらない」という文書をつくってしまうと、相手がそれをタテに、慰謝料請求を認めようとしないこともあります。**相手が一筆を求めてきたとしても、不用意にサインすることは絶対に避けるようにしましょう。**

一時の感情で、後の生活に大切なお金をないがしろ

キーワード　**損害賠償**

身体や財産に損害を受けたり、将来の利益を失ったりした場合に、金銭で埋め合わせをすること。慰謝料はそのうち精神的苦痛に対して支払うもの。

にするのは後悔のもとになります。つらい思いをした分、慰謝料を要求するのは当然の権利ですから、放棄してはいけません。

協議離婚後にも請求できる

慰謝料は、離婚の調停や裁判の中で請求できます。夫婦の話し合いで合意できなかった場合は、家庭裁判所に離婚調停を申し立て、調停の中で話し合いを進めていきます。

調停で慰謝料の支払いが決まると、取り決めが守られなかった場合に強制執行の手続きをとることができます。調停が不成立に終わった場合は、裁判を起こして請求することになります。

また、**協議離婚をした場合も、放棄する意思を文書で示していなければ、あとから慰謝料について家庭裁判所に調停を申し立てるか、慰謝料請求の裁判を起こすことができます。**

ただし、慰謝料の請求には時効があります。損害と加害者を知ったときから3年を過ぎてしまうと、請求できなくなるので注意が必要です。

離婚の原因と慰謝料の請求

請求できる	請求できない
●浮気	●性格の不一致
●悪意の遺棄（同居義務違反）	●重い精神病
●暴力	●原因が双方にある
●生活費を渡さない	●相手親族との不仲
●性行為の拒否	●相手に離婚の原因がない
●ギャンブルによる浪費	●宗教上の対立
●アルコール依存	●すでに夫婦関係が破たんしている

弁護士からのアドバイス

慰謝料はなるべく分割払いにしない！

多くの離婚において、相手の「支払おう」という気持ちは、離婚後はどんどん失われていく傾向が強いです。確実に受け取りたいなら、一括払いを指定したほうがいいでしょう。分割払いにせざるを得ないなら、初回の支払い額をできるだけ高く設定することが大切です。

慰謝料の金額は離婚の理由によって変わる

離婚の慰謝料は自由に決められる

慰謝料の金額には決まりがありません。**協議離婚では、夫婦の話し合いしだいで、自由に決めることができます。つまり、「その金額でお互いの気がすめば、それでいい」**とされています。

調停や裁判でも自由な金額を請求できます。ですが、現実として、高額の決定はほぼ出ません。なぜなら、慰謝料の額の判断材料として重視されるのは、**原告がどれだけ心を傷つけられたかではなく、被告にどれだけの非があるかについてだからです。**

相手の非を証明しなければならない（**立証責任**がある）のは、慰謝料を請求する側です。証明が不十分であると、慰謝料を減額されるか、場合によっては請求そのものが棄却されます。

また、うまく証明できたとしても、自分にも何らかの非があるとされれば、やはり慰謝料は減額されてしまいます。これを過失相殺といいます。

離婚は多くの場合、双方に何らかの非があり、相手だけに非があると証明することは簡単ではありません。たとえば、ＤＶがあったときには相手の非が明らかでしょうが、性格の不一致など離婚理由の多くは、一方だけに責任を押しつけられないはずです。

決定したことは公正証書に残しておく

協議離婚の話し合いでは、慰謝料の金額だけでなく、支払い方法や支払い期限についても決めます。話し合いで取り決めた内容については文書に残しておきましょう。

公証役場で強制執行認諾の約款が付いた公正証書（➡Ｐ90）を作成しておけば、**支払いが滞ったときに強制執行の手続きをとることができます。**

ここが大切

- **慰謝料の額は話し合いで自由に決められる。**
- **取り決めた内容は公正証書に残しておく。**

キーワード　立証責任

証拠として出した事実（できごとやもの）について、「確かにあった」「本物である」と証明すること。

調停や裁判で重視されること

相手の非

- **不法行為の度合い**
  暴力をふるうなど、法律にふれることをしていたか？
- **離婚理由**
  5つの離婚理由（➡P32）のどれかにあてはまるか？
- **動機**
  なぜ離婚理由となる行為をしたのか？

自分の損害

- **実際の被害**
  身体や生活にどのような被害が出たか？
- **精神的苦痛の度合い**
  精神的にどれほど苦しんだか？

お金の状況

- **夫婦の資産状況**
  慰謝料をどれくらい支払えるか？
- **離婚後の生活能力**
  どれくらいの生活費で暮らしていけるか？
- **結婚期間・別居期間**
  どれだけの期間、苦痛を与えたのか?
- **年齢・職業・社会的地位**
  社会的な立場などにふさわしい慰謝料はどの程度か？

■慰謝料の目安額

およそ100～300万円

個別の状況に応じて目安額以下の場合もあれば、目安額以上になることもある。必ずしも目安の額となるわけではないので注意が必要。

理由	月安額
浮気	100～500万円
DV	50～500万円
悪意の遺棄	50～300万円
性行為の拒否	100～300万円

弁護士からのアドバイス

慰謝料は300万円以下が最も多い

司法統計を見ると、慰謝料を200～300万円以下とする離婚が最も多くなっています。テレビなどで芸能人の高額慰謝料の話題も出ますが、それはその人の財産が多いため。慰謝料には、あまり大きな期待を抱かないほうがよいでしょう。

配偶者の浮気相手にも慰謝料を請求できる？

ここが大切

- 浮気相手にも慰謝料を請求できる。
- 「離婚理由になる」とわかっていてやったかが問題。

浮気相手への慰謝料請求

離婚の慰謝料は、「相手が離婚理由となる行為をしたこと」「そのせいで夫婦の関係が破たんしたこと」への精神的苦痛に対して支払われます（➡Ｐ１４０）。

この請求の対象は、離婚原因をつくった人に対してだけでなく、その人に離婚理由をつくらせた人にも及びます。たとえば、**配偶者の浮気相手に対しても、慰謝料の請求が可能となります。**過去の裁判でも、そのような相手への慰謝料請求を認めています。

ただし、その浮気相手に、「自分がやっていることは、離婚理由になり得る」という認識がなければいけません。要は、「わかっていて、やった」ということです。

浮気相手の場合は、既婚者と知ったうえで性的関係をもつことが「わかっていてやった」にあたります。既婚者と知らなかったなら、慰謝料請求の対象にはなりません。つまり、浮気相手に慰謝料を求めるときは、浮気相手が、既婚者と知っていたかどうかまで証明する必要があります。

配偶者親族への請求はむずかしい

浮気相手以外にも離婚原因をつくった第三者として考えられるのが配偶者の親族です。嫁・姑（しゅうとめ）の問題など、配偶者の親族との対立が夫婦関係の破たんを招いたとして、配偶者の親族に対して慰謝料の請求を訴えることもあります。

しかし、現実に慰謝料の請求が認められることは非常にまれです。単に性格が合わない、いつもケンカしているという理由だけではむずかしく、よほどの理由がないと認められません。配偶者の親族からの暴力など、明確な不法行為がある場合は、その事実を証明する必要があります。

気をつけて　配偶者が独身と偽っていた

浮気をした配偶者が独身だと偽っていた場合、浮気相手は既婚者であることを知らなかったわけですから、浮気相手に慰謝料を請求することはできません。

配偶者以外への慰謝料の請求方法

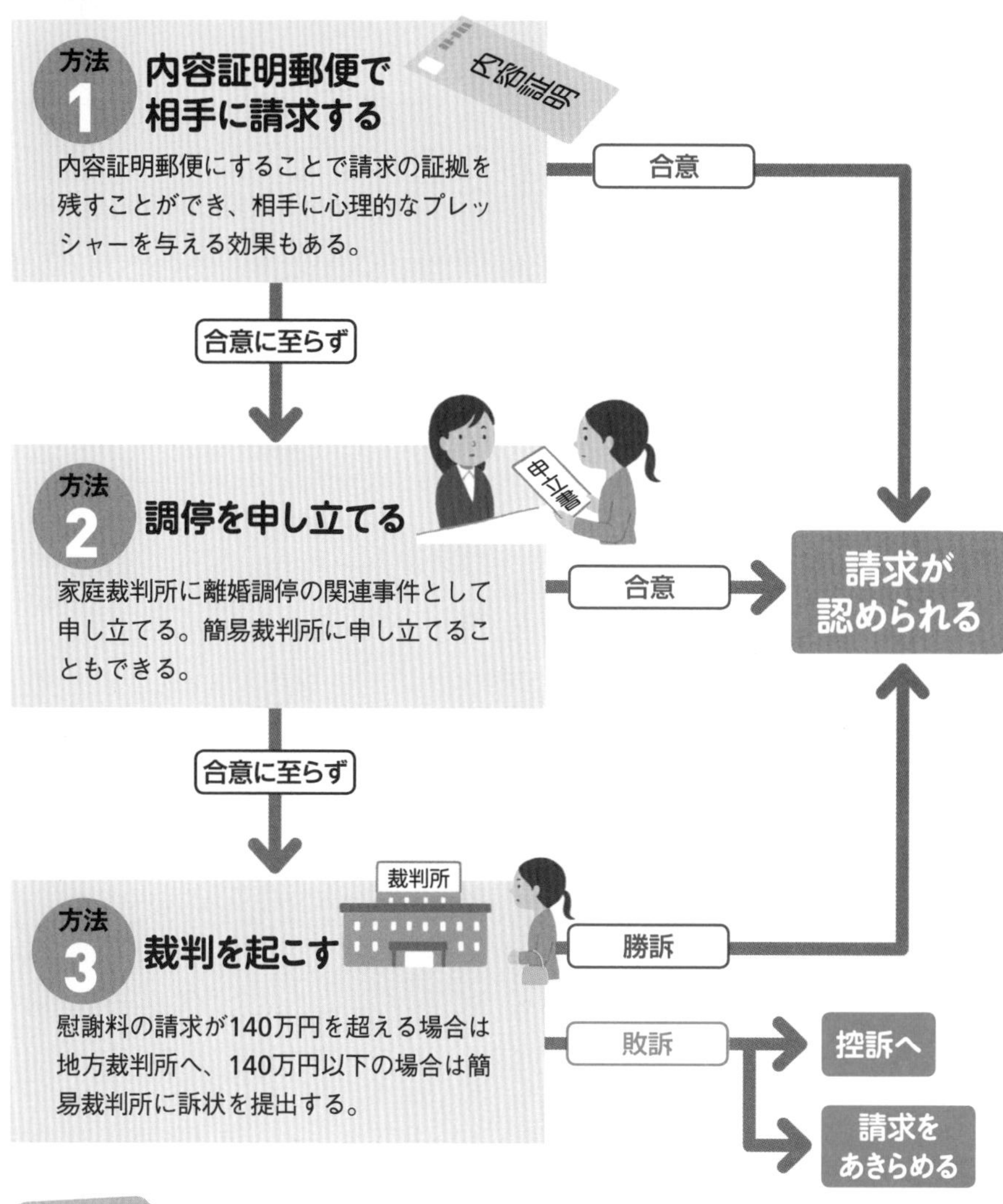

こんなときどうする? 離婚はしないが、浮気相手に慰謝料を請求したい！

浮気は精神的苦痛をもたらす行為ですから、離婚する・しないにかかわらず、慰謝料を請求できます。しかし、一般的には、離婚したほうが精神的苦痛が大きいとみなされるため、高額の慰謝料は見込めないでしょう。なお、浮気相手にある程度の資産がなければ、確実に支払いを確保することはむずかしいでしょう。

財産分与とは夫婦の財産を離婚時に分けること

ここが大切

- 結婚後に築いた財産は夫婦の共有財産となる。
- 現在は2分の1ずつ分けるのが主流の考え方。

結婚後の財産は夫婦の共有

離婚する際には、夫婦の間の財産を分けることになります。これを、財産分与といいます。分ける対象となるのは、夫婦の**共有財産**です。

結婚生活を始めた日以降に、夫婦が協力して得た財産は、どれも共有財産とみなされます。どちらに名義があるか、どちらが経済的に貢献したかは関係ありません。離婚の原因をつくった有責配偶者であっても、財産分与を請求することはできます。

収入を得ていたのが夫のみで、妻が専業主婦の場合も、財産は夫婦2人のものです。妻は家事・育児を受けもつことで、夫の稼ぎに協力してきたからです。

当然、離婚するときには、妻にも財産を手にする権利があるので、共有財産がどこにどのくらいあるかを明確にしておくことが大切です。

財産分与は金銭問題を清算する場

協議離婚の場合、財産をどう分けるかは、夫婦の自由です。一方、調停や裁判では、「その財産を築くのに、お互いがどのくらい貢献したのか」という目安で分けられます。**貢献度は夫婦とも原則として2分の1というのが、現在の主流です。**これを「清算的財産分与」といいます。

離婚後、夫婦の一方に経済的な不安がある場合、もう一方が援助する形の財産分与を「扶養(ふよう)的財産分与」といいます。この場合、たとえば「離婚後3年間、婚姻費用相当額の支払いを続ける」といった決定が下されます。

しかし、「扶養的財産分与」は、「清算的財産分与が多くない」「病気を抱えている妻が簡単に就職できない」「夫の収入が多い」「離婚原因が夫のほうにある」

キーワード 共有財産

原則として、婚姻中に夫婦が取得したすべての財産。夫婦がお互いに協力して手に入れたものなので、離婚するときには分与の対象となる。

などの複数の事情が考慮されてはじめて認められるものであり、実際にはほとんど認められません。

また、未払いの婚姻費用がある場合も、財産分与で調整されます。

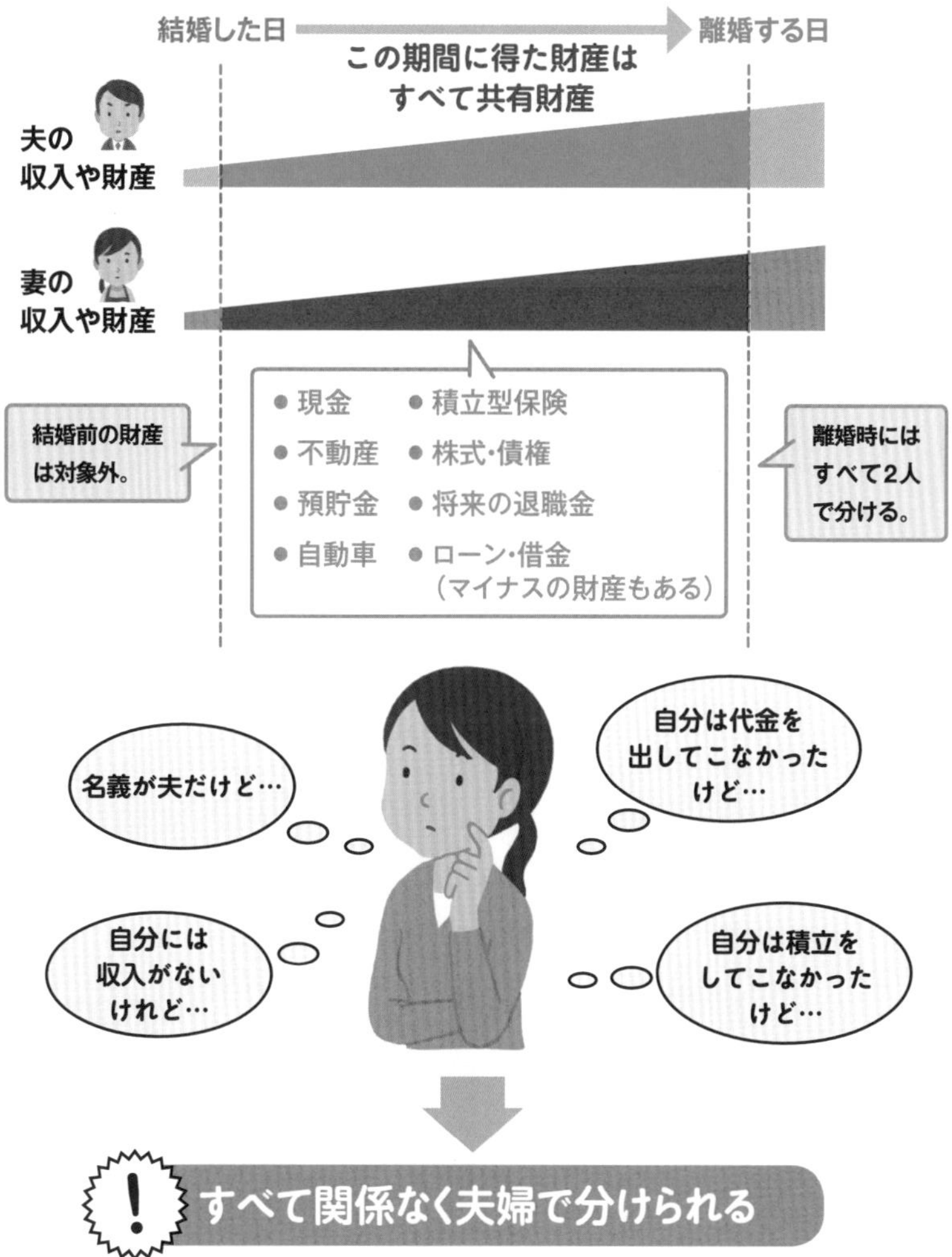

こんなときどうする？ 浮気した妻が財産分与を請求してきた

浮気が原因で離婚しても、妻にも2分の1の財産分与を請求する権利があります。ただし、財産分与と慰謝料は別の問題として考えられます。浮気の件で夫が慰謝料を請求すれば、その支払いが別途命じられます。結果的に、慰謝料と財産分与が相殺されることもありますが、あくまでも慰謝料と財産分与は別ということです。

財産の割合はどのように決める？

まずは財産をリストアップする

財産分与を行うときには、まず、結婚後につくった夫婦の共有財産をすべてリストアップします。このとき、プラスの財産だけでなくマイナスの財産も把握します。次に、リストアップした財産をもとに財産の総額を割り出します。

たとえば、収入を調べるとき、サラリーマンの場合は源泉徴収票、自営業の場合は確定申告時の資料をもとに計算します。預貯金は、すべての預金通帳の額を足し合わせます。不動産は、不動産業者に査定してもらう方法があります。住宅ローンは、金融機関から送られてくる返済予定表で残高を把握しておきます。

財産の総額がわかったら、プラスの財産からマイナスの財産を差し引きます。これが、財産分与の対象となる財産ということです。

2分の1ずつ分けるのが原則

財産分与の割合は、夫婦の話し合いで自由に決めることができます（⬇P146）。ただし、原則として2分の1ずつ分けるのが基準となっています。

話し合いでまとまらないときには、家庭裁判所に調停の申立てを行います。調停が不成立になった場合、離婚裁判で解決を目指します。**調停や裁判では、収入のない専業主婦の場合も、共有財産の2分の1を受け取ることが認められる**というのが現在の家庭裁判所の考えです。

分与の割合が決まったら、財産の分け方を決めます。すべての財産が現金ではなく、中には土地のように分けにくいものもあります。これは売却して現金を分けるのか、代わりに別の財産をあてるのか、などを決めることになります。

ここが大切

- **まずは結婚後に築いた財産をリストアップする。**
- **話し合いで割合を決め、折り合わなければ調停・裁判へ。**

気をつけて

財産分与の内容は公正証書にまとめておく

財産分与は金額の大きな話なので、話し合いで決めた場合は公正証書（➡P90）にしましょう。あとで強制執行が可能となります。

財産分与の比率と手順

■財産分与の比率

基本は50%ずつ

一方が高額所得者の場合も、2分の1ルールを免(まぬが)れるわけではなく、割合が増えるとは限らない。共働きで家計が別の場合、自営業で夫婦それぞれが報酬を得ている場合は、財産分与が発生しないこともある。

比率は夫婦の話し合いで自由に決められるが、2分の1ずつが原則。

■財産分与の手順

ステップ1 共有財産の総額をリストアップする。

プラスの財産 − マイナスの財産 ＝ 財産分与の対象となる財産

ステップ2 夫婦で話し合い、分与の割合を決める。
（原則は夫婦2分の1ずつ）

ステップ3 分与の方法を決める。

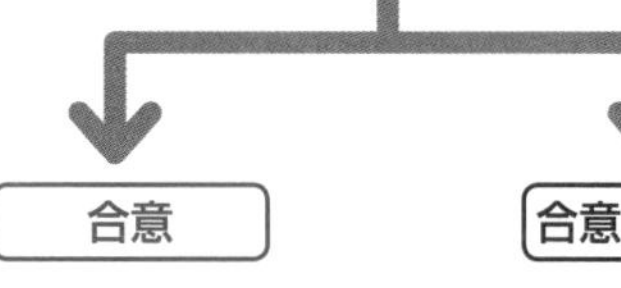

話し合いで決めた内容は公正証書に残す。

合意

合意に至らず

調停や裁判での解決を目指す。

こんなときどうする？

夫がギャンブルで多額の借金をつくっていた…

配偶者が、ギャンブルなどで多額の借金をかかえてしまったとき、それも夫婦の共有財産ということになると、財産分与の対象となる財産が大きく目減(めべ)りしてしまいます。こうした借金は原則として夫婦の共有財産とはならず、借金をつくった本人が負担することになります。

どんな財産が分ける対象になる？

ここが大切
- 財産になるものすべてをチェックしておく。
- 共有財産にならない特有財産を差し引く。

共有財産をリストアップ

財産分与の対象となるのは、結婚後に夫婦で築き上げた共有財産です。具体的には、現金、預貯金、不動産、私的年金、自動車、積立型保険、株式・債権などです。将来受け取る予定の退職金も財産分与の対象となります。

住宅ローンや借金など、夫婦の共同生活を営むうえで生じたマイナスの財産も対象となります。１５２ページにチェックリストがあるので、すべて書き出してみましょう。

一方、**例外的に共有財産から除かれ、各自の財産とされるものがあります。**これを「**特有財産**」といい、財産分与からはずされ、個人のものにすることができます。たとえば独身時代からもっていた預貯金は、配偶者の協力によって得たわけではないので、特有財産になります。結婚前にした株式投資が今になって成功したなど、特有財産を資金とした投資の利益なども特有財産として認められる可能性があります。日常的に使用している衣類なども財産分与の対象外です。

ここで問題となるのは、独身時代の預貯金口座を結婚後の生活費の管理に使っている場合です。結婚時に新たに口座を開かなければならないという決まりはないので、ごく一般的な管理法といえますが、**離婚を考えているなら、早めに口座を区別しておく必要があります。**

金融機関では、結婚直前の年月日を指定して、残高証明書の発行を依頼することができます。ただし、5～10年を過ぎている場合、保存期間経過により破棄されていることがほとんどです。保存期間は金融機関や資産の種類によっても異なるので、早めに確認したほうがよいでしょう。

気をつけて
家財道具や電化製品の扱い
家財道具や電化製品などは、よほど高額なものでない限り、財産分与の対象とは認められないことがほとんどです。

相続した財産も財産分与の対象外

親や親族から相続した資産も特有財産であり、財産分与の対象外です。相続する権利は、相続する本人のものだからです。相続したのが借金だった場合も特有財産なので、離婚後に相手に返済の義務を負わせることはできません。

相続分は、相続した人名義の口座を新たにつくり、生活費などとは分けておく必要があります。また、贈与を受けているなら、公正証書をつくったほうがよいでしょう。夫婦2人に対する贈与とみなされると財産分与の対象となるからです。

特有財産とは？

1 独身時代に手に入れた財産

- 現金・預貯金
- 株式・債権
- 不動産
- 自動車
- 家電・家財道具
- 借金
- 私的年金※
- 積立型保険※
- 将来の退職金※

※独身時代に納めた額に相当する分。

2 相続した財産（生前贈与を受けた財産を含む）

- 現金・預貯金
- 不動産
- 自動車など高額品
- 株・債権
- 骨董品・美術品
- 借金

3 個人で築いた財産

- 独身時代に行った投資の配当金
- 独身時代の財産で行った投資の配当金
- 趣味やギャンブルなどでつくった借金

4 自分しか使わない家財

- 男物・女物の区別がある服飾品
- 携帯電話・スマートフォン
- 日常的に消費されてしまうもの（洋服や靴など）

知っておこう 男女の区別があるモノの扱いについて

時計、バッグ、アクセサリーなど、男物と女物の区別がある服飾品は、分けあっても夫婦の片方には使いようがありません。つまり、分けても価値がゼロになるだけなので、財産分与の対象にはされません。ただし、ブランド品などの高額なもので、売れば資産になるものは、分与の対象となる余地もあります。

共有財産チェックリスト

財産分与について話し合う前に、このチェックリストを活用して、夫婦の共有財産をすべて書き出してみましょう。手元に資料がない場合は、それぞれの機関に証明書などを請求します。

現金　生活費に使う分を除いた合計を計算する。

合計	**円**

預貯金　金融機関で残高照会を行い、すべての残高を確認する。

銀行・郵便局名	**支店**	**口座種類**
口座番号	**残高**（　　年　月　日現在）	**円**
銀行・郵便局名	**支店**	**口座種類**
口座番号	**残高**（　　年　月　日現在）	**円**
銀行・郵便局名	**支店**	**口座種類**
口座番号	**残高**（　　年　月　日現在）	**円**
銀行・郵便局名	**支店**	**口座種類**
口座番号	**残高**（　　年　月　日現在）	**円**
銀行・郵便局名	**支店**	**口座種類**
口座番号	**残高**（　　年　月　日現在）	**円**

株式・債権　資産残高と他人に貸したお金を確認する。

投資先名・債務者名	**名義**
	金額（　　年　月　日現在）　**円**
投資先名・債務者名	**名義**
	金額（　　年　月　日現在）　**円**
投資先名・債務者名	**名義**
	金額（　　年　月　日現在）　**円**
投資先名・債務者名	**名義**
	金額（　　年　月　日現在）　**円**

不動産・自動車 それぞれの業者に問い合わせて、評価額を確認する。

名称	名義
	評価額(　　年　月　日現在)　　円
名称	名義
	評価額(　　年　月　日現在)　　円
名称	名義
	評価額(　　年　月　日現在)　　円
名称	名義
	評価額(　　年　月　日現在)　　円

私的年金 企業年金や個人で契約している年金保険が対象。それぞれの機関に問い合わせて確認する。

種類・名称等	円

積立型保険 保険会社に依頼し、解約払戻金を確認する。

名称	金額　　円
名称	金額　　円
名称	金額　　円

将来の退職金 勤務先で退職金見込計算書を発行してもらう。

夫 婚姻年数/勤続年数	金額　　円
妻 婚姻年数/勤続年数	金額　　円

ローン・借金 金融機関で残高証明書を発行してもらう。

債権者(返済先)	名義
	残高(　　年　月　日現在)　　円
債権者(返済先)	名義
	残高(　　年　月　日現在)　　円

不動産・自動車などは評価額を調べて分ける

ここが大切

- 高額な物は専門家に頼んで評価額を出す。
- 評価額をもとにバランスよく分ける。

金額のわからない資産は鑑定に出す

財産分与の対象となるものは、現金や預貯金など、単純に分けられるものだけではありません。不動産や自動車など、そのままでは分けられないものは、**金銭的な価値（評価額）を出したうえで、分け方を決めていきます。**

評価額は時期によって変動するため、財産分与をする時点での評価額で計算します。いくらで売れるかが重要であり、買ったときの値段は評価額としては参考になりません。

評価額を出すときには、個人で調べるよりも専門家に**鑑定または査定**を依頼するほうが、将来のトラブルを避けられるでしょう。不動産は不動産業者や不動産鑑定士に、自動車は中古車販売会社にそれぞれ査定を依頼すれば、市場価格を知ることができます。

バランスをとって分けていく

評価額がわかったら、それぞれの物品・物件について、どう処理するかを決めていきます。

①**売却して現金化し、売却にかかった経費を差し引いて分ける。**

②**どちらかが所有し、相手にはその評価額分の現金を渡す（分割払いも可）。**

しかし中には、一方の所有にしたり売ったりするのを避けたい資産もあります。たとえば、夫名義の家に妻子が離婚後も住みたい、共同の仕事場を離婚後も使いたいなどの場合は、以下の分け方を検討します。

③**どちらかが所有したうえで、名義をもたないほうが使い続ける権利をもち、使用料を支払っていく。**

④**共有名義にし、分与した割合に応じてもち方を決める。**

キーワード 鑑定と査定

どちらも「いくらの価値があるか」を示すものですが、鑑定が厳密な評価基準に基づき手数料が高額になるのに対して、査定は業者の無料サービスもある。

③、④を選んだ場合、将来売却したいと思ってもお互いの合意が必要となり、売却が困難になる可能性もあるので、安易に選択しないようにしましょう。

不動産や高額品を分ける4つの方法

1 売却して経費を差し引いて現金で分ける。

2 片方が所有し、もう片方に評価額に相当する現金を渡す。

3 片方が所有し、もう片方に使用権を渡す。

＊所有していないほうが使うときには使用料を支払う。

4 分与した割合に応じて共有する。

不動産の評価の出し方

方法1 国土交通省のホームページで公示価格をチェックする。

方法2 不動産会社に無料査定を依頼する。

方法3 不動産鑑定士に鑑定を依頼する。

知っておこう **離婚したあとでも、財産分与を請求できる**

財産分与は通常、離婚調停や離婚裁判の中で扱われます。しかし問題が財産分与のみに絞られている場合は、先に離婚を成立させてしまい、離婚後に財産分与に絞った調停（財産分与請求調停）を行う方法もあります。

住宅ローンや借金は財産との差額を計算する

ここが大切

- 住宅ローンはローン残高と売却したときの評価額を比較。
- 売却するか所有し続けるかを選択する。

借金を負担する人を決める

共有財産には、プラスの財産だけでなく、**住宅ローンや借金など、マイナスの財産も含まれます**。たとえば夫婦でマンションを購入して共有名義にしていた場合、離婚したからといって所有名義や債務が自動的に取り消されるわけではありません。また、夫婦のいずれか一方の所有名義になっていたとしても、離婚時にはローンの残額が夫婦の共有財産となります。

離婚時には、こうしたマイナスの財産を2人にふり分けていくことになります。そのときには、**1件の借金を2つに分けることはありません**。借金は、債権者（貸し手）が借りる側の資産・収入・職業などを審査して貸しているので、借りた側が勝手に2つに分けることはできないからです。

このため、住宅ローンなどの大きな**債務**をどう扱うかが問題となります。

評価額とローンの差額を計算する

住居など、売却できるもののローンの場合、まずは、売却したときの評価額とローン残高の差額を出します。

売却したときの評価額が上回る（差額がプラス）場合は、154ページと同じ方法で分けることになります。たとえば評価額が2000万円の自宅不動産があり、ローンが1000万円残っている場合、2000万円から1000万円を差し引いた1000万円を、2人で分け合うことになります。2分の1ずつ分けるときは500万円ずつになるということです。

ローン残高が上回る（差額がマイナス）場合、離婚する前に物件を売却し、マイナス分をほかの共有資産で埋めてローンを完済する方法が考えられます。

共有財産が少なくて埋め合わせができない場合は、

キーワード 債務
借金のこと。ここでは、他人から借りたお金のうち返済していない分や、モノの代金のうち、支払いが済んでいない部分のことをいう。

売却せずに現在の名義人が所有し続け、ローンを単独で支払うというのが一般的です。不動産の名義人のみ変更し、ローンの名義人がローンを払い続けるケースもあります。たとえば、妻が不動産の名義人となり、夫が離婚後もローンを払うという形です。

住宅ローンを分割する方法

不動産の評価額		円
− ローン残高		円
= 差額		円

マイナスの場合

- 共有財産よりローンが少ない → 売却して差額を共有財産で埋め合わせる。
- 共有財産よりローンが多い → 片方が所有し、ローンを支払う。（不動産の名義のみ変更する場合もある。）

プラスの場合

→ ほかの財産といっしょに分与の割合を決める。

分与例　評価額4,000万円、ローン残高1,000万円のマンションの場合。

計算

評価額　ローン残高

4,000万円 − 1,000万円 = 3,000万円

この金額を1／2ずつ分ける。

解決例

一方がマンションに住み、もう一方に1,500万円を支払う。

こんなときどうする?　夫名義のマンションに、離婚後も住み続けたい

ローンが残る物件を所有者でない人が使い続けたい場合、たとえば、子どもを転校させたくないので夫名義のマンションに住んでいたいというケースもあると思います。そのようなときは、家賃を支払うというかたちで、夫のローン返済に協力していくのが現実的です。

へそくりや退職金も共有財産として分ける

へそくりも立派な共有財産

家計の中から節約してつくった「へそくり」を夫や妻に内緒で貯めるというのは、決して珍しいことではないでしょう。

こうしたへそくりは、自分の努力でつくったのだから、自分のものになると考える人もいます。しかし、実際には**婚姻中に夫婦が協力して得た共有財産とされ、当然、財産分与の対象となります。**

ただし、現実の離婚協議や離婚調停・裁判でへそくりの存在を正確に申告しているケースは多くありません。相手がへそくりを確実に抱えているという証拠がない限り、財産分与の請求はむずかしいといえます。

離婚後2年以内に相手にへそくりがあったことを発見した場合は、そのへそくりについての財産分与を請求することができます。

また、夫がギャンブルなどで浪費していて、妻が家計をきりつめてへそくりをしていたようなケースでは、夫に非があるため、妻から夫に対し半分を渡すようにとまでは命じられない可能性が高いといえます。

将来的に退職金が支給されるときは

退職金は給与の後払い的な性質があると考えられています。そのため、退職金も婚姻期間に対応する部分は、財産分与の対象となります。

すでに**退職金が支払われている場合は、婚姻期間に対応する部分を財産分与の割合にしたがって分ける**ことになります。ただし、退職金が相当前に支給されて、生活費などに費やしていて、すでになくなっているような場合には、財産分与の対象とはならない可能性が高くなります。

では、まだ退職していなくて、将来的に退職金を受

ここが大切

- **へそくりは夫婦の共有財産となる。**
- **退職金は婚姻期間中の分が財産分与の対象となる。**

気をつけて **退職金の額を確認しておく**

裁判で財産分与の解決を目指すときには、証拠が大きな力をもちます。退職金額については、明細がわかる資料を用意しておきましょう。

け取る場合はどうなるでしょうか。

この場合、**定年退職が目前で、退職金の支給がほぼ確実に見込まれるようなときは、財産分与の対象に含むのが一般的**です。支給の見込みは、会社の就業規則や支給実績をもとに確認します。財産分与についての話し合いを行うときに、請求時期についても明確にしておく必要があります。公務員の場合、調停や裁判などでは退職金を受け取る可能性が比較的高いと判断されます。定年退職まで期間がある場合でも原則として分与対象とされますが、会社の経営状態や退職理由によって退職金が支給されるかどうか不透明なときは、財産分与の対象とされないことがあります。

へそくりでの請求のタイミング

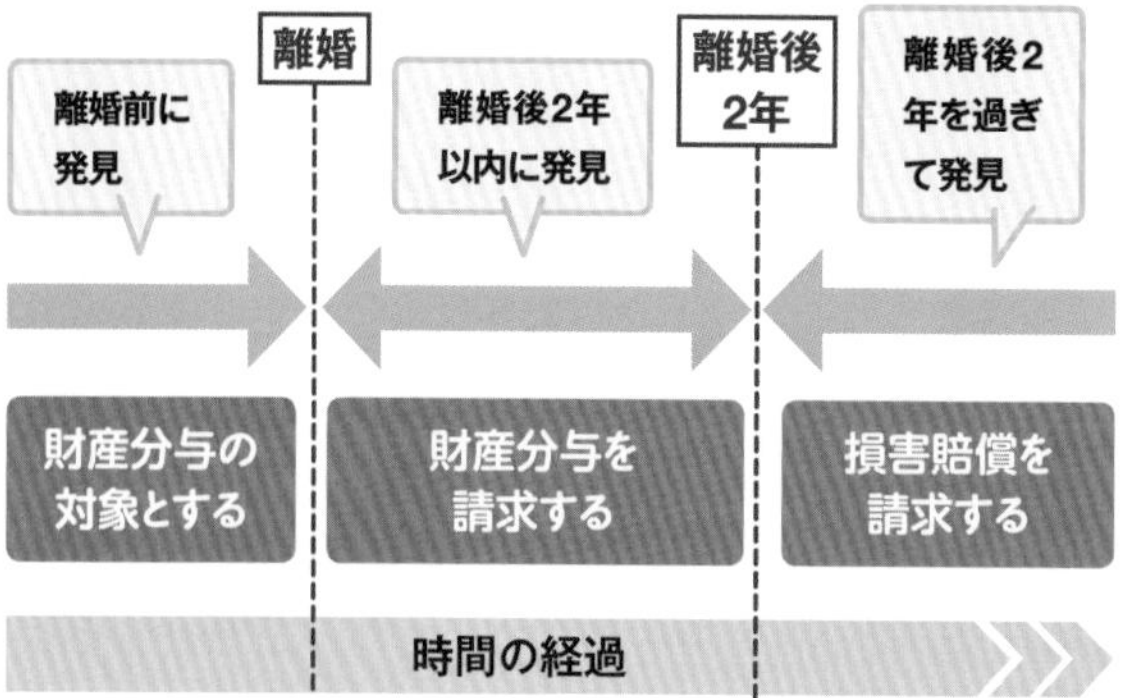

退職金の分け方

ケース1 すでに退職金が支払われている

- 婚姻期間に対応する部分について、財産分与の割合にしたがって分ける。

ケース2 将来的に退職金が支払われる

- 退職金の支給が確実に見込まれるときは、財産分与の対象に含む。

■退職金の計算例

例 結婚して35年の夫婦の場合

夫

- 元会社員
- 勤務年数40年
- 退職金2,000万円

妻

- 元パート勤務
- 退職金　0円

①財産分与の比率を計算する

退職金		勤務年数		婚姻期間		
2,000万円	÷	40年	×	35年	＝	1,750万円

②夫婦で2分の1ずつ分ける

1,750万円 × $\frac{1}{2}$ ＝ 夫 875万円　妻 875万円

厚生年金は分割して受け取ることができる

ここが大切

- 分割の対象になるのは厚生年金だけ。
- 専業主婦には3号分割制度という特例がある。

厚生年金だけが対象となる理由

年金分割の対象となるのは、会社員・公務員が加入する厚生年金のみです。夫婦が協力して得た収入＝給料から納めるのが、厚生年金の保険料だからです。国民年金も夫婦の収入から納めますが、将来的に同額の老齢年金が給付されるので、分割に意味はありません。

厚生年金では、給料の額に応じて、納める保険料の額が変わります。保険料を多く納めたほうが保険金の給付も多くなりますから、夫と妻で将来の受給額に差が生まれます。夫婦で老後を迎えたなら保険金をいっしょに使えるので、受給額の差は問題になりません。しかし、離婚すると生活が別々になるので、この受給額の差が問題となるのです。

年金分割はすでに支払った分の保険料を分割したうえで、将来受け取れる年金を算出します。夫婦の保険料がならされ、将来の受給額に差がなくなるわけです。「将来の老齢年金を分ける」ための制度だと思われがちですが、実際は「すでに納付した保険料を分ける」しくみであり、再婚や相手の死後も関係なく受給できます。

合意がいらない「3号分割制度」

合算した給料の取り分は、夫婦の合意を経て決められます。これを合意分割制度といいます。

夫婦のどちらかが第3号被保険者である場合は、3号分割制度が適用され、2008年4月1日（この制度が発効した日）以降に納めた保険料は、合意不要で分割されます。按分(あんぶん)割合も2分の1に決まっています。いわば、専業主婦（主夫）への特例措置です。

それ以前の分については、第3号被保険者であっても、合意分割で分けることになります。

気をつけて　**公務員も厚生年金に加入**

これまで公務員は厚生年金とは別の「共済年金」に加入していましたが、2015年10月から厚生年金に統合されました。

年金と年金分割のしくみ

■年金のしくみと被保険者の種類

国民年金	日本国内に住む20歳以上60歳未満のすべての人が国に納める。
厚生年金	会社員、公務員が国に納める。国民年金に加えて厚生年金を受ける。
企業年金	各企業が独自に運営し、社員に対して年金を支給するしくみ。

【加入者の種類(被保険者)】

第1号	国民年金を個人で納付。	自営業者、フリーターなど
第2号	国民年金と厚生年金を給料天引きでまとめて納付。	サラリーマン、公務員
第3号	第2号被保険者の納付に相乗りして、自分では納付しない。	専業主婦(主夫)

■年金分割の対象者の例

対象となる人	対象とならない人
●サラリーマンと配偶者	●経営者と配偶者
●公務員と配偶者	●自営業者と配偶者

■合意分割と3号分割のちがい

	合意分割	3号分割
制度の開始時期	2007年4月1日以降	2008年4月1日以降
分割割合	上限50%まで	50%
対象期間	婚姻期間中に一方が厚生年金に加入していた期間	婚姻期間のうち2008年4月1日以降の、第3号被保険者であった期間に相手が厚生年金に加入していた期間
手続き	当事者の一方が年金事務所で手続きする	第3号被保険者だった人が年金事務所で手続きする
合意	必要 (合意できない場合は裁判所の決定に従う)	不要
請求期限	原則、離婚した日の翌日から起算して2年以内	

弁護士からのアドバイス

夫が自営業の場合、年金分割はできません

夫婦のどちらも厚生年金に加入したことがない場合は、分割できる保険料がありません。妻が厚生年金に加入していたなら、年金分割はできます。この場合、妻の保険料を夫に分けるかたちになります。

年金を分割して受け取るための手続き

ここが大切

● 合意したら年金事務所で手続きを行う。
● 年金分割のための情報通知書を請求しておく。

年金事務所で手続きする

年金分割を行うには、まず、夫婦でお互いの取り分（按分割合）を決め、合意する必要があります。按分割合は夫婦が自由に決められますが、**家庭裁判所では、特別な事情がない限りは2分の1ずつが原則であるとしています。**

決まった内容を合意書にしたら、日本年金機構が運営する年金事務所で年金分割請求手続きを行います。**手続きは離婚の成立後でなければできず、原則離婚後2年を過ぎたら請求できないので、注意してください。**事実婚の場合は、事実婚を解消し、事実婚であった人が第3号被保険者（⬇P160）でなくなったときから起算して2年を過ぎると請求できません。

後日、年金分割が決定したという通知が年金機構から送られてくるので、書面を確認しましょう。

判決が下っても手続きは必要

夫婦だけで合意できない場合は、離婚調停・裁判で決めます。すでに離婚している場合も、2年以内ならば、年金分割の割合を決める調停を起こすことができます。申立てには、**「年金分割のための情報通知書」**が必要です。この書類は、協議離婚の話し合いでも役立つので、離婚を考えた時点で取り寄せておくとよいでしょう。

裁判所で按分割合の決定が下っても、実際に年金を分割してもらうには、年金事務所で先ほどの請求手続きをする必要があります。

手続きは協議離婚の場合と同じですが、合意書の代わりに、家庭裁判所が作成した調停調書や判決書を添えます。夫婦のどちらか一方だけで、請求の手続きができます。

キーワード 年金分割のための情報通知書

氏名、生年月日、基礎年金番号などのほか、年金分割の対象期間における標準報酬総額や按分割合の範囲などが記載された書類。年金事務所で発行できる。

年金分割までの流れ

情報通知書を入手

按分割合を話し合う

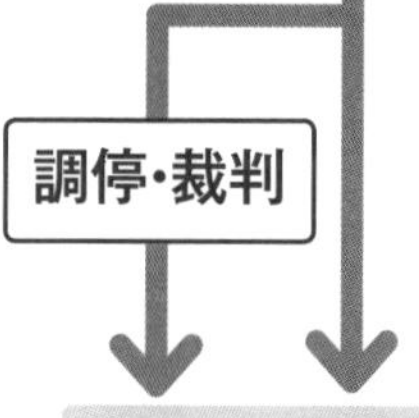

年金分割の合意

年金分割合意書の作成

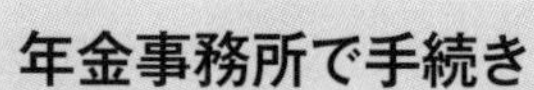

年金事務所で手続き

手続終了

情報通知書を入手するには

必要書類

- 年金分割のための情報提供請求書
  年金事務所か年金機構のホームページから入手。
- 請求者本人の年金番号がわかるもの
  国民年金手帳、基礎年金番号通知書のどちらか一方。
- 戸籍謄本
  戸籍抄本でもOK。

手数料
- 不要

請求先
- 年金事務所

2人の間で、「年金分割の請求をすること」「その按分割合」について合意することが必要。

合意書の内容

- 「合意した」という文言
- 分割の按分割合
- それぞれの基礎年金番号
- 署名・捺印・年月日

手続に必要な書類

- 標準報酬改定請求書
- 分割の合意書
- 戸籍謄本
- それぞれの年金手帳

! 年金分割の請求期限

年金分割の按分割合を決めたとしても、年金事務所に請求を行わないと厚生年金の保険料納付記録は変更とならない。また、請求期限（原則として、離婚をした日の翌日から2年）を過ぎると請求できなくなる。

こんなときどうする？ 別れた夫といっしょに手続きをしたくない…

年金分割請求手続きの際は、夫婦（代理人でも可）そろって年金事務所に行くことが義務付けられています。しかし、分割の割合を記した合意書の代わりに、公証役場または家庭裁判所で作成した書類を提出すれば、どちらか一方だけでも手続きできます。

財産分与・慰謝料にも税金がかかることがある

ここが大切

● 慰謝料代わりの不動産には税金がかかる。
● 不動産には固定資産税など毎年税金がかかるので注意。

原則として非課税

財産分与も慰謝料も、金銭で支払われる場合は、支払う側にも受け取る側にも原則として税金は課せられません。しかし、いくつかのケースでは税金が課せられることがあります。

1つめは、**税金のがれのための離婚とみなされた場合**です。贈与税や相続税をのがれる目的で行われた偽装離婚だとわかれば、離婚時に動いた財産すべてに贈与税がかかります。

2つめは、**あまりにも高額の金銭が支払われる場合**です。金額は夫婦の共有財産の額や、離婚に至る経緯などによっても変わるため、絶対的な上限が定められているわけではありません。しかし、社会通念上、高額すぎると判断された場合は贈与税が課せられることがあります。

不動産を分けた場合

3つめは、**慰謝料や財産分与を金銭の代わりに不動産で支払った場合**です。

不動産を譲る側には、不動産の譲渡所得税が課税されます。法律では時価で譲渡したとみなされ、その額に税金が課せられます。

受け取る側には、不動産取得税が課税されることがあります。このほか、不動産の名義変更の登録免許税や**固定資産税**が（市街化区域内なら都市計画税も）毎年必要となります。

それぞれの税には控除がありますが、それを税理士などに相談して試算するのも1つの方法です。しかし、控除などを活用したとしても、多額の納税になる可能性があります。納税を避けるには、慰謝料や財産分与は預貯金などの現金で行うのが無難です。

キーワード　固定資産税

毎年１月１日時点の土地、家屋などの資産の所有者に対して、その資産の価格をもとに課税される税金。固定資産課税台帳に登録されている人が納税する。

財産分与・慰謝料と税金の関係

ケース1 **金銭で支払ったとき**

支払う側＝非課税
受け取る側＝非課税

原則として税金は課せられないが、以下の場合は、贈与税が課せられる。

❶ 税金のがれのために偽装離婚をした。
❷ 社会通念上多すぎる金銭を支払った。

ケース2 **不動産で支払ったとき**

支払う側＝譲渡所得税
受け取る側＝不動産取得税
登録免許税
固定資産税

支払う側には譲渡所得税が課せられることがあるが、特別控除を受けることができる。受け取る側は不動産取得税と、名義変更時に登録免許税がかかる。

■居住用不動産に関する税の控除

1 3,000万円の特別控除

受け渡す不動産の譲渡所得が3,000万円以下の場合には、課税されない。3,000万円を超える額に課税される。

2 居住用不動産の軽減税率

居住用として10年以上所有している不動産については、譲渡所得税率が軽減される。

3 贈与税の配偶者控除

婚姻期間が20年以上の夫婦が居住用不動産を贈与した場合、2,110万円まで非課税となる。

4 固定資産税の特例

固定資産税が課税される年の4月1日時点で住宅として利用されている土地については、税金が軽減される。

弁護士からのアドバイス

扶養(ふよう)目的で家を受け取ったら、固定資産税を準備

生活費を軽減する目的で家を受け取ったとしても、固定資産税の課税対象となります。固定資産税の税率は全国一律1.4％です。固定資産評価額が1,000万円のマンションなら、年額14万円かかります（ただし住宅用地の軽減措置もある）。家賃に比べれば低額ですが、準備しておくとよいでしょう。

離婚後でもお金を請求することはできる

離婚後に取り決めを変更できる

離婚が成立してしばらく経つと、金銭関係の手続きのもれやミスが気になってくるものです。「年金分割をし忘れた」「預貯金の一部が財産分与の対象に入っていなかった」といったことです。

改めて請求したい、あるいは、いったん取り決めた金額を変更したいという場合、**離婚のあとでも、調停や裁判を申し立てることができます。**手続きは離婚調停（➡P94）と同じで、行われる内容にも変わりはありません。

左ページの表にあるように、**請求できる期間には限りがあります。**離婚成立日から数えてこの期限がすぎると、相手に新たな支払いを求める、取り決めの内容の変更を求める、といったことはできなくなります。

また、離婚協議書などに清算条項が記載されていた場合、原則として離婚後の請求はできません。清算条項とは「当事者間には本協議書／公正証書／調停調書に定めるもののほか、何らの債務債権のないことを相互に確認する」といった条項のことです。

債権にも時効がある

ここでしっかり心にとめてほしいのは、いったん協議・調停・判決で決まった支払う義務、支払ってもらえる権利（**債権**）もまた、ある期限で消えるという点です。**支払いがなされないまま放っておくと、離婚に関する場合、債権は5年で消滅します（調停・判決で決まった場合は10年）。**これを消滅時効といいます。時効後にも支払いの要求はできますが、相手の支払い義務は消え、支払わなくても罰せられなくなります。

これを防ぐには、離婚後すぐに、金銭関係のもれやミスがないかを確認し、あれば裁判所に申し立て、自

ここが大切

- 慰謝料は3年、財産分与・年金分割は2年が期限。
- 債権（支払いを受ける権利）にも時効がある。

キーワード　債権

相手に金銭などを支払わせることができる権利。離婚夫婦など個人と個人の間のものは、5年で消滅時効（支払いを要求しないと権利が消えること）を迎えます。

分に債権があることをハッキリさせなければなりません。そのうえで、相手に定期的に支払いを要求し、消滅時効にもちこまれないようにすることです。

離婚後にお金を請求する

■離婚後にお金を請求するよくある理由

共有財産のリストにもれがあった、計算ミスがあった

年金分割をし忘れた

財産分与の意味を取りちがえていたからやり直したい

やっぱり慰謝料がほしい

■離婚後にお金を請求する期限

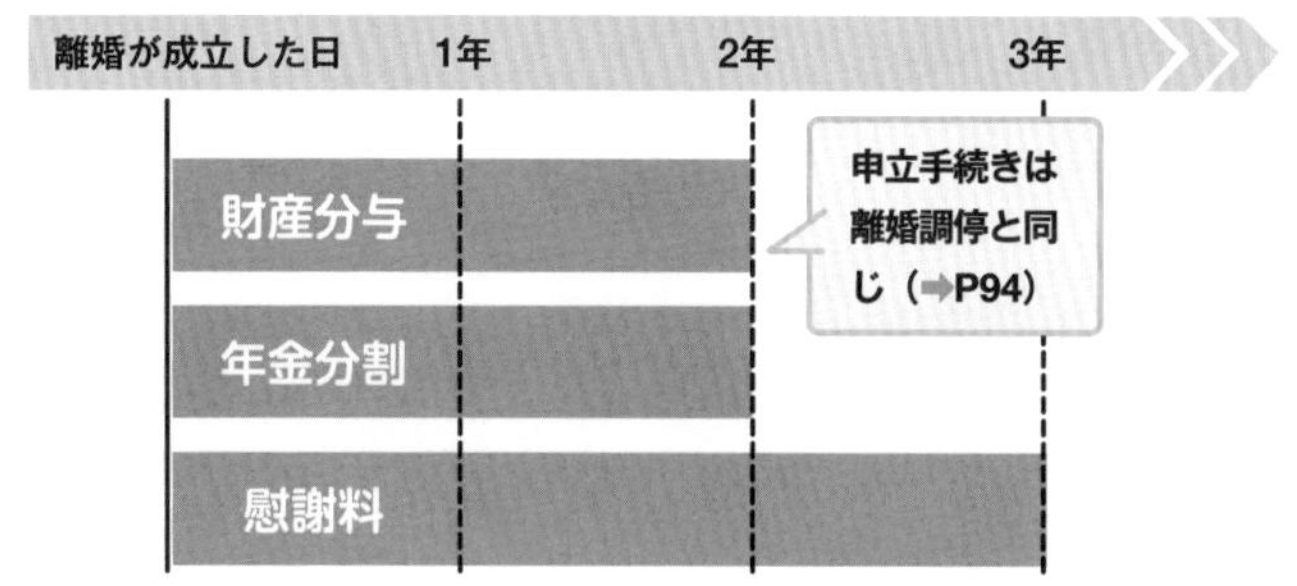

債権の時効に注意！

調停や裁判などで支払いの約束を取り決める。 → 10年経過 → **約束を要求しないまま放っておくと、債権の消滅時効を迎える。**

（消滅時効……権利があってもそれを行使しない場合、時間が経つとその権利自体がなくなってしまうというルール。）

弁護士からのアドバイス

過去の婚姻費用の請求はむずかしい

過去の婚姻費用をさかのぼって求める権利はあります。しかし、その費用がなくてもこれまで生活できたという事実があるため、認められるのはむずかしいといえます。また、どの時点までさかのぼって請求できるのかについても、明確に定められているわけではないため、婚姻費用は離婚前に請求しましょう。

財産分与・慰謝料の支払い方法

ここが大切

- 支払い方法には一括払い、分割払い、現物払いがある。
- 取り決めた内容は公正証書などの文書にしておく。

一括払いと分割払い

財産分与や慰謝料の金額について話し合いがまとまったら、次にそれらの支払い方法についても取り決める必要があります。夫婦が築いてきた共有財産には、現金・預貯金以外にも不動産などが含まれていますので、現金で支払うだけでなく、現物で支払うことも可能です（⬇P155）。

現金の支払い方法については、大きく分けて一括で支払う方法と、分割で支払う方法があります。**受け取る側の立場に立つと、一括払いが望ましい**といえます。一括で受け取ることができれば、あとになって不払いなどのトラブルが起こり得ないからです。

しかし、支払いの総額が高額な場合は、支払う側の負担も大きくなるため、分割にするのもやむを得ません。このとき、支払いを受ける側としては、確実にお金を受け取るために、できるだけ支払い期間を短く、回数を少なくするよう交渉します。また、頭金をできるだけ高く設定しておく方法もあります。

必ず文書に残しておく

離婚後の生活の援助（扶養的財産分与）や養育費など、定期的に支払うお金については、支払う月日、金額、期間、方法などを話し合って決めます。たとえば「子どもが満20歳になる○年○月まで毎月末に5万円を指定する口座に振り込む」などと、具体的に決めることが大切です。

取り決めた内容については、必ず文書に残しておきましょう。強制執行認諾約款付き公正証書にしておくと強制力があるので安心です。調停や離婚裁判で支払うことが決められた場合は、調停調書や判決に基づいた強制執行ができます。

気をつけて　法律では慰謝料は一括払いが原則

法律上、慰謝料の支払いは一括で行うのが原則となっています。しかし、当事者の間で合意すれば、支払い方法を変更することができます。

財産分与や慰謝料などの支払い方法

方法1 一括払い

メリット	デメリット
● 1回の支払いで相手との関係を清算できる。 ● 一括して支払うことで金額を下げる交渉ができる（支払う側）。 ● 支払いが滞るリスクを回避することができる（受け取る側）。	● 十分な金銭的余裕がないと実現できない（支払う側）。 ● 無計画に使ってしまうことがある（受け取る側）。 ● 途中で支払い額を見直すことがむずかしい。

方法2 分割払い

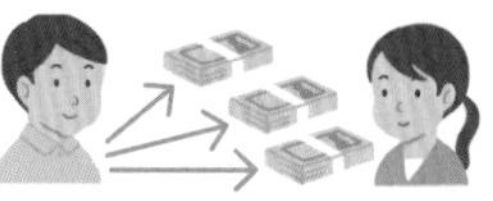

メリット	デメリット
● 資金に余裕がなくても、毎月の収入に応じて支払うことができる（支払う側）。 ● 定期的な生活収入の一部としてあてることができる（受け取る側）。	● 支払いが続く限りは相手との関係が続くことになる。 ● 相手が職を失ったり、逃げてしまったりした場合など、支払ってもらえないリスクがある（受け取る側）。

方法3 現物払い

メリット	デメリット
● 現金がなくても支払うことができる（支払う側）。 ● 分けにくい財産を分けないまま渡すことができる。 ● 住み続けていた不動産などの権利を引き継ぐことができる（受け取る側）。	● 財産の査定額をめぐってお互いの意見が食いちがうことがある。 ● 株式などの有価証券は、市場の動向に左右され、価値が大きく変動してしまうことがある。 ● 税金が課されることがある。

弁護士からのアドバイス

金額に応じて分割払いを検討する

分割払いの回数はケースによってさまざまであり、目安となる回数があるわけではありません。支払いの総額がおよそ200万円以下の場合は、一括払いと短期の分割払いを検討し、200万円を超えるとき、子どもが幼い場合などは長期の分割払いを検討するとよいでしょう。

勝手に処分されないための方法

ここが大切

- 保全処分を申し立て、財産の処分を防ぐ。
- 調停をする前から処分を求めることができる。

話し合っているうちに財産が消えた？

財産分与の結論が出るには、時間がかかります。その間に、夫婦の一方が勝手に財産を処分してしまうと、決定が下ったときには分与すべき財産がなくなっているという事態が、起こりかねません。また、一方が求めている財産を、もう一方がわざと売却して困らせる、といったこともあり得ます。

それを防ぐしくみが、保全処分というものです。保全処分とは、「本来の状態を、そのままに保ちなさい」と裁判所が命令することです。**財産分与では、財産を仮差押・仮処分し、相手が勝手にいじれないようにします。**

どの財産を保全したいかは申し立てる側が指定しますが、相手が生活できなくなる場合は、財産の処分はできません。

申し立てて保全をはかろう

保全の方法は以下の通りです。

①調停が始まる前に、調停委員会に申し立てる

離婚調停あるいは財産分与請求調停を申し立てた時点で、調停委員会の権限で保全の仮措置が行えます。強制執行力はなく、実際にはほとんど行われていない方法です。

②審判前の保全処分を申し立てる

家庭裁判所に財産分与などを請求する審判を申し立てたときに、同時に申し立てます。この審判では、保全処分の緊急性や必要性などが審理されます。申し立てが認められると、家庭裁判所が仮差押、仮処分などを命じます。

③調停とは別に、民事保全を申し立てる（いつでも可）

相手が財産を隠している証拠があれば、いつでも地

キーワード **仮差押と仮処分**

仮差押とは、支払いを求める限度内で相手の財産を仮に差し押さえること。仮処分は請求したい物の処分を禁じること。

方裁判所に申し立てることができます。この手続きを行うときは保証金を支払うことになります。高額な財産を保全してもらうと、それなりの金額がかかりますから注意が必要です。このお金は、財産分与の処分が確定すれば、戻ってきます。

分与される財産を守る

■こんな場合は保全処分を行う

1 相手が財産の名義を勝手に移そうとしている

2 相手が預貯金をおろして隠そうとしている

3 分与される財産を勝手に売ろうとしている

■保全処分の方法とちがい

	調停前の仮措置	審判前の保全処分	民事保全の申し立て
強制力	ない	ある	ある
申立てのタイミング	調停が始まるとき	審判を申し立てるとき	いつでもできる
注意点	強制力がないため実際にはほとんど行われていない	財産分与の仮差押などの場合、保証金が必要	保証金が必要

■民事保全手続きの流れ

1 申立て

裁判所に、申立書、申立手数料、財産の証明書、必要書類を提出する。

2 面接

本人確認資料、申立書作成時に使用した印鑑、証拠の原本を持参し面接を受ける。

3 保証金を預ける

法務局に保証金を預けると同時に、供託書とその写し、その他必要書類を提出する。

4 保全の決定

裁判所の窓口で保全決定正本が交付されるので、受領書を持参する。

知っておこう 子ども名義の預貯金も分与の対象となる

子どもの将来の教育資金などのためにつくった子ども名義の預貯金は、夫婦の共有財産と考えられるため、財産分与の対象となります。そのため、一方の親が勝手に子ども名義の財産を処分することはできません。

相手の財産・給与の情報を取得する

財産を開示させる制度が拡充

強制執行により相手の財産を差し押さえるにあたっては、対象となる財産の内容を特定する必要があります。しかし、相手の財産を具体的に知ることは非常に困難です。裁判所で命じられても、現実には差し押さえできないケースも多々ありました。

こういった問題を解消するために、2020年4月から改正民事執行法が施行され、差し押さえを容易にする制度が整えられました。内容は、①**財産開示手続の改正**と、②**情報取得手続の新設**の2つです。

財産開示手続は、相手を裁判所に呼び出し、保有している財産を開示させる制度です。この制度自体は以前からありましたが、裁判所からの呼び出しに応じなかった場合や、陳述拒否、虚偽の陳述をした場合の罰則が30万円以下の過料と軽く、あまり活用されないことが課題となっていました。改正により罰則が強化され、6か月以下の懲役または50万円以下の罰金が科されることとなりました(刑事罰)。

また、申し立てができる人の範囲が拡大され、**調停調書や判決書だけでなく、公正証書を持っている人でも可能**となりました。さらに、相手の住所がわからない場合には**公示送達**が認められました。

預貯金や給与の情報を知る方法

情報取得手続は新設された制度であり、**財産情報をもっている第三者を通じて、相手の財産情報を取得するもの**です。

預貯金や株式などの財産を差し押さえたい場合は、調べてほしい金融機関を特定することで、裁判所から金融機関に照会が行われ、口座番号や金額などの情報提供を命じることができます。

ここが大切

- **相手を裁判所に呼び出して財産を開示させることができる。**
- **財産情報を持っている機関を通じ、相手の財産情報を知る方法も。**

キーワード **公示送達**
裁判所の掲示板に文書を貼り出して、一定期間が経過することで、送ったものと認められる方法。

相手の給与を差し押さえたい場合は、財産開示手続を行った上で、裁判所を通じて市区町村や日本年金機構、厚生年金の実施機関に対して勤務先などの情報の提供を命じることができます。

この給与情報の取得を申し立てることができる人は、限られています。養育費や婚姻費用などの請求権をもつ人と、生命・身体への侵害を理由とする損害賠償請求権をもつ人です。生命・身体への侵害を理由とする損害賠償には、慰謝料も含まれます。また、損害にはPTSDになったなどの精神的損害も含まれます。

相手の財産を知る方法

■財産開示手続の流れ

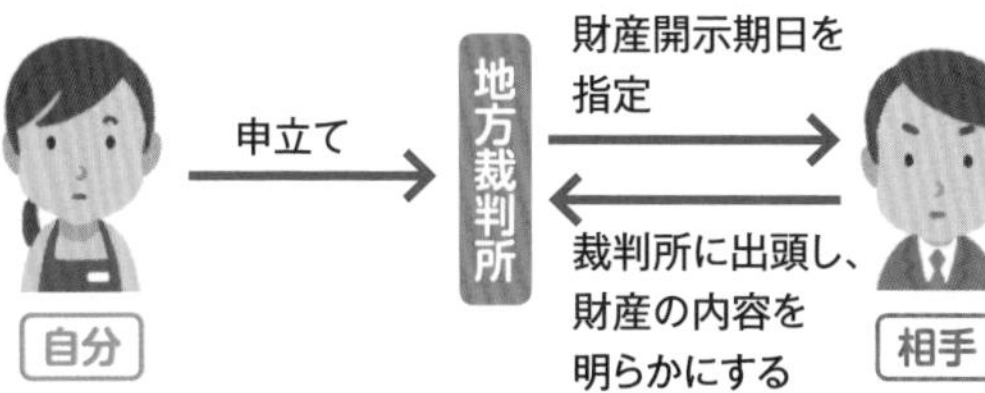

手続に必要なもの

- 申立書（地方裁判所のホームページから書式をダウンロード可）
- 申立手数料（収入印紙）2,000円
- 予納郵便切手（裁判所によって異なる）
- 戸籍謄本（とうほん）・戸籍の附票（ふひょう）等（相手が判決等に記載した住所から転居している場合）
- 債務名義の正本と送達証明書

■情報取得手続の流れ

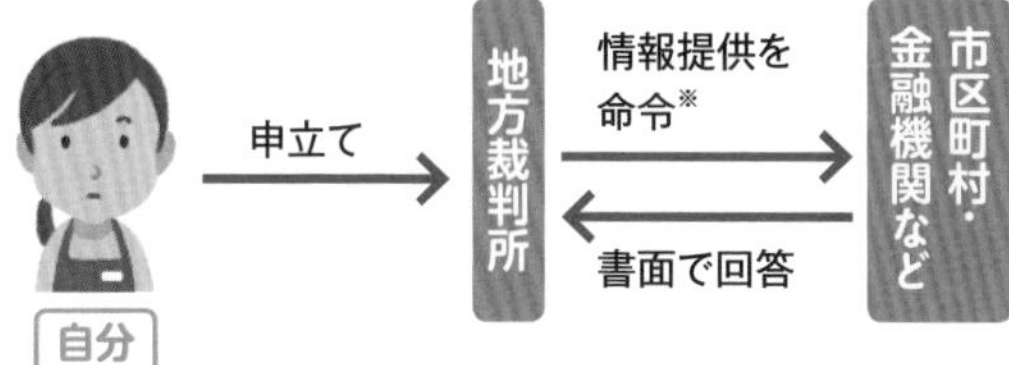

※給与情報の場合は相手にも情報提供命令が送られる。ただし、相手は不服申立てができる。

手続に必要なもの

- 財産の種類（不動産／預貯金／株式／給与）ごとに1通の申立書（地方裁判所のホームページから書式をダウンロード可）
- 申立手数料（収入印紙）1件につき1,000円
- 予納郵便切手* ● 予納金* ● レターパック*

＊裁判所によって必要な数・額は異なる。

お金を受け取れないときの対処法

支払いを請求できる権利

離婚後は、相手が支払いを拒否したり遅らせたりするトラブルが発生することがあります。こうなると、お金を受け取る側は離婚後の生活設計が狂ってしまいます。**まずは、個人で催促を行い、それでも結果が出ないなら法的手段を検討しましょう。**

その際に重要になるのが、**公的な文書（債務名義といいます）があるかどうか**です。公的な文書があると、一方に支払いの義務（債務）があり、もう一方には支払ってもらう権利（債権）があるということが明らかになります。

これがあってはじめて、法による強制執行が可能となります。こうした文書には、裁判所が出す調停調書、審判調書、和解調書、判決書、公証役場がつくる強制執行認諾約款付きの公正証書があります。

協議離婚をしたときに文書をつくらなかった場合は、離婚合意書を強制執行認諾約款付きの公正証書（⬇P90）でつくり直すか、調停や裁判を申し立て、調書や判決書を手に入れます。

実際に支払わせるための手続き

公的な文書があっても、それはお金を請求する権利が証明されたというだけです。実際に支払ってもらう（債権回収）には、改めて法的な手段を裁判所に申請する必要があります。

強制執行をしてもらう場合は、手続きによって裁判所の窓口がちがうので、注意してください。

いきなり強制執行をかけることにためらいがある場合は、よりおだやかな請求方法もあります。**強制力が軽いものから試し、相手に考え直す時間や話し合いの機会を与えたほうが、トラブルを防げるでしょう。**

ここが大切

- **公正証書や裁判所の文書で権利を証明してもらう。**
- **法的に軽い手段から試してトラブルを防ぐ。**

キーワード **債務名義**

債権者と債務者の氏名、「強制執行を申し立ててよい」と許可する文言、強制執行できる範囲（債務の内容）が書かれた公的な文書。

約束を破った相手に支払わせる方法

強制力が弱い ↑↓ 強制力が強い

	内容	法的強制力	効果	短所	窓口
内容証明郵便での請求	支払いを求める文書を内容証明付きで郵送する。	×	●消滅時効を先延ばしにできる（先延ばしには裁判が必要）。 ●請求した証拠が残る。	●無視されても何もできない。	郵便局
履行勧告	裁判所が取り決めを守るように説得したり勧告したりする。	×	●費用がかからない。 ●裁判所の命令というプレッシャーがある。	●支払いを強制することはできない。	家庭裁判所
履行命令	裁判所が期限を指定して支払いを命じる。	×	●「10万円以下の過料」がかかるというプレッシャーがある。	●支払いを強制することはできない。	家庭裁判所
支払督促（とくそく）	裁判所が期限を指定して、支払いをうながす。	△	●相手が受け取ってから2週間以内に異議の申立てをしないと仮執行宣言が出る。	●直接には強制執行につながらない。	簡易裁判所
間接強制執行	「一定期間内に取り決めに従わないと間接強制金を新たに課す」と警告する。	△	●損害賠償が心理的なプレッシャーとして働く。	●財産を直接は差し押さえない。 ●相手に資金がないと行えない。	家庭裁判所
直接強制執行	相手の財産を差し押さえ、そこから支払いを行う。	○	●有無をいわさず支払いをさせるので、確実にお金を受け取ることができる。	●財産をなくされると回収がストップする。	地方裁判所

知っておこう　相手の給料を差し押さえることができる範囲

相手の給料は4分の1までしか差し押さえられません（養育費の場合を除く）。ただし給料の4分の3が33万円を超える場合は、33万円を除く部分は全部差し押さえることができます。要は、生活費として33万円を残してあげて、あとは差し押さえるということです。1回の差押で債権を回収できない場合は、できるまで繰り返し強制執行を行うことになります。

債権を守るために内容証明郵便を利用する

債権を時効にさせないためのツール

内容証明郵便とは、**いつ、どんな内容の文書が、誰から誰に郵送されたかということを、日本郵便株式会社が証明**する制度です。

これが必要となるのは、財産分与などの**債権を回収**するとき、回収することを公に証明したい場合です。

内容証明郵便を出すことで何年何月何日に確かに支払いを要求したことを証明することができます。内容証明郵便は用紙の大きさや記載用具を問いません。文房具店などで市販されている専用の用紙を使う方法もあります。内容文書には字数・行数の制限はありませんが、謄本には字数・行数の制限があります。

内容証明郵便は必ず手渡しで配達され、受取人からサインをもらうので、受け取っていないことにはできません。開封せずに放置しても、差し出した側の意思は伝わったとみなされます。受け取り拒否をした場合は差し出した側に戻ってきます。そのため、普通郵便で同時に出すこともあります。

なお、配達証明サービスを利用すると、「配達した日」を証明してくれるので、相手がいつ受け取ったかも知ることができます。

見た目で相手をけん制

内容証明郵便には、書かれた内容を相手に強制する力はないものの、**相手をけん制する効果**があります。

内容証明郵便には、文書の欄外に、「この郵便物は○○年○月○日、第○○号書留内容証明郵便物として差し出したことを証明します　日本郵便株式会社」という文言が添えられ、郵便認証司の印や、局の割印などが押されます。これらの見た目がプレッシャーとなり、相手を支払いに応じさせる力となるのです。

ここが大切

- いつ、どんな内容の文書を郵送したか郵便局が証明する。
- 強制力はないが相手へのプレッシャーになる。

キーワード　債権回収

金銭を支払うという取り決めを守ってもらうために、「私に支払いなさい」と権利を主張して回収すること。

内容証明郵便でプレッシャーをかける

内容証明郵便のしくみ

告知

木田 三郎 殿
貴殿に下記の事由の履行を求めます。
一、以下の資産を当方に支払え。
現金　500万円

付記
当該資産は、財産分与として当方に渡すと、貴殿が○○年○月○日付で約されたものである。

○○月○日17時までに、当方の銀行口座（○○銀行普通口座○○○○）へ振り込みなさい。なお、振り込み手数料は貴殿の負担とします。
○○年○月○日

佐山 智子

内容証明郵便は、内容証明郵便に対応する郵便局でのみ差し出すことができる。作成した内容証明郵便は謄本2通を作成し、差出人が1通を、郵便局が1通を保管する。差出人は、差し出した日から5年以内に限り、差出郵便局に保管されている謄本の閲覧を請求することができる。閲覧するときは440円の料金がかかる。

内容証明郵便を出すには

用意する書類など

- 郵送する書類
- 郵送する書類の謄本（とうほん）2部
- 郵送用の封筒
  - ▶宛先と差出人名を記入
  - ▶切手をはらない
- 郵便料金
  - ▶一般書留の料金（サイズによる）
  - ▶内容証明の料金
    1枚目　440円
    2枚目以降260円ずつ増える

インターネット受付の電子内容証明サービス（e内容証明）

電子内容証明サービスとは、内容証明の文書を電子化したもの。専用ソフトウェアをダウンロードして利用する。支払いは、クレジットカードまたは料金後納で行う。対応ワープロソフトはWordとなっている。

弁護士からのアドバイス

内容証明郵便を利用するときの注意点

内容証明郵便を利用するときは、あとで裁判の証拠になることを想定し、いつ、何を請求したかが明確な文書にしましょう。内容によっては脅迫、強要、恐喝などの罪に問われますので、表現には注意してください。宛先も勤務先などの第三者にするとプライバシーの侵害などの不法行為となるので気をつけましょう。

妻の年齢別に見た離婚

じわじわ増える熟年離婚

まず、全体の年齢を通して、離婚率が1990年ごろから急激に上昇していることがわかります。

その中でも、20代後半の離婚が長年にわたって最多でしたが、現在では30代前半が最も高くなっています。これは、晩婚化の時代を反映しているものと考えられます。いつの時代も結婚後5年以内の離婚が多いようです。この傾向から見ると、今後、30代後半の離婚率が上がってくることも十分に予想されます。

さらに、40代50代の離婚率がじわじわと上がっていることにも気づきます。熟年離婚ブームといわれて久しいですが、この事実を裏付けるデータであるといえます。

なお、19歳以下の離婚率の算出に用いたのは15～19歳の人口となっています。

●同居をやめたときの
年齢（5歳階級）別に見た離婚率の年次推移

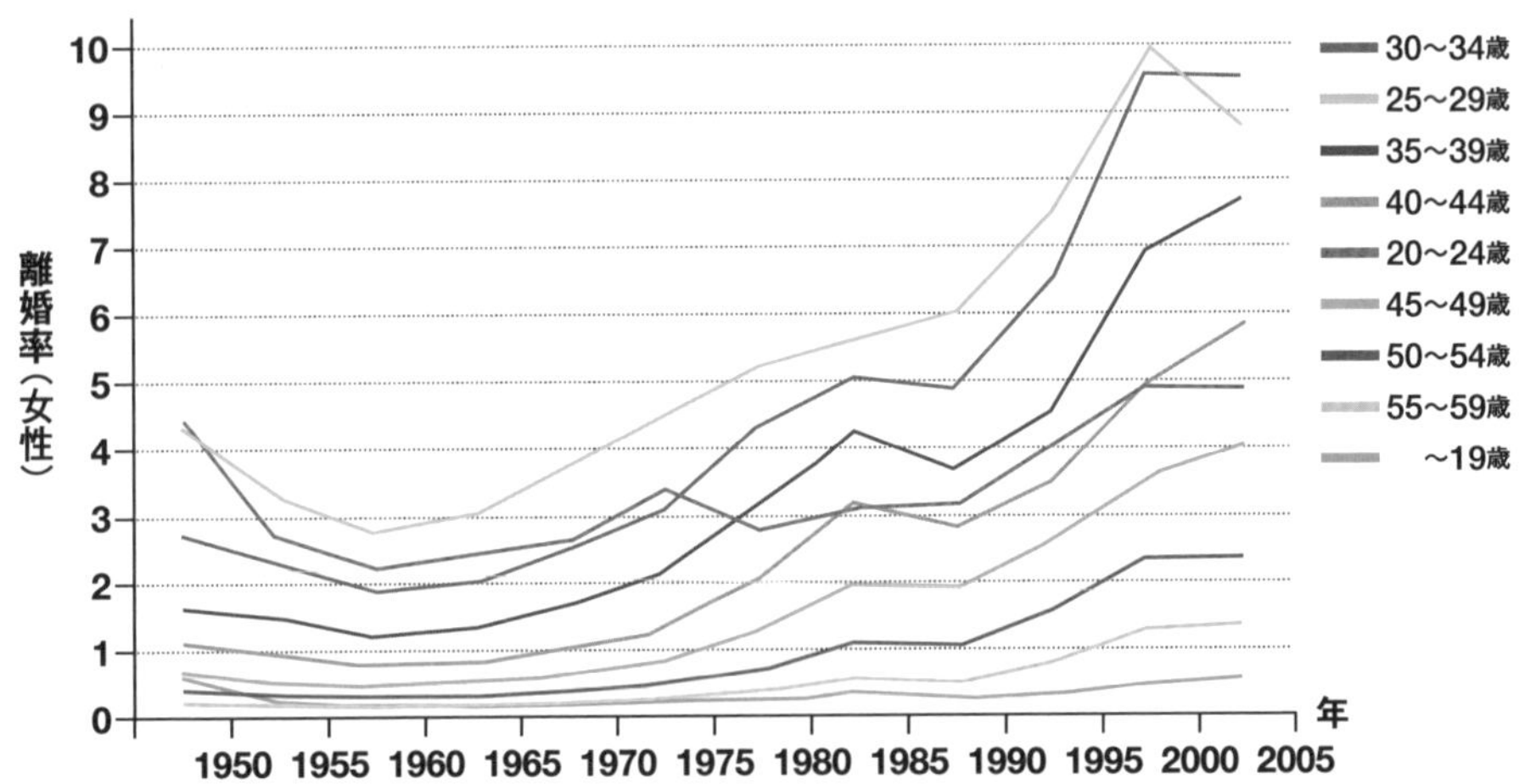

出典：厚生労働省　2009年度「離婚に関する統計」

5章

離婚と子ども

両親の離婚は、子どもの人生に大きな影響を与える出来事です。離婚によって生じる子どもの問題に対しては、親の都合を優先させるのではなく、子どもの生活安定を第一に取り組んでいきましょう。

この章のキーワード

- 親権
- 監護者
- 面会交流
- 子どもの引き渡し
- 養育費
- 養育費算定表
- 子どもの戸籍
- 離婚後300日問題
- 子どもと相続

子どもの人生を守るためにやるべきこと

ここが大切

- 子どもの人生を守るための取り決めを最優先する。
- 子どもの幸せを第一に考えている気持ちを伝える。

子どもの生活の安定が第一

離婚によって夫婦関係は解消されても、子どもの父母であるという事実は変わりません。親には子どもを守る義務があり、離婚という親の都合で子どもの利益を害することは許されません。未成年の子どもがいる場合、離婚時には、誰が子どもを守り育てるか（親権者）を決める必要があります。

親権についてては、どちらが受けもつかを決めない限り、離婚届は受理されず、法的に離婚が認められません。子どもが複数いる場合は、それぞれの親権者を決めます。

離婚して離れて暮らすことになった親にも、子どもの成長に必要な費用（養育費）を負担する義務があります。どの程度負担するかについても、話し合いのうえ決定します。

子どもの将来を見据えて結論を出す

また、離婚したからといって、片親を子どもの人生から排除することは認められません。**離れて暮らすほうの親にも子どもと会う権利が認められています（面会交流）。**いつ、どのように子どもと面会するかについても話し合いのうえ決定します。

離婚によって両親の戸籍が別れた場合、子どもの戸籍は筆頭者であった親の戸籍にそのまま残ることになり、姓も変わりません。**子どもの戸籍と姓を変更する場合は、手続きが必要です（戸籍と姓）。**戸籍を抜けるほうの親が子どもを引き取る場合は、どうするかを考えなければなりません。

いずれも**親の都合を優先して結論を出すのではなく、将来的な子どもの幸せを第一に考えたうえで決定してください。**

気をつけて

子どもに会うための調停が増えている

最高裁判所のまとめでは、子どもとの面会交流を求めて家庭裁判所に調停を申し立てる件数は、2020年度に1万2929件に上っています。

子どもの不安を取り除く

子どもにとって両親の離婚は、大きな環境の変化をともなうため、不安をもつのも当然です。子どもに「離婚する」という結論だけを伝えると、「自分が悪かったのではないか」「これからどうなるのか」と、不安を募らせます。

なぜ離婚するのか、これから誰とどう生活していくのかをきちんと説明することが大切です。このときは、子どもの幸せを第一に考えている気持ちを伝えるように心がけてください。

また、子どもの前で離婚をめぐって言い争いをするのも、子どもの不安を助長します。離婚の話し合いをするときには、子どもを実家か一時保育に預けるなどの配慮が必要です。

子どもに関する問題

1 親権（➡P182）

子どもを世話し、権利や財産を守る人を決める。父母の一方が親権者となる。

2 面会交流（➡P192）

子どもと別れて暮らすことになった親が、子どもと会う機会を確保する。

3 養育費（➡P200）

子どもが成人するまでの生活と成長に欠かせないお金をまかなう。

4 戸籍と姓（➡P216）

離婚したあとに子どもの戸籍と姓を変更したい場合は、手続きを行う。

知っておこう　子どもの貧困率

厚生労働省が2022年にまとめた国民生活基礎調査によると、2021年の子どもの貧困率は11.5%となりました。子どもの貧困率とは、平均的な所得の半分を下回る世帯で暮らす18歳未満の子どもの割合を示したデータのことです。この原因には、母子世帯が増え、働く母親の多くが非正規雇用であることが関係していると考えられています。

親権とは子どもを守るためにもつ権利のこと

子どもの利益を守る義務

親権は「親が子どもと暮らす権利」と解釈されがちです。これも親権に含まれますが、「子どもの利益を守るための権利」というのが、正しい意味合いです。

人はみな自分の利益を守る権利をもっていますが、未成年の子どもはまだ未熟なので、自分の利益を守れません。代わってその利益を守るのが、親です。**子どもの利益を守る義務をきちんと果たすならば…という条件のもとで、未成年の子どもを自分の庇護(ひご)下におくのが親権です。子どもの利益**を最優先に考えることが、親権の考え方の根底にあります。

親権をもつ親は、子どもを保護・教育し、子どもの財産を管理し、子どもに代わって決定を下せますが、それが子どもの利益になるからこそ、これらの行為が認められています。

子どもの利益を無視すれば、親権の濫用(らんよう)を問われます。「やりたくない」と親権を放棄することもできません。親にとっては、〝権利〟である以上に〝義務〟なのです。

親権をもつのは片方の親だけ

結婚していれば親権は父母の双方がもちますが、離婚すると基本的にはどちらか一方がもつことになります。親権と監護権を分離するケースもありますが、分離することが子どもの利益になる場合に限られるため、あまり行われていません。

夫婦で合意できなければ、裁判所に解決をゆだねます。離婚前ならば離婚調停、離婚後は親権者変更調停を申し立てます。どちらの場合も、調停では子どもの利益が重視されるので、「私がいっしょに暮らしたいから」という親のエゴは考慮されません。

ここが大切

- **親権とは「子どもと暮らす権利」だけではない。**
- **子どもの利益を最優先して親権者を決める。**

キーワード 子どもの利益
子どもが生きていくうえで必要な、いっさいのもの。お金や家財などのほか、子どもがもつさまざまな権利も含まれます。

子どもの利益を守るための権利=親権

■親権には2つの要素がある

1 財産管理権…子どもの財産を守るために親がしていいこと。

包括的な財産の管理権
- 子どもの代わりに財産を管理する。

子どもの法律行為に関する同意権
- 子どもがお金を使うこと、もののやりとりをすることを認める。

身分行為の代理権
- 進学や就職、結婚や改姓の際に、子どもに代わって法的な手続きをする。

2 身上監護権…子どもの権利を守るために親がしていいこと（➡P186）。

居所指定権
- 子どもがどこに住むかを決める。

職業許可権
- 子どもが職業につくときに許可を与える。

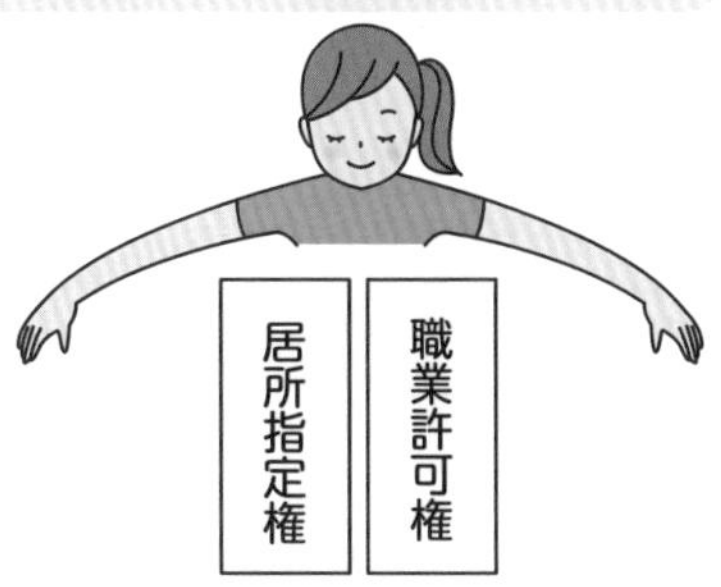

■親権者決定の5つのルール

- ルール1 子どもひとりひとりに親権者を決める
- ルール2 親権者を決めないと離婚できない
- ルール3 子どもひとりにつき、親権者はひとりだけ
- ルール4 胎児の親権者には母親がなる
- ルール5 決定後も重大な理由があれば変更可能

こんなときどうする？ 離婚届に、夫が勝手に親権者を書いてしまった

離婚届は、記述ミスやもれさえなければ、受理されます。相手が勝手に書き加えても、正式な離婚届とみなされるため、親権も、記載通りに夫のものになります。変更するには、親権者変更調停が必要です。こういう事態を防ぐために、離婚届は自分が提出するかたちで取り決めておきましょう。

親権者になるポイントは〝子どもの利益〟

ここが大切

- 子どもをおもに育てているかどうかが最も重視される。
- 育児に取り組んでいた時間が判断材料にされる。

子育てをしているほうが優先される

協議離婚では、夫婦が自由に親権者を決められます。一方、調停や裁判では、子どもの利益を守る適任者であるかどうかが、重視されます。

では、どんな親が適任者とされるのでしょうか。**最も重視されるのは、子どもの現在の生活環境が変わらないかどうかです。**生活環境の激変は、子どもに強いストレスを与えるからです。このため、これまで主に子育てを担当してきたほうの親や、現時点で子どもと同居する親が優先される傾向にあります。

もしも親権がほしいなら、離婚するまでは決して子どもと離れて暮らさないことです。また、子育ての実績を示す証拠（育児日記、母子手帳、連絡帳、写真など）を確保しましょう。

子どもが10歳未満の場合、育児に手慣れているかどうかが重視されます。身の回りのことを自力でできないうちは、手慣れた親にサポートされたほうがいいとの判断からです。子どもの食事をつくって食べさせていたのはどちらか、保育園の送り迎えをしていたのはどちらかなどの事実が判断材料となります。

母親に親権が渡ることが多い

子どもが乳幼児であれば、ほとんどの場合、親権は母親がもつことになります。母親が子どもの世話をする時間が父親と比べて長いからです。

これは、母親が愛情をもって育児をしていることが前提の話です。虐待や**育児放棄**の事実があれば、母親でも親権者にはなれません。浮気をした有責配偶者であっても、育児をきちんとしていたなら、親権にはあまり影響しません。また、親の資力はあまり問題にされません。養育費で対応できるからです。

キーワード　育児放棄
子どもに十分な食事を与えない、身体を清潔に保つ世話をしない、病気やケガを放置するなど、子どもが健全に育つ権利を害すること。

子どもの年齢と親権者の判断の目安

胎児		原則として母親が親権者となる。出産したあとに双方の話し合いで合意できれば、親権者を父親に変更することができる。
0歳以上 10歳未満		生活をするにあたって母親の愛情と世話が重視されるため、母親が親権者になることが多い。
10歳以上 15歳未満		子どもの精神的、肉体的な発育状況が考慮される。現在の監護状況や、子どもの意思を尊重する場合もある。
15歳以上 成年未満		子ども自身に判断力があるとされる。子どもの意見を聞き、原則としてその意思を尊重して決定する。
成年以上		親権者を決める必要はない。

親権者の決定時に重視されること

1 監護実績

子どもが置かれている環境の維持が重視されるため、これまで主に子育てをしてきた親や現時点で同居している親が有利となる。

2 子どもの年齢、意思

10歳未満の場合は母親が優先されるケースが多く、15歳以上は本人の意思が尊重される。

3 周囲の助け

祖父母など親以外の親族が生活を助けてくれる環境があるかどうかも考慮される。

4 子どもに対する愛情

子どもに対して愛情があるか、子育てに意欲をもっているかなど、親の精神状態も考慮される。

弁護士からのアドバイス

親権者の決定と子どもの意思

子どもが15歳以上ならば、その子の意思が尊重されます。ただし、必ず子どもの意思どおりになるとは限りません。

10～14歳までの子どもは、判断力は十分でないものの、自分の意思を表わす力はあるとみなされます。そのため、ある程度はその子の意思が反映されます。

しかし、子どもが一方の親から強制されたり、親の気持ちを察したりして発言する可能性もあるので、裁判所では発言が本当なのかが総合的に判断されます。

監護者とは？

親権がなくても子どもを引き取ることができる

ここが大切

- 親権と監護権を分けもつことも可能。
- 協議離婚で監護者と決めても法的な効力はない。

親権争いでもめた場合の解決法

親権には財産管理権と身上監護権があります（➡P183）。原則として子どもを引き取った親が親権者となり、2つの権利と義務を行使します。

しかし、親権から**身上監護権**を切り離し、監護者を決めることがあります。

監護者を置くのは、離婚の話し合いの中で親権の取り合いになり、どうしても親権者が決まらない場合です。事態を収拾するため、親権の要素を2つに分けることで解決をはかるということです。

一方の親が親権者となる代わりに、もう一方の親が監護者として子どもを引き取り、子どもの世話を行います。

ただし、親権から監護権だけ分かれている状態だと、子どもに不利益が起きやすいので、裁判所ではあまり認めていません。あくまで最終的な手段として考えるべきです。

協議離婚での親権分離

協議離婚なら取り決めは自由ですから、理論的には親権者と監護者を分けることは自由です。しかし、その取り決めを法律は守ってくれません。

協議離婚を公的に証明するものは離婚届しかありませんが、そこには監護者を書く欄がないからです。子どもの監護をめぐって争いになったら、離婚届という公的書類で証明された親権者のほうが尊重されます。つまり、親権者が「監護権を渡した覚えはない」と主張すれば、監護者の身上監護権が奪われかねないということです。

このトラブルを防ぐために、取り決めた内容について強制執行認諾約款付き（きょうせいしっこうにんだくやっかんつき）の公正証書を作成しておい

キーワード　身上監護権
未成年の子どもの体の成長を助け（監護）、心の成長を促す（教育）ために、親に与えられた権利のこと。

たとしても、金銭の強制執行を行う力しかないので、子どもの引き渡しには無力です。

離婚後に調停を起こすこともできる

親権者と監護者を分ける話し合いがまとまらないときは、家庭裁判所に子の監護者の指定調停を申し立てます。調停が不成立になった場合は、自動的に審判手続きが開始され、裁判官が審判をすることになります。

監護者指定のしくみ

■親権者と監護者を分けるときの役割のちがい

親権者

財産管理権をもつ

- 子どもの財産の保存、利用、処分などを行う。
- 子どもの代理人として身分上の重要行為をする。
- 子どもがお金を使ったり、もののやりとりをすることを認める。

監護者

身上監護権をもつ

- 子どもと同居する。
- 子どもの住むところを指定する。
- 子どもの日常の世話や教育、しつけなどを行う。

■親権者と監護者を分けるとき考慮されること

- 監護者を置く事情
- 親権者の意向
- 子どもの養育状況
- 監護者の経済力
- 監護者の家庭の環境
- 子どもの年齢・性別・性格
- 子どもが就学しているかどうか

■おもに監護者になれる人

- 父母
- 両親の兄弟姉妹などの親族
- 祖父母
- 児童福祉施設などの第三者

弁護士からのアドバイス

親権者と監護者が別のときに起きやすいトラブル

トラブルになりやすいのは、子どもの戸籍問題です。子どもの姓（戸籍）を変更する手続きは、親権者でないと申し立てられません。監護者が子どもを自分の戸籍に入れたくても、何もできないということです。そのほか、親権者の同意がないと再婚相手との養子縁組ができないなどのトラブルもあるので気をつけましょう。

離婚後でも場合によっては親権者を変更できる

ここが大切

- 子どもの福祉上、好ましくないと変更できる。
- 親権者が子どもと別居していると変更できる。

親権者を変更できる理由

一度決めた親権は、父母の都合だけで勝手に変更することはできません。親の都合で頻繁（ひんぱん）に親権が変更されると、子どもの成長に悪影響を及ぼしかねないからです。**親権者の変更には家庭裁判所の許可が必要となるため、家庭裁判所に調停または審判を申し立てる必要があります。**

家庭裁判所で親権の変更が認められる場合には、さまざまなものがあります。たとえば親権者が死亡、行方不明になったときには、もうひとりの親に親権者を変更できます。それ以外にも、以下の理由があれば、変更を申し立てることができます。

①親権者が適任でないとわかった場合

虐待や育児放棄はもちろんですが、経済的に教育を十分にできない、子どもに労働を強制しているなどの場合も、その親を親権者にしておくのは子どもにとって好ましくないとして、変更を申し立てる理由となります。

②親権者に子どもを世話している実態がない場合

親権者でない親のほうが子どもの世話をしているときに、親権者変更を申し立てられます。

つまり、**離婚時に親権者でなくても、子どもと暮らし続けていれば、親権者になれる可能性があります。**

調停や審判を申し立てる

親権者変更の調停は、原則として現在の親権者の住所地の家庭裁判所に申し立てます。親権者が行方不明や死亡した場合は、家庭裁判所に審判の申し立てを行います。

申立ては子どもの父母以外に、祖父母やおじ・おばなどの親族も行うことができますが、子ども自身はで

気をつけて **認知した親を親権者に指定する**

認知した父親を親権者に指定したい場合は、父母の合意があれば家庭裁判所の手続きは不要です。

きません。有責配偶者も申し立てることは可能です。

調停や審判の流れは、親権者の指定のときと同じです（⬇Ｐ１８２）。調停では、親権者を変更することが子どもの福祉にかなうものかどうかが考慮されます。

具体的には現在の親権者からどれだけ愛情を注がれているか、現在の親権者がどんな意向をもっているか、これまでの養育状況はどうだったか、子どもの年齢や性別、性格、就学の有無、生活環境などが調査されます。**子どもが15歳以上の場合は、裁判所が子ども本人の意思を確認して尊重する傾向があります。**父母間で親権者変更に合意があるというのも判断材料の１つとなります。

市区町村役場での親権者変更の届出

調停や審判の結果、新たに親権者になった人は、成立した日から10日以内に市区町村役場で親権者変更の届出を行う必要があります。このとき、家庭裁判所の調停調書（審判調書）や子どもの入籍届、戸籍謄本などを、新しく親権者になる人の戸籍がある市区町村役場に提出します。

親権の変更が認められるケース

- 親権者が死亡した。
- 子どもへの暴力や虐待が行われている。
- 子どもの養育環境が著しく悪化した。
- 子どもに労働を強制している。
- 親権者が子どもの財産を不当に管理している。
- 親権者が育児放棄をしている。
- 親権者が行方不明。
- 子どもが親権者変更を望んでいる。

知っておこう　親権と子ども関係の手当

子ども関係の手当は、国や自治体が子ども個人に対して行うものですから、親権とは関係なく、子ども本人に支給されます。もっとも、未成年の子どもにはお金を渡せませんから、実際に受け取るのは、同居して養育している親になります。

なお、税法上の扶養控除のように、対象が子どもではなく親になっている制度だと、親に渡されるケースもあります。

相手の親権を喪失・停止させる

ここが大切

- 最長2年間、親権を停止することができる。
- 話し合いだけで監護者の変更ができる。

虐待親の親権をはく奪する

子どもを虐待している、生活に困窮して子どもが学校に行けていない、子どもの財産を勝手に処分しているなど、**親権者のせいで子どもの利益が著しく害されている場合は、家庭裁判所に審判を申し立てて、親権を喪失させることができます。**

これは、実質的に子どもの親族や、検察官、児童相談所長などの第三者が子どもを保護するための制度です。親権喪失の申し立ては上記の者以外にも、一方の親や子ども本人も行うことができます。

親権喪失の申立てを行ったとき、審判が確定するまでの間、親権者の親権を停止し、親権代行者を選任することもできます。

しかし、親権喪失では親権が無制限に奪われるため、2度と親子関係に戻れなくなってしまうおそれがあります。児童を虐待する親の親権を制限したい場合でも、親権喪失の申立てはほとんど行われていないのが実状です。そのため、**親権喪失に代わるゆるやかな措置として、最長2年間、親権を喪失させずに停止することができます。**この間に、子どもの心身の安全を確保するだけでなく、親権者自身の改善をうながし、再び親子関係を結ぶことが目的です。

親権停止の期間は、親権停止の原因がなくなるまでに要する時間や子どもの生活状況などをもとに家庭裁判所が定めます。

未成年後見人の選任、監護者の変更

なお、親権喪失や親権停止によって親の親権が制限されたとき、家庭裁判所では、親権者がいなくなった子どもに対して、未成年後見人を選任します。**未成年後見人には、児童相談所所長などの個人だけでなく、**

親権喪失と変更は別!

親権喪失の申立てが認められただけでは、親権者を変更することはできません。親権者の変更は新たに家庭裁判所に申し立てる必要があります。

社会福祉法人などの法人も選任できます。

未成年後見人の制度を活用すれば、子どもの世話は親族が行い、財産の管理は弁護士などが行うなど、分担することも可能です。

なお、監護者として子どもの監護を行っている者に虐待行為などがあった場合、監護者を変更することができます。**監護者は、家庭裁判所の手続きを行わなくても、父母の話し合いだけで変更することができます。**

父母で話し合いができなかったり、合意できなかったりする場合は、家庭裁判所に監護者変更の調停、審判を申し立てます。子ども本人が申し立てることはできません。

児童虐待とは

1 身体的虐待

子どもに暴行を加え、外傷などが生じる状態。

2 性的虐待

子どもにわいせつな行為をする、させること。

3 ネグレクト

子どもを長時間にわたって放置する、食事を与えないなど。

4 心理的虐待

子どもに暴言を浴びせる、ほかの家族に暴力をふるうなど。

親権喪失と親権停止

	親権喪失	親権停止
親権を失う期間	無制限	最長2年間
おもな原因	●ネグレクト(38.9%) ●身体的虐待(33.3%) ●性的虐待(16.7%)	●ネグレクト(36.8%) ●身体的虐待(21.1%) ●心理的虐待(21.1%)
申し立て方法	家庭裁判所に審判を申し立てる	
申し立てできる人	●子ども本人 ●一方の親 ●子どもの親族 ●検察官	●未成年後見人 ●未成年後見監督人 ●児童相談所所長
審理期間の目安	●6か月超(35.1%)	●6か月超(30.3%)

出典：裁判所「親権制限事件及び児童福祉法に規定する事件の概況(2022年1月～12月)」

いっしょに暮らしていない子どもに会う権利

ここが大切

- 面会交流は子どもの権利でもある。
- 条件に合意できない場合、調停を申し立てる。

親の権利かつ子どもの権利

離婚で離れて暮らすことになった親にも、子どもと会ったり、連絡を取ったりすることが認められています。これを面会交流といいます。**子どもと会う以外にも、電話やメールなどをやりとりする、プレゼントを贈る、学校行事を見学するなどの行為も面会交流にあたります。**

同居している親も、離れて暮らす親も、正当な理由がない限り面会交流を拒むことはできません。なぜなら、面会交流は子どもの権利でもあるからです。

どちらの親とも会えるという状況は、子どもの成長にとってプラスとなるので、権利として尊重すべきという考えです。面会交流が子どもの福祉にとって明らかにマイナスになる場合は、本来の目的に反しますから、同居している親の権限で、制限や拒否ができます。

条件を話し合う手順

子どものマイナスになる場合以外は、原則として面会交流を拒めません。ですが、どんな条件で行うかは、父母の話し合いで自由に決めることができます。お互い、子どもの気持ちを第一にしつつ、折り合いのつくところを探しましょう。

面会交流ができる親ほど、養育費をきちんと払うという調査結果もあります。面会交流は、離れて暮らす親に「親の自覚」をもたらすようです。

面会交流に関して父母だけで合意できない場合、家庭裁判所に調停を申し立てます。 親のどちらかが面会交流を拒むケース、反対に、離れて暮らす親が必要以上に子どもと接触を図ろうとするケースなどがあります。離婚後に取り決めを変えたい場合も、法的強制力を考え、調停や審判で話し合うほうがよいでしょう。

気をつけて　別居中にも面会交流できる

離婚に向けて別居している間も面会交流の権利はあります。離れて暮らす親が子どもに会わせてもらえない場合は、家庭裁判所に調停を申し立てることになります。

親子の親愛を育む面会交流

■面会交流の範囲

1 直接会う

2 電話・メール・手紙のやりとり

3 プレゼントを贈る

4 学校行事などへの参加・見学

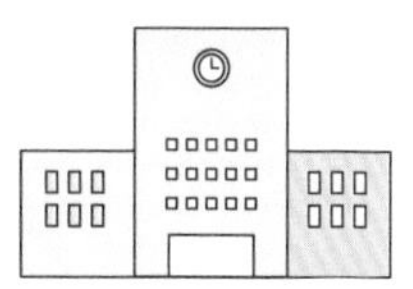

5 子どもの写真などをもらう

6 離れて暮らす祖父母などと会う

■子どもにとっての面会交流のおもなメリット

どちらの親からも愛されていると実感し、安心や自信を得ることができる。

離れて暮らす親がどんな人かを知り、自分のルーツを確認できる。

子どもが成長する過程で、親のことを人生のモデルとして捉えられる。

離れて暮らす親に対してよい印象をもって生きていくことができる。

■面会交流を拒否・制限する理由となり得る事情

- 子どもに暴力をふるう。
- 正当な理由もなく養育費を支払わない。
- 子どもを連れ去るおそれがある。
- 交流に乗じて復縁を迫る。
- 子どもにふさわしくないことを体験させる。
- 子どもに金銭を要求する。

知っておこう 法律で認められた面会交流

別れた親子が会うことは、以前から面接交流権として実質的に認められていましたが、法律にはありませんでした。民法が改正された際、離婚時に協議すべきものとして、面会交流と養育費の分担が明文化されたので、法律でも認められた権利になりました。現在の離婚届には、面会交流の取り決めの未決・既決をチェックする項目が設けられています。

面会交流の条件を決めるときのポイント

ここが大切
- 「いつ」「どこで」「子どもを会わせる方法」を明確にする。
- 子どもに与える影響には細心の注意を払う。

条件は柔軟かつ具体的に

面会交流の条件は、後で見解の食いちがいが出ないように、できる限り具体的に決めましょう。ただし、相手は子どもですから、急な病気で予定がダメになるなどよくあることです。それを考えると、条件にはある程度の柔軟性が必要です。

条件を具体化しつつ柔軟性をもたせるには、基本となる条件とその代案という、二重構造にすることです。たとえば、基本の条件を「面会は第3土曜の9～15時」と決めておき、ダメになった際の代案として、「第3日曜の9～15時までに振替」、それもダメなら「翌月第1週に振替」など、複数用意しておくのです。

また、子どもはどんどん成長しますから、**年齢に応じて条件を調整し直せるよう、話し合いの機会をもつ手段を取り決めておくことも重要です。**

別れた相手と直接接触したくないなら、信頼できる第三者を介して話し合う方法もあります。くれぐれも、子どもを伝言係にして話し合いを進めないようにしてください。

面会しないとき・できないとき

面会交流は、子どもを親の板挟みにしないことが大原則。**子どもの意思を無視して大人だけの都合で面会交流の条件を決めないようにしてください。**子どもの体の負担も考えましょう。あくまで子どもの健全な成長のために行うことを忘れないようにしましょう。

また、何かの理由で面会交流が行えない場合、子どもがそれで落ちこまないように、細心の注意を払ってください。子どもには、「これは大人側の事情であって、あなたが悪いのではない」と伝えましょう。相手を批判するのは、子どもにとって逆効果です。

気をつけて　遠距離の場合の面会交流

遠距離の場合は、どちらが交通費を負担するのか、どう交通費を精算するのかについても取り決めておくとよいでしょう。

面会交流取り決めシート

話し合った内容を記入し、確認するときに使いましょう。取り決めた内容は公正証書にしておくとよいでしょう。

面会

面会日

代案
①
②
③

送り迎えの時間と場所

送り　＿＿＿時　場所 ＿＿＿＿＿＿

代案
①
②
③

迎え　＿＿＿時　場所 ＿＿＿＿＿＿

代案
①
②
③

宿泊 □可 □不可 □毎回取り決める

旅行遠出 □可 □不可 □毎回取り決める

祖父母と面会 □可 □不可 □毎回取り決める

交流

電話 □可（月　回まで） □不可

メール □可（月　回まで） □不可

手紙 □可（月　回まで） □不可

その他（SNSなど） □可（月　回まで） □不可

プレゼント □可（年　回まで） □不可

○誕生日　○クリスマス　○進学祝い　○その他（　　　）

行事への参加・見学 □可 □見学のみ可（接触不可） □不可

○入学・卒業式　○運動会　○学芸会　○授業参観　○その他（　　　）

子どもの写真の交換 □定期的に行う □不定期に行う □行わない

こんなときどうする? 別れた相手の祖父母が子どもとの面会を望んでいる

離婚によって同居していた祖父母と孫が離れてしまうケースがあります。この場合、祖父母が孫と会いたいと思うことがあるでしょう。しかし、法律では、祖父母と孫の面会交流は認められていません。ただし、孫が出生直後に、祖父母がおもに監護をしてきたなどの実績がある場合、面会交流が認められることがあります。

面会交流を行うときのポイント

ここが大切

- 事前に取り決めた約束事は必ず守るようにする。
- 子どもの健康状態や生活について情報を共有する。

離れて暮らす親がすべきこと

面会交流を進めるにあたっては、子どもと離れて暮らす親、いっしょに暮らす親がそれぞれの立場で注意すべきポイントがあります。

まず、離れて暮らす親は、何といっても事前に取り決めた面会交流の約束事を守ることが第一です。**面会の終了時間や子どもを引き渡す場所などを当日になって勝手に変えるのは厳禁です。**何らかの事情で約束が守れないときには、いっしょに暮らす親に事前に連絡を入れるようにします。

面会中は、いっしょに暮らしている親についての話題は避けるようにして、子どもが関心をもっていることや学校での出来事など、子どもが前向きに話せるような話題を選ぶようにします。

また、子どもの気を引くために高価なプレゼントなどを渡す行為は、子どもの健全な成長を妨げるおそれがあります。同様に、事前の相談なく「いっしょに旅行に行こう」「遊園地に行こう」などと子どもと約束すると、子ども自身を2親の板挟みにさせかねません。プレゼントや旅行などの重要なことは、一方的に決めずに事前に相談するようにしましょう。

いっしょに暮らす親がすべきこと

子どもといっしょに暮らしている親も、スムーズな面会交流に協力する必要があります。

まず、**面会交流に先立って、子どもの健康状態や日常の様子などについて、離れて暮らす親に伝えておくようにしましょう。**そうすることで、面会交流時の親子のコミュニケーションがうまくいき、子どもが安心する効果があります。

子どもを送り出すときは、面会交流は良いことだと

子どもが面会交流を嫌がるとき

子どもは、いっしょに暮らす親の愛情を失うのが怖くて、離れて暮らす親と会いたくないと言うことも。子どもの本心は慎重に探る必要があります。

伝え、笑顔で送り出します。これは、離れて暮らす親と会うことを、子どもに後ろめたく思わせないための配慮です。離れて暮らす親について暗いイメージを抱かせるような言動も慎むべきです。

そして、子どもが帰ってきたときも笑顔で迎えることが大切です。面会中の出来事については根掘り葉掘り聞かずに、子どもが親と過ごした時間を温かく認めることで、子どもの心理的な負担が軽減されます。

子どもが会いたくないと言ったとき

子どもが面会交流に後ろ向きな態度を示したときには、子どもの言葉に耳を傾けます。子ども自身がどうしたいのかという気持ちを確認することが第一です。子どもの気持ちを尊重して、しばらくは面会交流を中止する判断も必要です。

しかし、面会交流を一切禁止してしまうのは、親同士の争いのもととなります。親同士で冷静に話し合って、これまでの面会交流の進め方について改めるべきところは改めるようにしましょう。子どものために親同士が協力するという姿勢を忘れないでください。

面会交流のトラブルとポイント

■面会交流で起きるおもなトラブル

- 他方の親のことをけなしたり非難したりする。
- 他方の親と子どもとの関係に介入する、関係を妨げようとする。
- 子どもの気持ちを無視して、一方的な言動をとる。
- 子どもが他方の親の家を訪問したときに、その家の様子を探らせる。
- 子どもに、離婚の理由や養育費の支払いといった大人の事情を伝えてしまう。
- 親同士の伝言役として子どもを使ってしまう。

■面会交流のためにすべきこと

離れて暮らす親は…

- 子どものスケジュールに合わせる。
- 事前の約束事を守る。
- 前向きな話題を選ぶ。
- 高価なプレゼントや旅行の約束などは事前に相談する。

いっしょに暮らす親は…

- 子どもの様子を離れて暮らす親に伝える。
- 離れて暮らす親の悪口は慎む。
- 子どもを笑顔で送り出し、笑顔で迎える。
- 子どもが「会いたくない」と言うときは慎重に理由を聞く。

子どもを連れ去られたときの対処法

ここが大切

- 相手に監護実績があると子どもを取り戻すのがむずかしい。
- 連れ去り先の住所が不明だと引き渡しの手続が難航する。

引き渡しの審判を申し立てる

離婚の協議中や調停中、離婚後の面会交流時に、子どもと離れて暮らす親が子どもを連れ去ってしまうことがあります。

親権者や監護者でない親が子どもを連れ去るのは、違法行為です。しかし、発端が連れ去りであっても、相手がそのあとに**監護実績**を十分に積み、子どもにとって生活が安定しているなら、相手に親権を求める申立てを起こされたとき、連れ去られたほうが不利になることがあります。

これに対抗するには、子の引き渡し審判を申し立て、相手の監護実績を阻止することです。基本的に連れ去りを行うような相手と話し合いによる解決は期待できないため、調停ではなく審判を選択することが一般的です。

相手の現住所をつきとめる

もし連れ去った先がわからない場合は、すぐに相手の現住所を確認してください。

住所を知るには市区町村役場で戸籍の附票（ふひょう）を請求します。離婚していても子の親であれば取得できる可能性があります。しかし、相手が閲覧制限をかけていると、残念ながら発行されません。この制度は本来ＤＶ被害者を守るためのものですが、子どもの連れ去りにも悪用されてしまうのが実情です。

相手の現住所がわからなくても、相手とつながる何らかの住所を特定して一刻も早く審判を申し立てましょう。連れ去りから時間が経つほど、相手の監護実績が増えて不利になります。申立てと同時に、審判前の保全命令も請求し、子どもの引き渡しの仮処分を求めます。

キーワード　監護実績

子どもを実際に養育しているという実績。子どもの親権者を決めるに当たり、監護実績は、最も重視される要素の1つとなります。

審判申立ての前段階で、捜索願や未成年者略取（りゃくしゅ）の被害届を警察に出すことも検討してください。それで警察が動くとは限りませんが、審判で相手が監護実績を主張したときに、それが違法行為によるものだと反論できます。

なお、審判で自分の監護実績を証明してもらうために、日頃から、子どもの友人の保護者や近所の住人と、コミュニケーションをはかっておきましょう。

引き渡しを命ずる審判が出ているにもかかわらず相手が応じないときなどは、地方裁判所で人身保護請求を申し立てます。

子どもの連れ去りへの対応

■子どもを連れ去られたら

1 一刻も早く審判で引き渡しを要求する
相手に監護実績がつくほどに、こちらが不利になる。

2 相手の現住所を押さえる
相手の住所がわからないと、引き渡しの手続が難航する。

■法律を味方にして子どもを返してもらうには

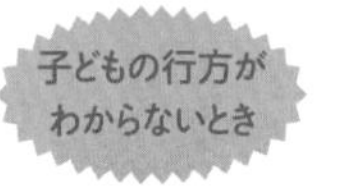

子どもの行方がわからないとき → **警察に捜索願を出す**

裁判所の強制力を使うとき → **「子の引き渡し審判」を申し立てる**

審判に向けた準備をするとき → **警察に未成年者略取の被害届を出す**

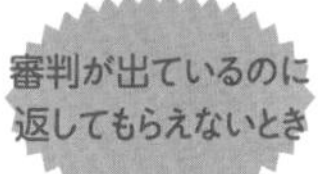

審判が出ているのに返してもらえないとき → **人身保護請求を申し立てる**

日常的に「連れ去り」に備える

1 子どもに常日頃から言い聞かせる

2 子どもにGPS付携帯をもたせる

3 学校や園に事情を話しておく

4 ご近所やママ友・パパ友と交流する

養育費は子どもの生活を守るための親の義務

ここが大切

- 養育費の負担は拒否できない。
- 子どもの年齢にそって必要な費用を洗い出す。

親の義務としての養育費

未成年の子どもを世話して育てるのは、父母それぞれの義務であり、それにかかる費用＝養育費もまた、2親が負担します。**子どもが成人するまで、養育費の義務はあります。**「負担しない」という選択は、どちらの親もできません。別居中で養育に携わっていないといった事情とは無関係です。

親同士が「離婚を受け入れてくれるなら、養育費はいらない」「子どもと同居できないなら、養育費は負担しない」などと取り決めることもありますが、養育費を負担してもらうのは子どもの権利なので、親の都合でそれを奪わないようにしましょう。

仮に協議離婚でそんな約束をして、離婚協議書に明記してあったとしても、裁判所が養育費の支払いを認めてくれるケースは少なくありません。子どもの人生に関係することですから、ためらわず支払いを申し立てましょう。

子どもの成長にそって考える

子どもを実際に扶養（ふよう）する親は、自然に養育費を負担することになりますが、離れて暮らす親はそれができないので、扶養する親に養育費を託さなければなりません。

どちらがいくら払うかは、双方の話し合い次第です。子どもが自立するまでの費用を算出し、そのうえで、お互いがどのくらい負担できるかを話し合います。

それぞれの経済力に応じて、今後の収入見通しも検討しながら、分担額を決めていきます。どちらの親と暮らすかによって、子どもの生活レベルがちがってしまう事態があってはならないので、**収入が多い親と同レベルの生活を送れる額で取り決めましょう。**

気をつけて

養育費は慰謝料や財産分与と別

慰謝料や財産分与と養育費は無関係です。慰謝料や財産分与が支払われたからといって、養育費の支払い義務がなくなることはありません。

養育費について知っておく

■養育費の内容

子どもの生活費
- 食費
- 被服費
- 住居光熱費

教育費
- 授業料
- 塾代
- 教材費

医療費

小遣い

交通費

■養育費を取り決める方法

1 夫婦の話し合いで決める

養育費の金額、支払い時期、支払い期間、支払い方法などを具体的に決めておく。内容を書面にしておく。強制執行認諾の約款が付いた公正証書にしておくと、強制執行（差押え）ができる。

2 家庭裁判所の調停や審判で決める

離婚届を出してからでも、養育費請求の申立てをすることができる。家庭裁判所の調停や審判で決まれば、いざというときに、強制執行（差押え）ができる（➡P214）。

3 家庭裁判所の裁判で決める

離婚を求める裁判を起こすときに、同時に養育費について申し立てることもできる。

養育費相談支援センター

養育費についての相談は「養育費相談支援センター」で受け付けています。

【電話】03-3980-4108／0120-965-419
平日　10時～20時
水曜日　12時～22時
土曜日・祝日　10時～18時

【メール】info@youikuhi.or.jp

弁護士からのアドバイス

養育費は高校、大学などを卒業するまで

一般的には子どもが20歳になるまでですが、子どもが教育機関を卒業し就職する時点を終期とすることもできます。子どもが高卒で就職するなら18歳の3月まで、大卒で就職するなら22歳の3月までといった具合です。それ以降は、病弱であるなど、正当な理由があれば扶養義務は続きますので、親同士の話し合いしだいとなります。

養育費の取り決めはできるだけ具体的に

強制執行を見こして条件を決める

養育費を取り決めるときは、万が一のとき強制執行ができるように、**金額だけでなく、支払い条件を詳細に決めておきます。**条件が具体的でないと、支払う側が義務をおこたっても、法律の手続き上、強制的に支払わせることができず、自発的に支払う義務を果たすのを待つしかないためです。

子どもが2人以上いる場合は、それぞれの年齢に応じて必要な費用が異なるため、204ページからの養育費算定表を参考に個別に養育費を取り決めるとよいでしょう。

子どもの進学や物価の上昇などに備えて、「養育費に変動が生じた場合には、話し合いにより増減できる」「大学入学以降については、高校3年のときに話し合う」などと取り決めておきます。

将来のトラブルをつぶしておく

養育費は継続して必要なお金ですから、支払いは定期払いが原則です。指定した期限までに、金融機関の口座に毎月一定額を振り込む方法が一般的です。しかし、**支払いが途中で滞りそうなら、一括払いを要求してもかまいません。**支払う側がどれほど信頼できるかを判断し、定期払いか一括払いかを判断します。

定期払いの場合、負担は長期にわたります。支払いが滞った場合はどうするか。お互いの経済環境が変わったとき、どう対応するか。将来起こり得るトラブルをとことん洗い出して、対策を立てておきましょう。

離婚協議の最中はそういった気力がなくなるものですが、**ひとり親世帯の子どもが経済的困窮（こんきゅう）から学力不足**になる問題も起きています。協議が面倒でも、それを行うことが子どもの安定した人生につながります。

ここが大切

- 強制執行をにらんで条件を決める。
- リスクを踏まえて定期払いか一括払いかを決める。

キーワード　ひとり親世帯の子どもの学力不足

ひとり親世帯の子どもが、親の経済力がないために学ぶ機会が失われること。学歴がないために、将来良い職に就けず、貧困の連鎖が起きると言われています。

養育費の取り決めフォーマット

話し合った内容を記入し、確認するときに使いましょう。取り決めた内容は強制執行認諾約款付きの公正証書にしておくとよいでしょう。

※子どもの名前

＿＿＿＿＿＿＿＿の養育費　支払期限 毎月＿＿＿＿日　振込手数料は＿＿＿＿＿＿＿＿が負担する

振込口座＿＿＿＿＿＿＿＿銀行　名義＿＿＿＿＿＿＿＿　普通＿＿＿＿＿＿＿＿

0〜6歳3月まで	毎月	＿＿＿＿＿＿＿＿円
小学校入学一時金	満6歳になる年度の1月に一括	＿＿＿＿＿＿＿＿円
小学校卒業まで	毎月	＿＿＿＿＿＿＿＿円
中学校入学一時金	小6の12 月に一括	＿＿＿＿＿＿＿＿円
中学校卒業まで	毎月	＿＿＿＿＿＿＿＿円
高校入学一時金	中3の12月に一括	＿＿＿＿＿＿＿＿円
高校卒業まで	毎月	＿＿＿＿＿＿＿＿円
最終学歴卒業まで	毎月	＿＿＿＿＿＿＿＿円
大学等受験費用	高3の8月に一括	高3の4月に取り決める
大学等入学金	合格した年の3月に一括	合格した時点で取り決める
大学等授業料	毎年一括	合格した時点で取り決める

こんなときどうする?

相手名義の子どもの学資保険がある

学資保険には契約者が死亡したときの保障があるため、そのまま契約しておくのも1つの方法です。ただし、一般的に学資保険の受取人は契約者となっているため、契約者が離れて暮らしている場合、保険を無断で解約し、解約返戻金(へんれいきん)を持ち逃げするリスクはあります。離婚時に名義を変更しておくことも検討すべきです。

養育費算定表

子の人数と子の年齢（0～14歳、15歳～）に応じて、参考にする表が分かれますので、まずは自分の場合にあてはまる表を見つけましょう。本書では子の数が3人までの算定表の一部を掲載しています。掲載した以外の場合は家庭裁判所のホームページ（https://www.courts.go.jp/tokyo-f/）で見ることができます。

表の見方

1 縦軸が【養育費を支払う側（義務者）の年収】、横軸が【支払を受ける側（子どもを引き取って育てている）】の年収となります。

---

2 縦軸の左の欄と横軸の下の欄の年収は、【給与所得者の年収】、縦軸の右欄と横軸の上の欄の年収は、【自営業者の年収】を表しています。

---

3 【支払う側】【支払いを受ける側】それぞれの年収を求め、縦軸と横軸の交わる欄の金額が、【支払う側】が負担する月額です。

年収の求め方

●給与所得者の場合

源泉徴収票の「支払金額」に書かれている税金等の控除がされていない額が年収となります。そのほかにも収入がある場合は、加算します。

●自営業者の場合

確定申告書の「課税される所得金額」に、基礎控除や青色申告控除、支払いがなされていない専従者給与などを加算したものが、年収となります。

●児童扶養手当などについて

児童扶養手当など子どものための社会保障給付は【支払いを受ける側】の年収に含める必要はありません。

算定表の確認のしかた

［例］

・支払う側の年収が
給与所得910万円

・支払いを受ける側の年収が
自営業　286万円

子どもは2人（8歳と16歳）

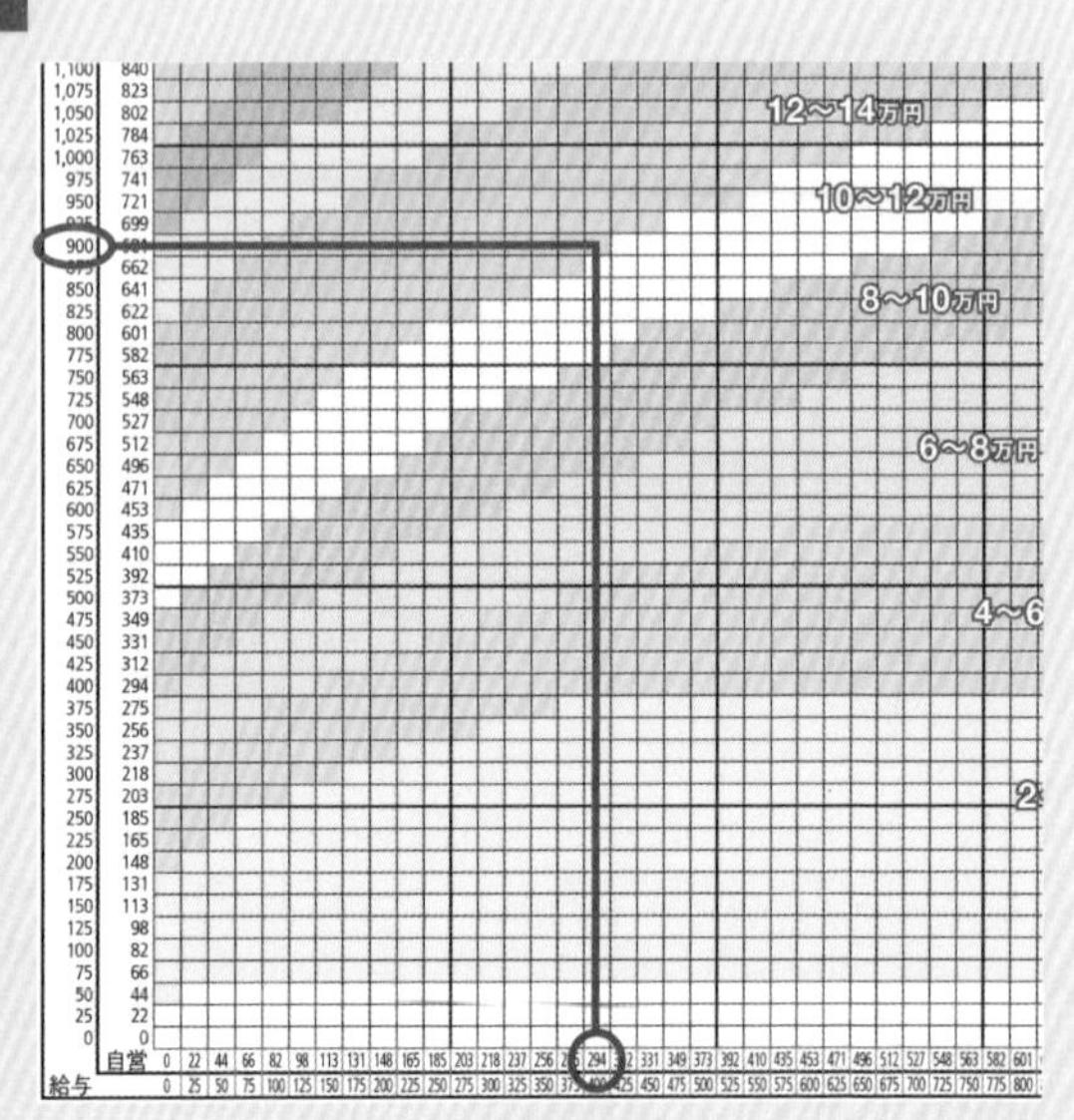

「子2人（第1子15歳以上、第2子0～14歳）」の表を使用

縦軸は左の欄を使用し、支払う側の年収910万円に一番近い900万円となる。横軸は上の欄を使用し、支払いを受ける側の年収286万円に一番近い290万円となる。それらの交わる欄の金額「約12万円」が養育費の支払い額となる。

養育費　子1人（0～14歳）

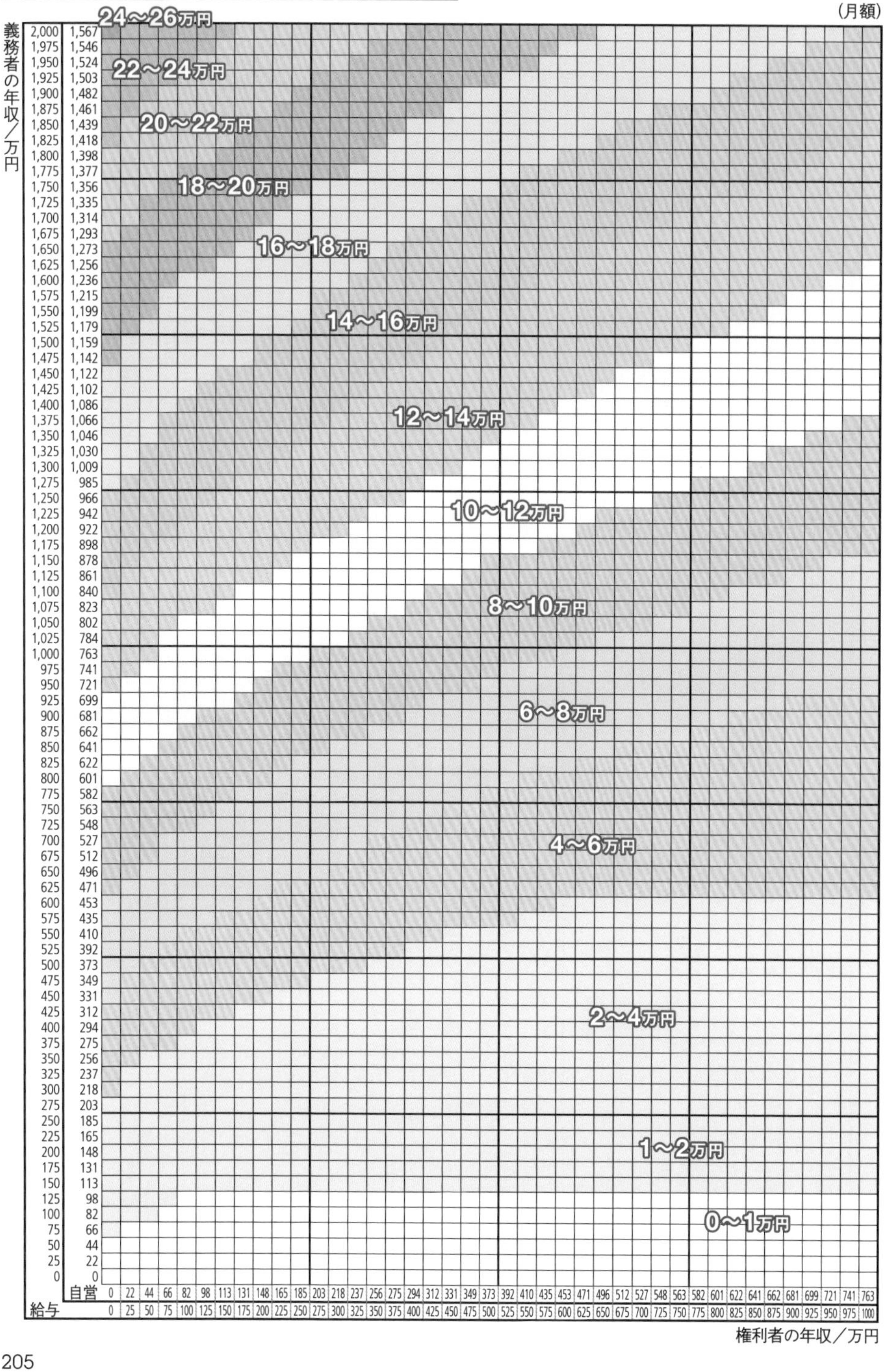

（月額）

義務者の年収／万円

給与	自営
2,000	1,567
1,975	1,546
1,950	1,524
1,925	1,503
1,900	1,482
1,875	1,461
1,850	1,439
1,825	1,418
1,800	1,398
1,775	1,377
1,750	1,356
1,725	1,335
1,700	1,314
1,675	1,293
1,650	1,273
1,625	1,256
1,600	1,236
1,575	1,215
1,550	1,199
1,525	1,179
1,500	1,159
1,475	1,142
1,450	1,122
1,425	1,102
1,400	1,086
1,375	1,066
1,350	1,046
1,325	1,030
1,300	1,009
1,275	985
1,250	966
1,225	942
1,200	922
1,175	898
1,150	878
1,125	861
1,100	840
1,075	823
1,050	802
1,025	784
1,000	763
975	741
950	721
925	699
900	681
875	662
850	641
825	622
800	601
775	582
750	563
725	548
700	527
675	512
650	496
625	471
600	453
575	435
550	410
525	392
500	373
475	349
450	331
425	312
400	294
375	275
350	256
325	237
300	218
275	203
250	185
225	165
200	148
175	131
150	113
125	98
100	82
75	66
50	44
25	22
0	0

権利者の年収／万円

自営	0	22	44	66	82	98	113	131	148	165	185	203	218	237	256	275	294	312	331	349	373	392	410	435	453	471	496	512	527	548	563	582	601	622	641	662	681	699	721	741	763
給与	0	25	50	75	100	125	150	175	200	225	250	275	300	325	350	375	400	425	450	475	500	525	550	575	600	625	650	675	700	725	750	775	800	825	850	875	900	925	950	975	1000

24～26万円

22～24万円

20～22万円

18～20万円

16～18万円

14～16万円

12～14万円

10～12万円

8～10万円

6～8万円

4～6万円

2～4万円

1～2万円

0～1万円

養育費　子1人（15歳以上）

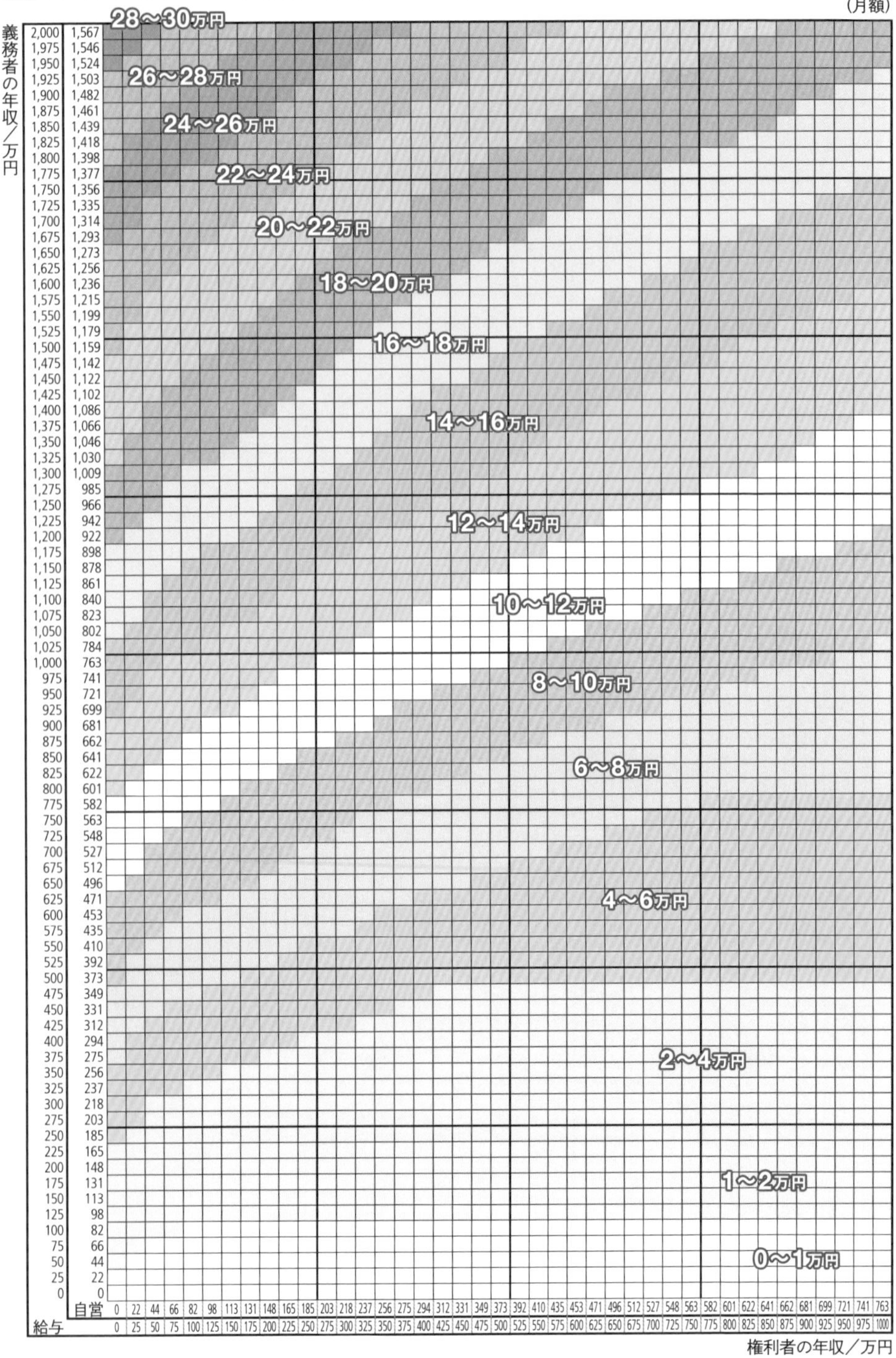

（月額）

義務者の年収／万円

給与	自営
2,000	1,567
1,975	1,546
1,950	1,524
1,925	1,503
1,900	1,482
1,875	1,461
1,850	1,439
1,825	1,418
1,800	1,398
1,775	1,377
1,750	1,356
1,725	1,335
1,700	1,314
1,675	1,293
1,650	1,273
1,625	1,256
1,600	1,236
1,575	1,215
1,550	1,199
1,525	1,179
1,500	1,159
1,475	1,142
1,450	1,122
1,425	1,102
1,400	1,086
1,375	1,066
1,350	1,046
1,325	1,030
1,300	1,009
1,275	985
1,250	966
1,225	942
1,200	922
1,175	898
1,150	878
1,125	861
1,100	840
1,075	823
1,050	802
1,025	784
1,000	763
975	741
950	721
925	699
900	681
875	662
850	641
825	622
800	601
775	582
750	563
725	548
700	527
675	512
650	496
625	471
600	453
575	435
550	410
525	392
500	373
475	349
450	331
425	312
400	294
375	275
350	256
325	237
300	218
275	203
250	185
225	165
200	148
175	131
150	113
125	98
100	82
75	66
50	44
25	22
0	0

28〜30万円
26〜28万円
24〜26万円
22〜24万円
20〜22万円
18〜20万円
16〜18万円
14〜16万円
12〜14万円
10〜12万円
8〜10万円
6〜8万円
4〜6万円
2〜4万円
1〜2万円
0〜1万円

権利者の年収／万円

自営	給与
0	0
22	25
44	50
66	75
82	100
98	125
113	150
131	175
148	200
165	225
185	250
203	275
218	300
237	325
256	350
275	375
294	400
312	425
331	450
349	475
373	500
392	525
410	550
435	575
453	600
471	625
496	650
512	675
527	700
548	725
563	750
582	775
601	800
622	825
641	850
662	875
681	900
699	925
721	950
741	975
763	1000

養育費　子2人　第1子及び第2子　0～14歳

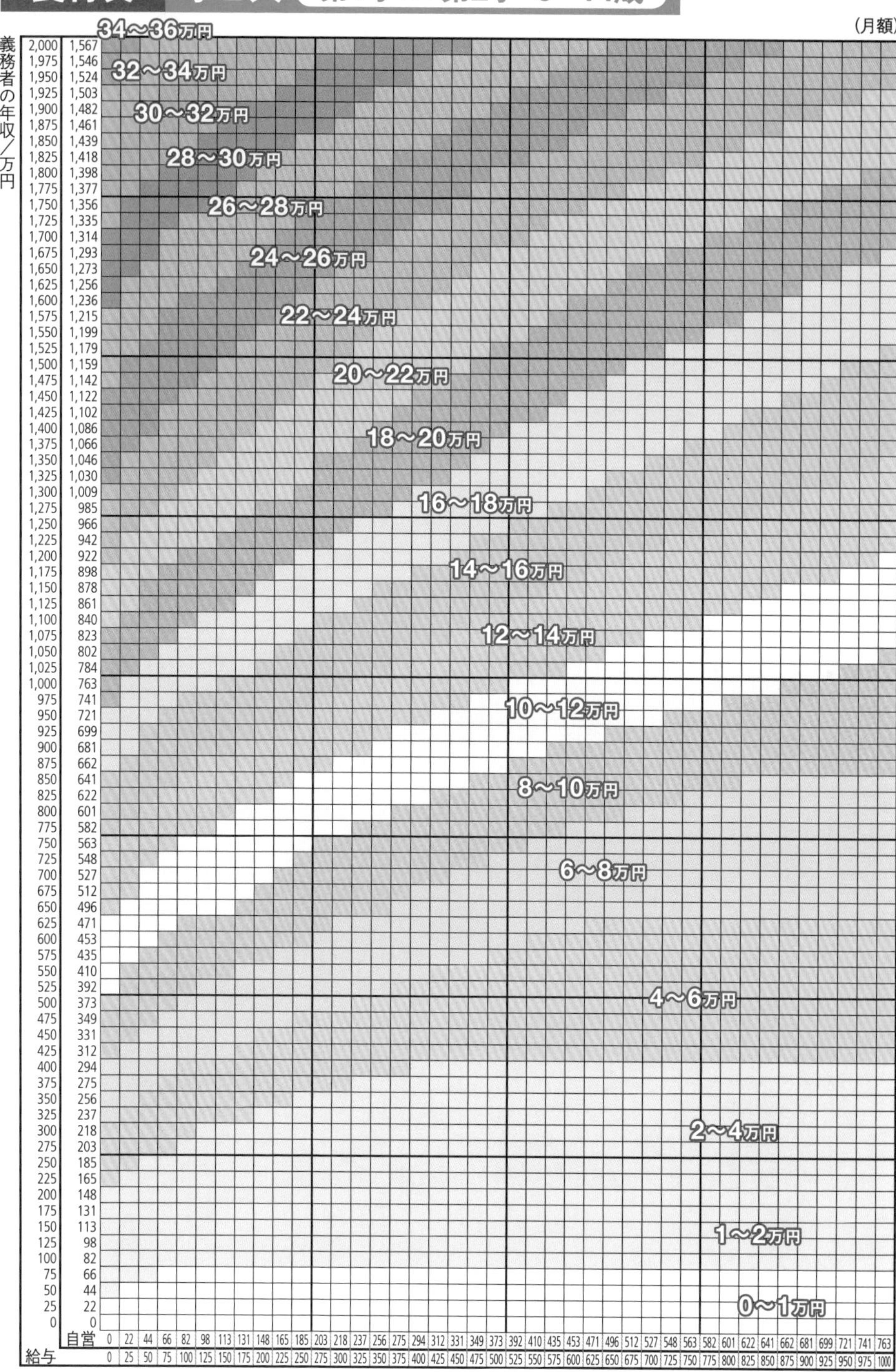

養育費　子2人　第1子 15歳以上、第2子 0~14歳

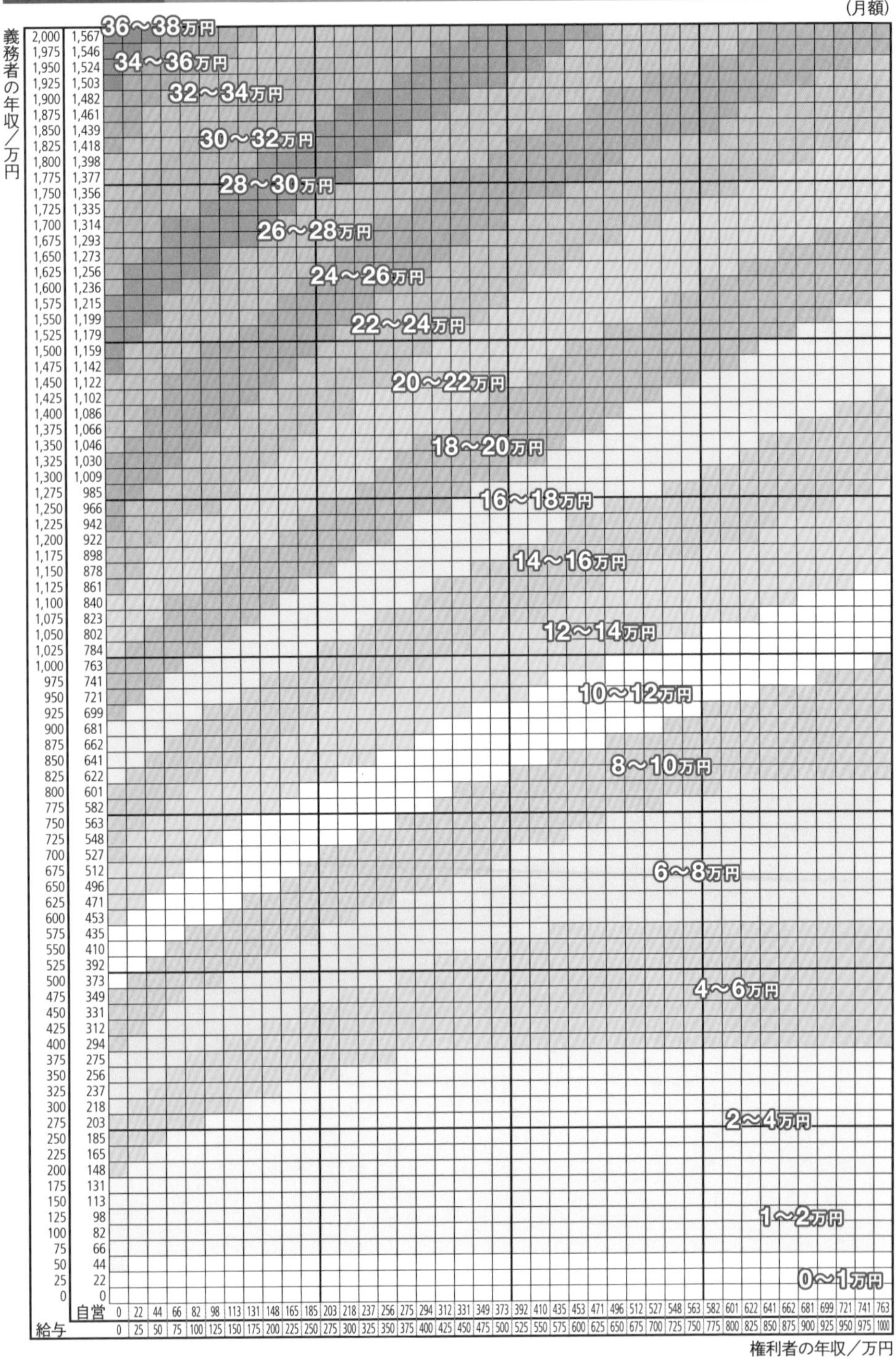

（月額）

36～38万円
34～36万円
32～34万円
30～32万円
28～30万円
26～28万円
24～26万円
22～24万円
20～22万円
18～20万円
16～18万円
14～16万円
12～14万円
10～12万円
8～10万円
6～8万円
4～6万円
2～4万円
1～2万円
0～1万円

義務者の年収／万円

給与	自営
2,000	1,567
1,975	1,546
1,950	1,524
1,925	1,503
1,900	1,482
1,875	1,461
1,850	1,439
1,825	1,418
1,800	1,398
1,775	1,377
1,750	1,356
1,725	1,335
1,700	1,314
1,675	1,293
1,650	1,273
1,625	1,256
1,600	1,236
1,575	1,215
1,550	1,199
1,525	1,179
1,500	1,159
1,475	1,142
1,450	1,122
1,425	1,102
1,400	1,086
1,375	1,066
1,350	1,046
1,325	1,030
1,300	1,009
1,275	985
1,250	966
1,225	942
1,200	922
1,175	898
1,150	878
1,125	861
1,100	840
1,075	823
1,050	802
1,025	784
1,000	763
975	741
950	721
925	699
900	681
875	662
850	641
825	622
800	601
775	582
750	563
725	548
700	527
675	512
650	496
625	471
600	453
575	435
550	410
525	392
500	373
475	349
450	331
425	312
400	294
375	275
350	256
325	237
300	218
275	203
250	185
225	165
200	148
175	131
150	113
125	98
100	82
75	66
50	44
25	22
0	0

権利者の年収／万円

自営	給与
0	0
22	25
44	50
66	75
82	100
98	125
113	150
131	175
148	200
165	225
185	250
203	275
218	300
237	325
256	350
275	375
294	400
312	425
331	450
349	475
373	500
392	525
410	550
435	575
453	600
471	625
496	650
512	675
527	700
548	725
563	750
582	775
601	800
622	825
641	850
662	875
681	900
699	925
721	950
741	975
763	1000

養育費　子2人　第1子及び第2子 15歳以上

（月額）

38〜40万円
36〜38万円
34〜36万円
32〜34万円
30〜32万円
28〜30万円
26〜28万円
24〜26万円
22〜24万円
20〜22万円
18〜20万円
16〜18万円
14〜16万円
12〜14万円
10〜12万円
8〜10万円
6〜8万円
4〜6万円
2〜4万円
1〜2万円
0〜1万円

義務者の年収／万円

給与	自営
2,000	1,567
1,975	1,546
1,950	1,524
1,925	1,503
1,900	1,482
1,875	1,461
1,850	1,439
1,825	1,418
1,800	1,398
1,775	1,377
1,750	1,356
1,725	1,335
1,700	1,314
1,675	1,293
1,650	1,273
1,625	1,256
1,600	1,236
1,575	1,215
1,550	1,199
1,525	1,179
1,500	1,159
1,475	1,142
1,450	1,122
1,425	1,102
1,400	1,086
1,375	1,066
1,350	1,046
1,325	1,030
1,300	1,009
1,275	985
1,250	966
1,225	942
1,200	922
1,175	898
1,150	878
1,125	861
1,100	840
1,075	823
1,050	802
1,025	784
1,000	763
975	741
950	721
925	699
900	681
875	662
850	641
825	622
800	601
775	582
750	563
725	548
700	527
675	512
650	496
625	471
600	453
575	435
550	410
525	392
500	373
475	349
450	331
425	312
400	294
375	275
350	256
325	237
300	218
275	203
250	185
225	165
200	148
175	131
150	113
125	98
100	82
75	66
50	44
25	22
0	0

権利者の年収／万円

自営	給与
0	0
22	25
44	50
66	75
82	100
98	125
113	150
131	175
148	200
165	225
185	250
203	275
218	300
237	325
256	350
275	375
294	400
312	425
331	450
349	475
373	500
392	525
410	550
435	575
453	600
471	625
496	650
512	675
527	700
548	725
563	750
582	775
601	800
622	825
641	850
662	875
681	900
699	925
721	950
741	975
763	1000

養育費　子3人　第1子、第2子及び第3子　0～14歳

(月額)

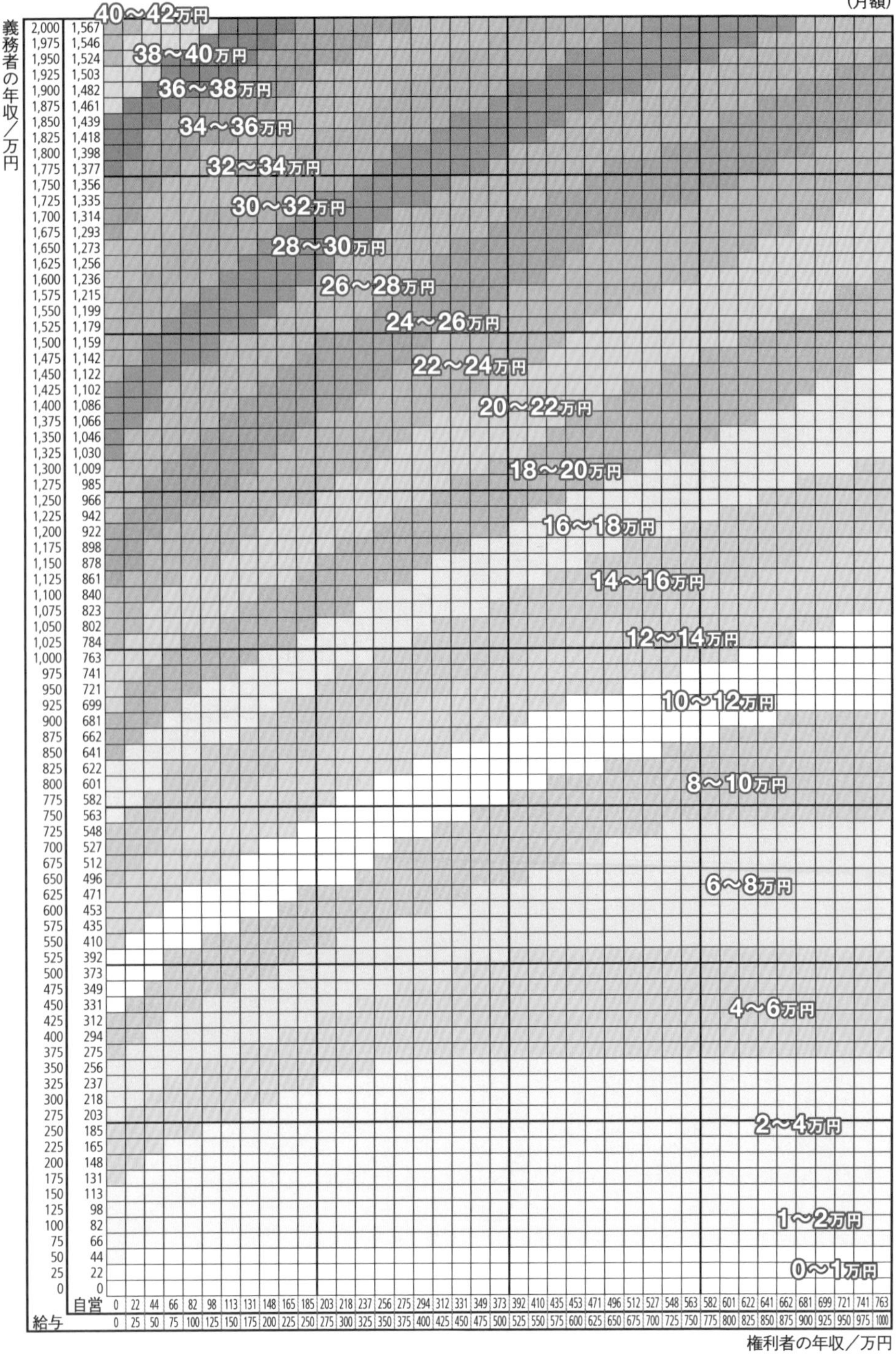

40～42万円
38～40万円
36～38万円
34～36万円
32～34万円
30～32万円
28～30万円
26～28万円
24～26万円
22～24万円
20～22万円
18～20万円
16～18万円
14～16万円
12～14万円
10～12万円
8～10万円
6～8万円
4～6万円
2～4万円
1～2万円
0～1万円

義務者の年収／万円

給与	自営
2,000	1,567
1,975	1,546
1,950	1,524
1,925	1,503
1,900	1,482
1,875	1,461
1,850	1,439
1,825	1,418
1,800	1,398
1,775	1,377
1,750	1,356
1,725	1,335
1,700	1,314
1,675	1,293
1,650	1,273
1,625	1,256
1,600	1,236
1,575	1,215
1,550	1,199
1,525	1,179
1,500	1,159
1,475	1,142
1,450	1,122
1,425	1,102
1,400	1,086
1,375	1,066
1,350	1,046
1,325	1,030
1,300	1,009
1,275	985
1,250	966
1,225	942
1,200	922
1,175	898
1,150	878
1,125	861
1,100	840
1,075	823
1,050	802
1,025	784
1,000	763
975	741
950	721
925	699
900	681
875	662
850	641
825	622
800	601
775	582
750	563
725	548
700	527
675	512
650	496
625	471
600	453
575	435
550	410
525	392
500	373
475	349
450	331
425	312
400	294
375	275
350	256
325	237
300	218
275	203
250	185
225	165
200	148
175	131
150	113
125	98
100	82
75	66
50	44
25	22
0	0

権利者の年収／万円

自営	給与
0	0
22	25
44	50
66	75
82	100
98	125
113	150
131	175
148	200
165	225
185	250
203	275
218	300
237	325
256	350
275	375
294	400
312	425
331	450
349	475
373	500
392	525
410	550
435	575
453	600
471	625
496	650
512	675
527	700
548	725
563	750
582	775
601	800
622	825
641	850
662	875
681	900
699	925
721	950
741	975
763	1000

養育費　子3人（第1子 15歳以上、第2子及び第3子 0〜14歳）

（月額）

義務者の年収／万円

給与	自営
2,000	1,567
1,975	1,546
1,950	1,524
1,925	1,503
1,900	1,482
1,875	1,461
1,850	1,439
1,825	1,418
1,800	1,398
1,775	1,377
1,750	1,356
1,725	1,335
1,700	1,314
1,675	1,293
1,650	1,273
1,625	1,256
1,600	1,236
1,575	1,215
1,550	1,199
1,525	1,179
1,500	1,159
1,475	1,142
1,450	1,122
1,425	1,102
1,400	1,086
1,375	1,066
1,350	1,046
1,325	1,030
1,300	1,009
1,275	985
1,250	966
1,225	942
1,200	922
1,175	898
1,150	878
1,125	861
1,100	840
1,075	823
1,050	802
1,025	784
1,000	763
975	741
950	721
925	699
900	681
875	662
850	641
825	622
800	601
775	582
750	563
725	548
700	527
675	512
650	496
625	471
600	453
575	435
550	410
525	392
500	373
475	349
450	331
425	312
400	294
375	275
350	256
325	237
300	218
275	203
250	185
225	165
200	148
175	131
150	113
125	98
100	82
75	66
50	44
25	22
0	0

42〜44万円
40〜42万円
38〜40万円
36〜38万円
34〜36万円
32〜34万円
30〜32万円
28〜30万円
26〜28万円
24〜26万円
22〜24万円
20〜22万円
18〜20万円
16〜18万円
14〜16万円
12〜14万円
10〜12万円
8〜10万円
6〜8万円
4〜6万円
2〜4万円
1〜2万円
0〜1万円

権利者の年収／万円

自営	給与
0	0
22	25
44	50
66	75
82	100
98	125
113	150
131	175
148	200
165	225
185	250
203	275
218	300
237	325
256	350
275	375
294	400
312	425
331	450
349	475
373	500
392	525
410	550
435	575
453	600
471	625
496	650
512	675
527	700
548	725
563	750
582	775
601	800
622	825
641	850
662	875
681	900
699	925
721	950
741	975
763	1000

養育費の標準的な額と増額・減額の対応

養育費算定表の特徴

養育費の金額に関して争いがあったときは、離婚前ならば離婚調停で対応します。**調停では、養育費の目安として、算定表が用いられています**（⬇Ｐ２０４）。２親の収入をもとに、子どもを扶養していないほうの親が支払うべき標準的な額を示したものです。扶養している親のほうが収入が多くても、あるいは、扶養していない親が無収入に近くても、養育費を負担する設定になっています。養育費負担が経済力とは無関係に、親の義務であるとわかります。

実際の金額は、この算定表の枠内で、２親が協議して決めることになります。なお、表の額は子どもひとりあたりでなく、月々の合計額です。少なく見えるのは、扶養する側の親が負担する分が入っていないから。２親の負担を合計すれば、子どもにかかる費用がまかなえる設定です。

経済事情の変化には増額・減額で対応

子どもが成人するまではおよそ20年の時間がかかります。この間、２親の経済状況が変化することは十分に想定できます。

たとえば、取り決めた金額では子どもを扶養できなくなったときには、支払う親の負担を増やしてもらうこともできます。反対に、支払う親の収入が減った、再婚によって扶養家族が増えた、受け取る親の収入が増えた場合などは、養育費を減額することができます。

この場合の手続きとしては、まず両者が減額、もしくは増額について交渉を行います。話し合いで合意すれば、その内容を公正証書などの文書にまとめます。**話し合いで合意が得られないときは、養育費の額の変**

ここが大切

- **裁判所では養育費算定表が基準となる。**
- **話し合いにより増額・減額の変更ができる。**

キーワード　養育費算定表
東京と大阪の裁判官が行った共同研究をもとに作成された表。全国の家裁で参考資料として広く活用されている。

更を求める調停を利用します。この場合、増額・減額に応じる経済力が相手にあるかどうかがポイントとなります。

離婚時に一括払いで養育費を受け取った場合、あとで増額が認められる可能性は低いのが現状です。

養育費を増額・減額するとき

ステップ1
内容証明郵便などで変更の請求を行う。

ステップ2
増額・減額について交渉を行う。

ステップ3
交渉がまとまったら公正証書などの文書にまとめる。

ステップ4
合意が得られないときは家庭裁判所に「養育費の額の変更を求める調停」を申し立てる。

増額できる理由
- 子どもが大学などへ進学
- 子どもの病気やケガ、事故
- 受け取る親の病気やケガ、事故
- 受け取る親の失業
- 物価上昇
- 支払う親の収入増

減額できる理由
- 支払う親の失業
- 支払う親の病気やケガ、事故
- 受け取る親の収入増
- 受け取る親の再婚
- 支払う親の再婚・子の出産

こんなときどうする？ 再婚したけど、引き続き元夫から養育費をもらいたい

再婚をしても元夫の養育費の義務がなくなるわけではないので、養育費を受け取ることはできます。ただし、再婚相手と子どもが養子縁組した場合、減額を請求される可能性が高くなります。養子縁組をすると子どもが再婚相手の遺産を相続する権利も生まれるので、どちらを取るべきか慎重に検討することが大切です。

養育費の支払いが滞ったとき

ここが大切

- 公正証書や裁判所の文書で権利を証明してもらう。
- 法的に軽い手段から試してトラブルを防ぐ。

起こり得る養育費の未払い

２０２１年度の厚生労働省の調査によると、離婚母子家庭のうち養育費の取り決めをしている世帯は全体の46・8％。養育費の受給状況を見ると、現在も受給している人が28・1％となっています。

つまり、仮に養育費について取り決めを行ったとしても、養育費を確実に確保できるとは言いがたい状況であることがわかります。

養育費が約束通りに支払われないときには、電話やメールなどで催促をします。それでも支払われない場合は、内容証明郵便（➡Ｐ１７６）を出します。法的拘束力はありませんが、心理的な効果があります。

家庭裁判所の調停、審判、判決で養育費の支払いが決められているのに、養育費が支払われないときは、家庭裁判所に「履行勧告（りこうかんこく）」を無料で申し立てることができます。

家庭裁判所は申立てを受けると、養育費の支払い状況について調査をしたうえで、正当な理由もないのに支払っていない場合には義務を果たすように勧告を行います。勧告は電話や手紙を中心に行われ、呼出や訪問をすることもあります。ただし、あくまで自発的に支払いを促すものであり、強制力はありません。

履行勧告に応じない場合は、「履行命令」の申立てを行います。申立てを受けた家庭裁判所は、支払いを実行しない人に対して期限を決めて支払うように命じます。正当な理由もなく命令にしたがわない場合には10万円以下の罰金が課せられます。

強制執行という方法

強制執行認諾約款（きょうせいしっこうにんだくやっかん）付きの公正証書や、調停、審判、裁判所の判決で養育費の支払いが認められているのに

気をつけて　相手が転職した場合

強制執行によって給料を差し押さえられた人が転職した場合、強制執行手続きはもう一度やりなおさなければなりません。

支払いが滞ったときには、地方裁判所に強制執行の申立てを行うことができます。強制執行できる財産には「不動産」「動産（家財道具など）」「債権（給料や預金など）」があります。

養育費は子どもが成人するまで長期にわたって支払われるのが基本ですので、定期的な収入である給料を差し押さえるのが最も理想的といえます。

強制執行で給料を差し押さえるときには、給料の2分の1までを差し押さえることができます。これは、過去に支払われなかった分だけでなく、将来の支払いにまで適用されます。

給料の強制執行をするときには注意点があります。勤務先などに支払う側が強制執行を受ける事実を知られてしまうということです。一般的に給料が差し押さえられることは名誉なことではありませんから、支払う側の立場が危うくなる可能性もあります。

たとえば、支払う側がリストラの対象になれば、せっかく給料を差し押さえた効果もなくなってしまうということです。強制執行を行うときにはそうした可能性も踏まえる必要があります。

養育費の取り決めと対策の関係

○ 法的拘束力がある　✕ 法的拘束力がない

	履行勧告	履行命令	強制執行
口約束	✕	✕	✕
念書	✕	✕	✕
公正証書（強制執行認諾約款付き）	✕	✕	○
調停調書	○	○	○

確実に差し押さえるためには公正証書（強制執行認諾約款付き）か調停調書を作成する必要がある。ただし、それ以外の方法にも心理的な効果はある。

弁護士からのアドバイス

給料以外の強制執行は避けたほうが無難

車や自宅などの不動産も強制執行の対象となりますが、これらは売却の必要があるため、手続きは複雑です。しかも、予納金などの費用もかかるため、あまり現実的ではありません。家財道具などの強制執行は手続きの費用に見合わないので事実上不可能と考えるべきでしょう。

子どもの姓と戸籍を選択する

自分と子どもが同じ姓を名乗るには

離婚時の戸籍は、結婚したときに姓が変わった人が抜けるのが基本的なルールです。その際、子どもは結婚時の戸籍に残ります。

籍を抜けたほうが親権を取っても、子どもの戸籍は動きません。親子が別々の姓を名乗ることになります。親権者が結婚時の姓を名乗り続ければ、姓だけは親子で同じになりますが、戸籍は別々のままです。

親権者と子どもの戸籍は同じほうが便利な一方、改姓が子どもの大きなストレスとなるのも事実です。どちらにすべきかは、子どもの意思を聞きながら、じっくり考えましょう。

子どもが15歳になれば、自分で姓の変更を申し立てることができます。自分の意思で姓を選べますから、その時点で考えてもいいでしょう。

子どもの戸籍を移す方法

子どもを同じ戸籍に移したいなら、前段階として、自分が筆頭となる戸籍をつくる必要があります。**離婚届を出す際に、「婚姻前の氏にもどる者の本籍」欄で、「新しい戸籍をつくる」をチェックすればOKです。**

ここで「もとの戸籍にもどる」をチェックした場合、戸籍には2代しか入れないので、孫にあたる自分の子どもは同じ戸籍に入れません。改めて**分籍**の手続きをして、自分を筆頭とする戸籍をつくってください。

戸籍ができたら、「子の氏の変更許可」を家庭裁判所に申し立てます。許可を得て、市区町村役場で入籍の手続きをすれば、子どもの戸籍が変更されます。子どもの姓を変更する手続きは、親権者でなければできません。相手に親権があるときは、そちらから申し立ててもらう必要があります。

ここが大切

- **自分が筆頭の戸籍をつくる。子どもと同じ戸籍にしたいなら**
- **親権者でないと子どもの戸籍を動かせない。**

キーワード　分籍
子どもが親の戸籍から抜けて、新しく戸籍をつくること。「戸籍の筆頭者、その配偶者でないこと」「成人であること」が条件となります。

子どもと戸籍の関係

■離婚直後の戸籍の状態

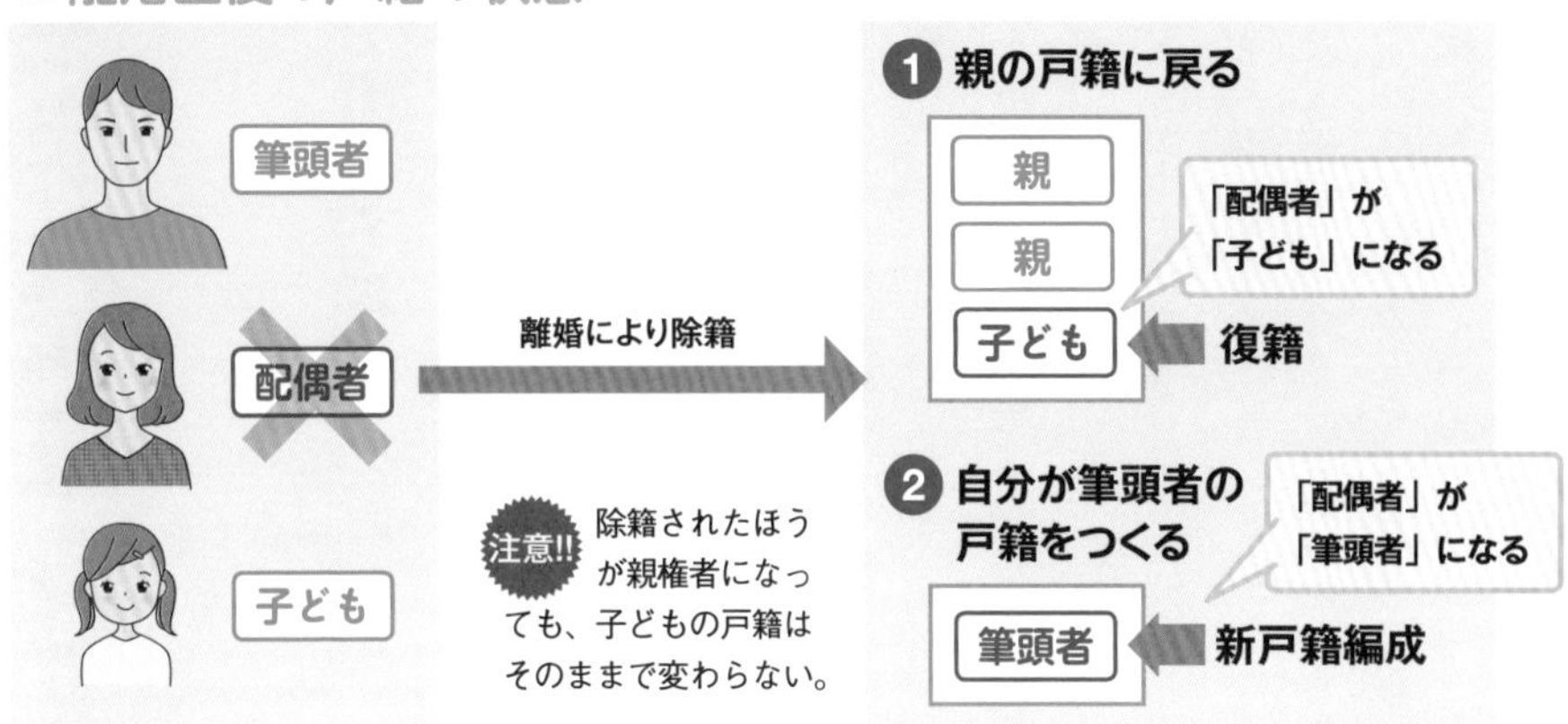

■子どもの戸籍を自分の戸籍に移すには

自分が筆頭者の戸籍をつくる

または

いったん親の戸籍に戻ってから、新たに自分が筆頭者となる戸籍をつくる

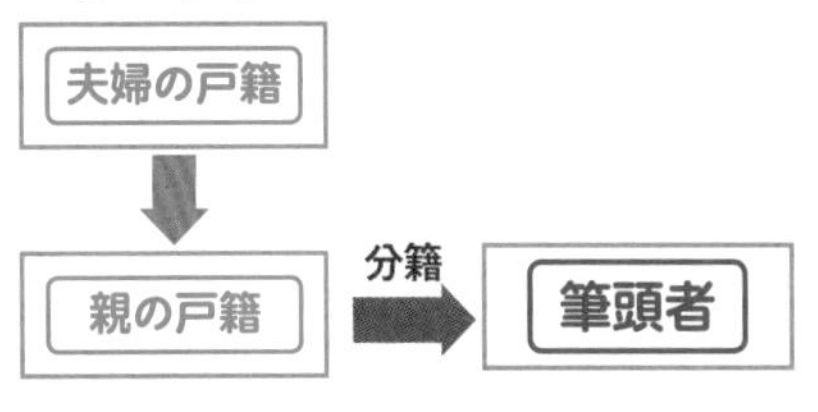

ステップ2

「子の氏の変更許可」を家庭裁判所に申し立てる

注意!! 親権者でないと申立てができません。

申立書

ステップ3

市区町村役場で、子どもの入籍手続きをする

入籍手続きをしないと戸籍は移りません。

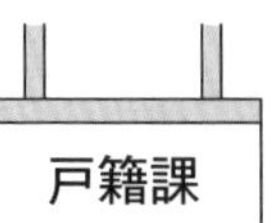

こんなときどうする？ 子どもがもとの姓に戻りたいと言っている

子どもが成年に達して1年以内であれば、市区町村役場で入籍の届出をするだけで、もとの戸籍に戻ることができます。

その時期まで待てない、あるいは、すでに過ぎてしまったなら、子の姓の変更手続をもう一度行ってください。成人を過ぎても「子」として変更できます。

離婚後300日以内に生まれた子どもの戸籍

離婚後300日問題

離婚後300日以内に生まれた子どもは、法律では元夫が父親だと推定され、出生届と同時に元夫の戸籍に加えられます。これを嫡出推定制度（ちゃくしゅつすいていせいど）といいます。この制度があることを理由に、子どもが元夫の子になることを避ける目的で出生届を出さなければ、その子は無戸籍者になってしまいます。これが、離婚後300日問題です。

この問題を解消するため、民法の改正が行われ、離婚後300日以内でも、母親が元夫以外の男性と再婚した後に子どもが生まれた場合は、再婚後の夫の子と推定することになりました。

これにより、離婚から300日以内に生まれた子でも、再婚をすれば再婚後の夫を父とする戸籍をつくることができます。

父親でないことを証明する3つの方法

なお、元夫との法律上の親子関係を否定するには、以下の方法があります。

1つめの方法は、**その子を懐妊した時期が離婚後だと、医学的に証明する**ことです。出生日と妊娠週数から逆算できる場合、不妊治療の実施日がわかる場合などが、これにあたります。出生届に証明書を添付すれば裁判手続きは不要です。

2つめは、懐妊した時期に、**元夫と母親の間に性的関係がなかったことを証明する**ことです。この方法は、裁判手続きを通す必要があります。裁判手続きの1つは親子関係不存在確認で、元夫とは父子関係がないことを調停の場で確認させます。もう1つは強制認知で、その子の親が実父以外にはあり得ないと認めてもらいます。

ここが大切

- **離婚後300日以内の子は原則的に元夫の子どもにされる。**
- **元夫が父親でないと証明する方法がある。**

キーワード　無戸籍者
親が出生届を出さなかった結果、どの戸籍にも記載されていない人。無戸籍となった事情を考慮され、公的サービスのほとんどを受けられます。

3つめの方法は、嫡出否認をします。**これは元妻の産んだ子どもが元夫の子ではないと、裁判で認めてもらうものです。**

以上のいずれかの方法が成立すれば、子どもは非嫡出子として母親の戸籍に入ります。その際に実父が市区町村に認知届けを出して認知すれば、父親欄には実父の名が入ります。

離婚後300日問題と対策

■離婚後に子どもが生まれた場合

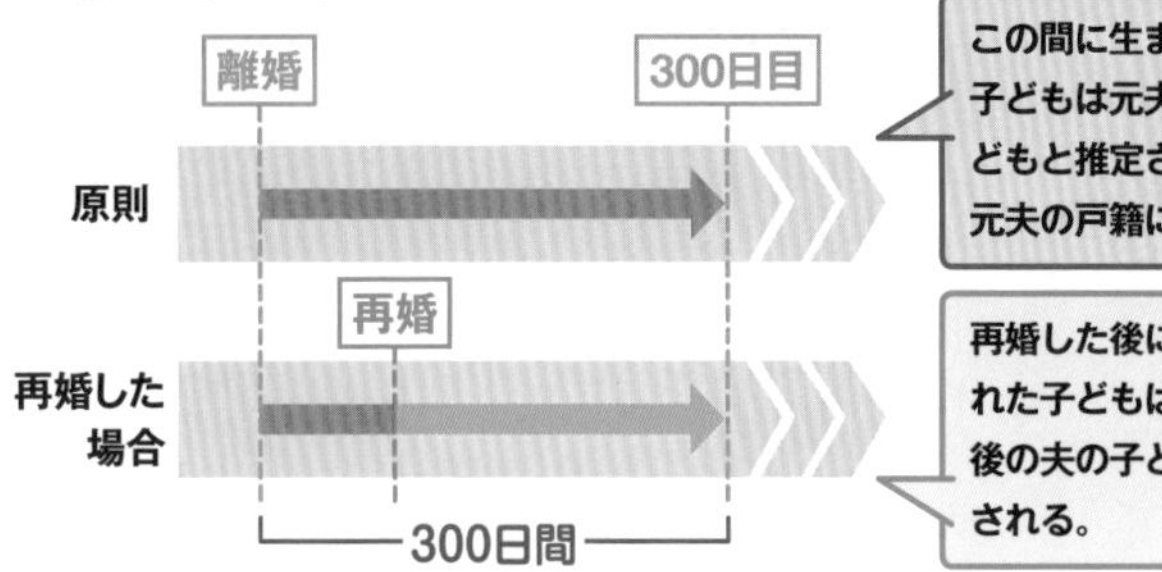

この間に生まれた子どもは元夫の子どもと推定され、元夫の戸籍に入る。

再婚した後に生まれた子どもは再婚後の夫の子と推定される。

■実父の子どもとして戸籍をつくる3つのアプローチ

方法❶
懐妊時期は離婚後だと医学的に証明する

懐胎時期に関する証明書
医師が医学的に懐妊時期を証明し、発行する。

方法❷
懐妊時期に元夫と性的関係がなかったという事実を証明する

親子関係不存在確認
元夫と子どもには血縁関係があり得ないと証明する。

強制認知
子どもと血縁関係がある人は、実父以外にはあり得ないと証明する。

方法❸
「この子は元夫の子どもではない」と訴える

嫡出否認
「元夫と子どもには血縁関係がない」という訴えを起こす。

実父に子どもを認知してもらう

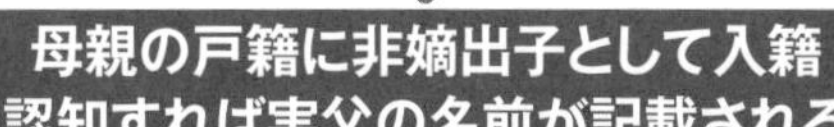

母親の戸籍に非嫡出子として入籍
認知すれば実父の名前が記載される

こんなときどうする?
出生届は出していないけど、児童手当をもらいたい

出生証明書により、子どもと母親を確認でき、なおかつ子どもが国内に住んでいる実態があれば、児童手当や児童扶養手当の支給対象となります。また、保育所への入所を希望したい場合も、保育所がある市区町村に住み、市区町村が定める条件を満たせば受け入れの対象となります。

親が離婚しても子どもの相続権はなくならない

ここが大切

- 血縁関係があれば親が離婚していても相続権がある。
- 子連れ再婚の連れ子は養子縁組しないと相続権がない。

血縁関係があれば相続できる

夫婦は婚姻関係を解消した時点で他人となり、相手の財産を相続する権利を失います。 一方、親子の血縁は解消されないため、子どもの相続権は残ります。

親が親権者でなくても、また、戸籍が被相続人の親とちがっても、相続権には影響しません。ただし、男親から嫡出否認や親子関係不存在確認を受けている場合、別に実父がいて強制認知されている場合は、親子関係が否定されているので、相続権もありません。

亡くなった親と血縁がある子どもは、同母・異母、同父・異父に関係なく、**法定相続分**は全員同じです。離婚後に生まれた子どもでも、認知を受けていれば同じ相続分を認められます。

親の再婚相手の連れ子には、血縁関係がないために相続権はありません。同様に、実親の再婚相手が亡くなった場合は、子どもは再婚相手（継父母）の財産を相続することはできません。連れ子に相続をさせたいときは、継父母との養子縁組が必要です。養子には、実子と同じ相続権が与えられます。

遺言書にない取り分も主張できる

遺言書があればその内容が優先されますが、内容に不服なら、子どもを申立人として権利を主張できます。

離婚した元夫が「愛人とその連れ子に全財産を相続させる」と遺言するなどして、相続権のない人が遺産を譲り受けてしまっても、血縁のある子どもの相続分がゼロになるわけではありません。

遺留分侵害額請求を行えば、その子の遺留分に見合った割合で、受贈済みの財産の一部をお金で返してもらえます。 法定相続人が子ども2人だけの場合、相続財産の2分の1となります。

キーワード　法定相続分
「遺産分割の合意ができなかったときには、ここまでは自分の取り分にしてもいい」という法律上の目安。

親の離婚と子どもの相続権

■法定相続人と法定相続分

相続する人		法定相続分
配偶者と子ども1人	➡	配偶者2分の1、子ども2分の1
配偶者と子ども2人	➡	配偶者2分の1、子ども4分の1ずつ
配偶者と子ども3人	➡	配偶者2分の1、子ども6分の1ずつ
子ども1人	➡	全部
子ども2人	➡	2分の1ずつ
子ども3人	➡	3分の1ずつ

ケース1 父母が離婚し、母が再婚している場合

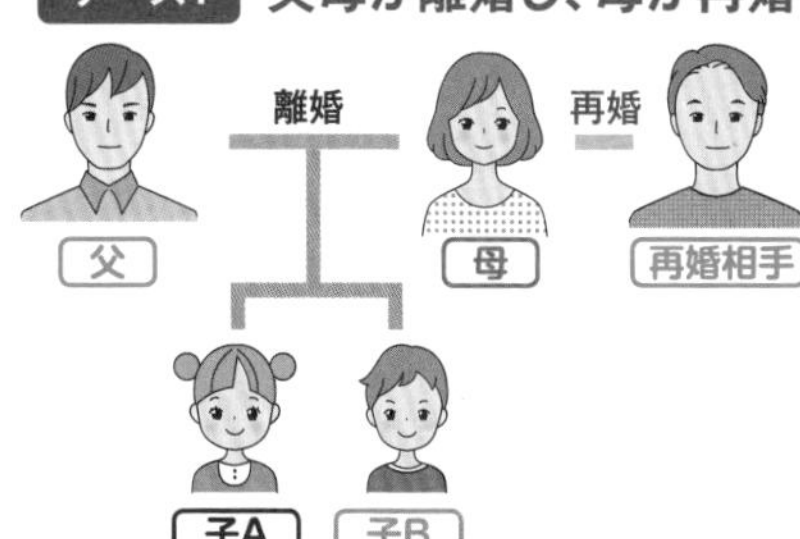

- 父母にはお互いの財産を相続する権利はない。
- 父が亡くなると、子Aと子Bが2分の1ずつ相続する。
- 母が亡くなると、再婚相手が2分の1、子A、子Bが4分の1ずつ相続する。

ケース2 連れ子をもつ母が再婚し、実子をもうけた場合

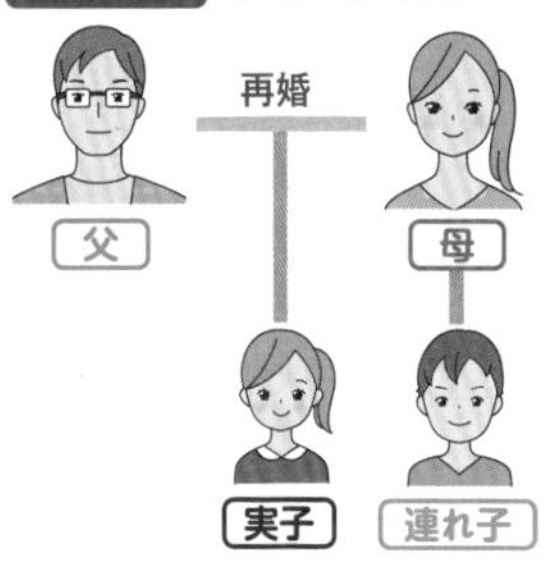

- 父が亡くなると、母2分の1、実子が2分の1を相続する。
- 母が亡くなると、父2分の1、実子と連れ子が4分の1ずつ相続する。
- 父の財産を連れ子に相続させたい場合は、①父と連れ子を養子縁組する、②連れ子に遺贈するという遺言書を作成しておく、③連れ子に生前贈与するなどの方法がある。

こんなときどうする?

元夫の死を長い間知らなかった！ 子どもの相続は?

音信不通の親が死亡していて、すでに遺産分割が済んでいても、子どもの相続権を主張できます。親の財産のうち借金などマイナスの財産が多かった場合は、返済の義務が生じますので、親の死を知ってから3か月以内に家庭裁判所に相続放棄を申し立てます。

保育園の入退園手続き、小中学校の転校手続き

ここが大切

- 子どもを預ける制度を積極的に利用する。
- 転校するときは、環境に慣れるように配慮する。

子どもを預けて働くには

離婚後に幼い子どもを抱えて働くことになったら、認可保育園への入園を検討しましょう。ひとり親家庭の子どもは、優先的に入園させてくれます。親が働いていることが原則ですが、今は無職でも仕事探しをしているならば、受け入れてもらえます。また、家庭生活支援員がひとり親の子育て支援や生活援助をする公的事業もあります。

認可保育園の手続き窓口は、公立・私立に関係なく、自治体です。入園中込書や就労証明書などの必要書類を提出します。退園する場合は、退園届を提出します。ゆとりをもって届け出ないと、規定の期間までの保育料を支払うことになるかもしれません。

小学生の場合、学童保育を利用できます。放課後子ども教室や、ボランティアが子どもの勉強を見る公的事業もあります。

小中学校の転校手続き

離婚後に引っ越す場合は、子どもの長期休暇に合わせましょう。時間をかけて、子どもが新しい環境に慣れるようにします。その休暇中に、1回は引っ越し前の場所へ遊びに行かせ、これまでの学校の友だちとコンタクトがとれるようにすれば、子どもの断絶感がやわらぎます。

子どもだけでなく、自分も早めに転居先のご近所とのコミュニケーションをはかるようにしましょう。子どもの安全を守るには、こういった大人の目が一番ですし、相談相手がいれば気が軽くなります。

転校手続きは、公立の場合、引っ越し先の自治体に転入届を出す際に転出証明書などの書類を提示すれば、転入学通知書が発行されます。指定された学校に転校

キーワード **転出証明書**

今まで住んでいた市区町村から引っ越したことを証明する書類。住民異動届（転出届）を届け出れば交付されます。

用書類と転入学通知書を提出すれば手続き完了です。転校用の書類は、これまでの学校にあらかじめ連絡しておけば、子どもが通学する最終日にもらえます。私立の場合は、直接各校に問い合わせてください。

離婚後の子どもの学びの場を確保

■安心できる場所に子どもを預ける

保育園

対象：0歳～小学校入学まで

保育料：所得税や住民税の額で決まる

学童保育

対象：小学校1～6年生

保育料：地域で異なる（都市部ほど高い）

放課後子ども教室

対象：小学校1～6年生

利用料：無料（実費のみ）

学習支援ボランティア事業

対象：小学校1～中学3年生

利用料：無料（実費のみ）

子育て短期支援事業

❶ 短期入所生活援助事業

対象：0～18歳

利用料：自治体によって異なる

❷ 夜間養護等事業

対象：0～18歳

利用料：自治体によって異なる

■保育園の入園手続き

❶ 各種書類を準備する

就労証明書

または

求職中だと報告する

＋

入園申込書

↓

❷ 居住地または勤め先のある自治体に提出する

■小中学校（公立）の転校手続き

❶ 各種証明書をもらう

前の学校で：在学証明書、教科用図書給与証明書

引っ越し前の自治体で：転出証明書

↓

❷ 引っ越し先の自治体に❶の証明書を提出

転入学通知書がもらえる

❸ 引っ越し先の学校に❶の証明書と❷の通知書を提出する

日本人と外国人の離婚事情

全離婚の約4.7%が国際離婚

全離婚数に国際離婚の占める割合は2010年代からやや減少していますが、2022年は全離婚数の約4.7%に及んでいます。

国別離婚率では、日本人と中国人の夫婦がトップ。国際離婚数の約25%を占めています。どちらが日本人かで見ると、夫が日本人の夫婦が圧倒的です。

●離婚件数の推移

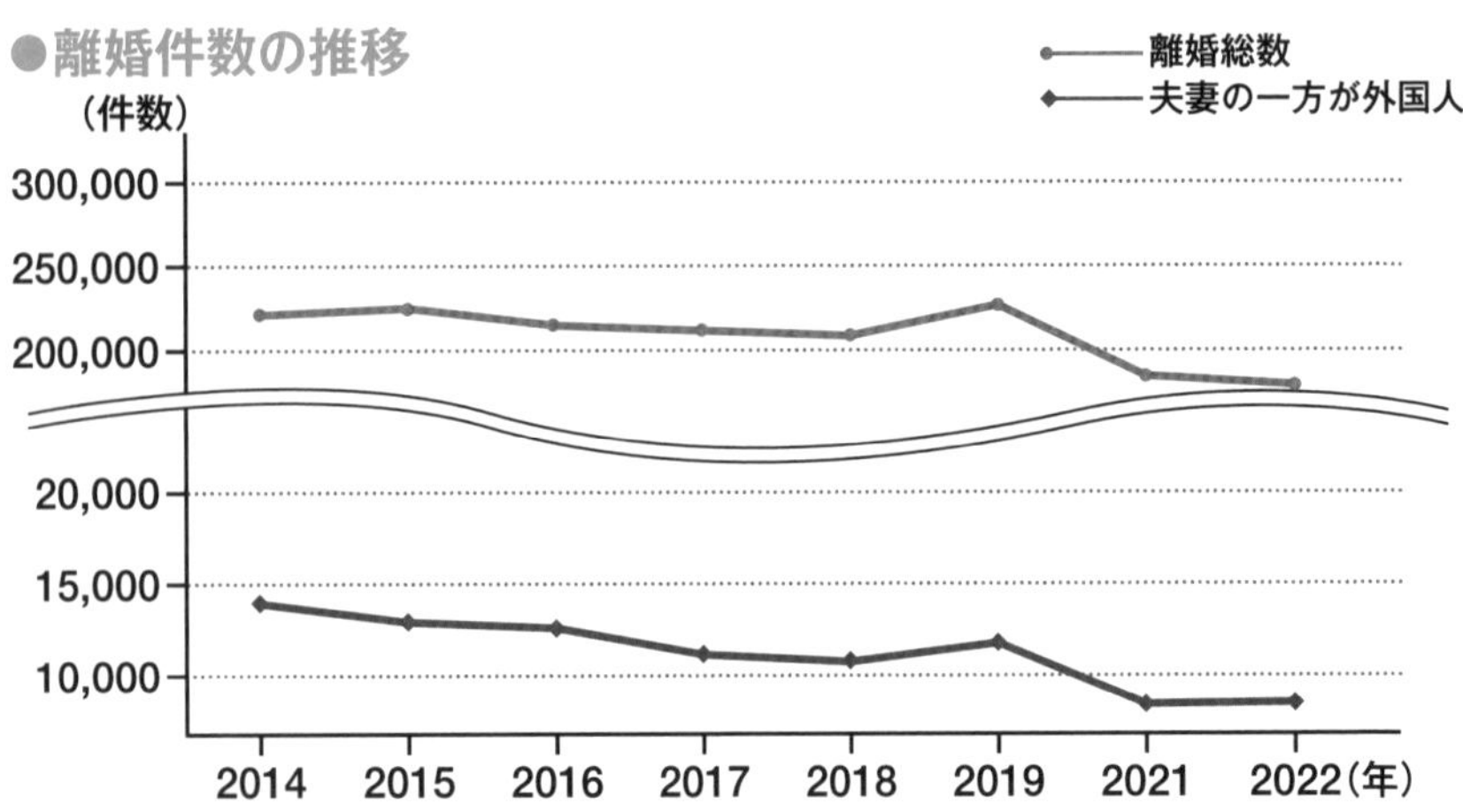

●妻が外国人のときの国籍ランキング（2022年）

❶	フィリピン	1,792人
❷	中国	1,757人
❸	韓国、朝鮮	778人
❹	タイ	334人
❺	ブラジル	81人

●夫が外国人のときの国籍ランキング（2022年）

❶	韓国、朝鮮	529人
❷	中国	362人
❸	米国	326人
❹	ブラジル	112人
❺	フィリピン	103人

出典：厚生労働省「2022年　人口動態統計」

6章

離婚後の手続き・生活設計

離婚が成立したあとにも各種の手続きがあります。もれがないようにチェックしておきましょう。ひとり親家庭には各種の公的支援が用意されていることがあるので、利用できるものがないか確認しておく必要があります。

この章のキーワード

- 離婚後の手続き
- 改姓・住所変更
- 社会保険
- 名義変更
- 離婚の報告
- ひとり親への公的支援
- 生活保護
- 元配偶者とのトラブル
- 再婚と手続き

離婚後に必要な手続きにはどんなものがある？

ここが大切

- 離婚によって変化したものに何があるかを確認する。
- 本人確認証は優先して手続きしておく。

手続きのもれに注意する

離婚をすると、変更の手続きがたくさん必要になります。**離婚前と離婚後で自分の何が変化したかを考えると、手続きのもれを防ぐことができます。**

どんな手続きが必要か、左ページの表を参考にチェックしてみましょう。書き出しておくと、窓口が同じものは1回ですませることができて効率的です。

①姓と住所が変わった

結婚時の氏名と住所を登録してあるものは、原則として変更の手続きが必要です。かなりの数になるので、優先順位をつけましょう。運転免許証やパスポートは、今後の手続きの際に**本人照会**の資料として使えるので、真っ先に手続きしましょう。

そのあとは、生活に欠かせないサービスから処理していきます。順番としては、お金に関するサービスと公共サービスを優先します。

②配偶者の扶養(ふよう)から外れた

配偶者の扶養家族としてサービスを受けていたものについて、手続きをし直す必要があります。社会保険関連（健康保険や年金）がこれにあたります。手続きには期限があるので、注意してください。

③財産分与で財産が増えた・減った

配偶者の名前で登録してあるマンションを財産分与で取得したときなどに、名義を変更する必要があります。不動産のほか、自動車、預貯金、有価証券などがあります。

④子どもの親権者になった

扶養していなかった子どもの親権者になった場合、自分の扶養家族に付け替えます。子どもを自分の戸籍に入れた場合は、子ども名義のサービスを新しい氏名で登録し直す必要があります。

キーワード　本人照会

手続きする人が本人であることを確認するため、さまざまな情報を照らし合わせること。本人確認資料として、国や自治体が発行した免許証や身分証明書が必要。

離婚後に必要な手続き

1 離婚後の氏名と住所に変更する手続き

公的な免許証や身分証明書の氏名・住所変更

- □ 運転免許証 警察署:運転免許センター
- □ パスポート 都道府県:旅券課
- □ マイナンバーカード

公共サービスの氏名・住所変更

- □ 水道 市区町村:水道局など
- □ 電気 電力会社
- □ ガス ガス会社
- □ 固定電話 電話会社
- □ 携帯電話 携帯電話会社
- □ ネット回線 プロバイダ
- □ 郵便(転送サービス) 郵便局

自分名義の財産の氏名・住所変更

- □ 銀行預金 銀行
- □ 郵便貯金 郵便局
- □ 生命保険等 保険会社
- □ クレジットカード 銀行やカード会社
- □ 自動車(車検証) 運輸支局
- □ 不動産 法務局
- □ 国債 償還金支払場所
- □ 株券・有価証券 発行会社/信託会社/証券会社
- □ 会員権 発行会社
- □ 印鑑登録 市区町村:戸籍課など
- □ 自転車(防犯登録) 販売店/警察署:生活安全課
- □ その他のサービス 運営会社

2 社会保険の変更・加入手続き

会社員の場合

- □ 年金 勤務先:総務など
- □ 健康保険 勤務先:総務など

自営業・無職の場合

- □ 年金 市区町村:年金課など
- □ 健康保険 市区町村:年金課など

3 財産分与に関する手続き

財産の名義変更

- □ 銀行預金 銀行
- □ 郵便貯金 郵便局
- □ 不動産 法務局
- □ 自動車(移転登録) 運輸支局
- □ 国債 償還金支払場所
- □ 株券・有価証券 発行会社/信託会社/証券会社
- □ 会員権 発行会社
- □ 生命保険等 保険会社
- □ 犬の鑑札 動物病院/市区町村:保健福祉事務所

4 子どもに関する手続き

公的機関への登録

- □ 戸籍の移動 家庭裁判所→市区町村:戸籍課
- □ 転校手続き 元の学校→市区町村:教育委員会→新しい学校
- □ 保育園・学童保育 市区町村:住民課など
- □ 健康保険の被扶養者登録 勤務先→年金事務所

子どもの名義で登録されているサービス

- □ 銀行預金 銀行
- □ 郵便貯金 郵便局
- □ 学習塾・習い事 各教室

氏名と住所の登録情報を修正する

ここが大切

- 戸籍謄抄本は氏名を証明、住民票の写しは現住所を証明。
- 本人確認に使える運転免許証を真っ先に変更する。

まず戸籍謄本を入手しておく

離婚によって姓が変わった人は、各種の手続きに証明書が必要になることがあります。

自分ひとりの証明なら、戸籍抄本（戸籍個人事項証明書）でかまいませんが、子どもを自分の戸籍に入れたなら、戸籍謄本（戸籍全部事項証明書）のほうがいろいろな手続きに使えます。子どもの戸籍が元配偶者のもとに残っている場合は、戸籍謄抄本はそちらから取ることになります。

手続きによっては、結婚時の戸籍から**除籍**されたことを証明する必要があります。その場合、元配偶者の戸籍謄抄本か、その戸籍が存在しなくなった場合は除籍謄抄本を交付してもらうことになります。元の配偶者の戸籍には、除籍されたとはいえ自分のデータが載っていますから、第三者扱いはされず、本人として交付の申請ができます。

戸籍謄抄本は手続きによく使うので、少し多めに入手しておきましょう。**謄抄本そのものは記載が変わらない限りは有効ですが、手続きに添付する際は、交付から3～6か月以内のものを求められます。**

現住所の証明には、住民票の写しを申請します。手続きによっては、本籍の記載がある住民票が求められるので、まとめて取るなら本籍記載にしておくと便利です。

日常的に使うものから直していく

変更手続きは、運転免許証やパスポートなど、国や自治体が発行しているものから行いましょう。本人確認に使えて便利だからです。

続いて、生活に欠かせないサービスの変更手続きをしていきます。携帯電話、自分名義の預貯金、クレジ

キーワード 除籍

「戸籍から誰かが除かれる」と「戸籍からすべての人がいなくなり、戸籍そのものが除かれる」という2つの意味がある。

ットカードの名義を変更し、公共サービスの氏名・住所変更と支払口座の修正を行います。なお、住所確認の意味から、関係書類が郵送されることもあります。

このとき誤って以前の住所に送られる場合もあるので、郵便局に転送サービスを申し込んでおきましょう。

手続きに必要な証明書を入手する

書類	効果	窓口	手数料
戸籍謄抄本	改姓した名前と本籍地を証明する	新しい戸籍の本籍がある市区町村役場	1通 450円
住民票の写し	現住所を証明する	現住所のある市区町村役場	1通 300円
離婚届受理証明書	離婚を証明する	離婚届を届け出た市区町村役場	1通 350円
除籍謄抄本	離婚を証明する	結婚時に本籍を置いていた市区町村役場	1通 750円

■免許証・身分証明書の記載事項を変更する

1 運転免許証

窓口
- 現住所を管轄する警察署・運転免許センター

必要書類
- 免許証
- 本籍の記載がある住民票

2 パスポート

窓口
- 都道府県旅券課

必要書類
- パスポート
- 一般旅券発給申請書
- 戸籍謄本か戸籍抄本
- 証明写真

3 マイナンバーカード

窓口
- 市区町村住民課など

必要書類
- 転出証明書
- マイナンバーカード

※場合によっては離婚を証明する書類が必要になる。

こんなときどうする? 離婚時に姓を変えなかったが、旧姓に戻りたい

いったんは結婚時の姓を選んだものの、やはり旧姓に戻りたいという場合、市区町村役場に届けるだけでは認められません。まず家庭裁判所に「氏の変更許可」の申立てをしたうえで、審判が確定したあとに審判書謄本などの必要書類を市区町村役場に提出します。

年金と健康保険の加入・変更手続きをする

ここが大切

- 国民年金の納付月数の不足に注意。
- 健康保険では忘れずに子どもを被扶養者にする。

年金の手続き

離婚する前、**配偶者の被扶養者となっていた人は、離婚後は自分が社会保険の加入者になります。**加入していないと、児童扶養手当などの公的支援を受けられないことがあるので、注意してください。

加入にあたっては、元の配偶者の扶養から外れたことを証明する必要があります。配偶者の勤め先から、資格喪失証明書か扶養削除証明書を入手してください。年金事務所でも、時間はかかりますが入手することは可能です。

まず、**年金については、専業主婦で配偶者の扶養から外れた人は、すぐに第3号被保険者から第1号被保険者へ種別変更をしましょう。**手続きが遅れて未納期間が生じると、年金を受給する際にペナルティを課されるからです。

保険料を払えそうにないなら、保険料免除制度を利用しましょう。免除されている間も、納付期間としてカウントされます。このため未納期間は生じませんが、将来受け取れる年金の額は減ります。その後経済的に余裕ができたら、後納制度を使って穴埋めすることをおすすめします。

なお、働いている人は、勤め先が変更の手続きをしてくれるので、自分で行う必要はありません。

健康保険の手続き

次に健康保険についてです。勤め先の被用者保険（会社や事業団体が運営している健保）に入っている人は、手続きも勤め先が進めてくれます。同居している子どもがいる場合、子どもを被扶養者に登録したほうがいいでしょう。

この手続きは、元の配偶者が子どもを被扶養者から

気をつけて **国民年金の加入期間**

国民年金の受給資格を得るには、最低25年の加入期間が必要で、1か月でも不足すれば老齢年金が給付されません。

外していないと進められません。本人に頼むか、本人の勤め先に問い合わせるようにしましょう。
求職中や、勤め先に被用者保険がない人は、国民健康保険（国保）の加入手続きを行いましょう。窓口は市区町村役場です。住民票があれば自動的に被保険者となりますが、利用するには手続きが必要です。
なお、**国保は世帯単位で加入するものなので、扶養制度がありません。**子どもが親の世帯に入っていれば、その保険料は世帯主である親がまとめて支払うことになります。

社会保険の変更・加入手続き

■年金の変更手続き

第1号	第2号	第3号
国民年金のみに加入している人	国民年金と厚生年金に加入している人（会社員・公務員）	第2号被保険者の被扶養者

1 第1号被保険者だった人

そのまま国民保険に継続して加入しますが、氏名と住所が変わった場合には、市区町村で変更手続きを行います。

窓口
市区町村役場

必要書類
- 被保険者氏名変更届
- 被保険者住所変更届
- 年金手帳

2 第2号被保険者だった人

勤務先に変更がない場合は、そのまま継続して年金に加入します。必要に応じて勤務先で変更の手続きをしてもらいます。

窓口
勤務先

必要書類
- 勤務先に確認する

3 第3号被保険者だった人

第1号被保険者への変更手続きが必要となります。手続きについては最寄りの年金事務所で確認することもできます。

窓口
市区町村役場

必要書類
- 年金番号が記載された書類
- 扶養を外れたことの証明書

■国民健康保険への加入手続き

窓口　市区町村役場の年金課など

必要書類
- 扶養を外れたことの証明書（健康保険資格喪失証明書または扶養削除証明書）

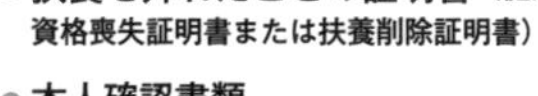

- 本人確認書類

受付

健康保険での子どもの扱い

被用者保険

元配偶者の被扶養者から外し、自分の被扶養者として登録する。

窓口　勤務先

必要書類
- 被扶養者異動届
- 子どもの戸籍謄本（とうほん）（子どもと姓が異なる場合）

不動産・自動車・保険の名義を変更する

ここが大切

- 名義変更しないと財産を取られても文句を言えない。
- 名義をもつと登録と維持にお金がかかることもある。

名義を変えると財産を守れる

財産分与は夫婦の共有財産を分け合うものなので、お互いに合意すれば、所有権はどちらか一方に移りますが、**名義**の変更は義務ではありません。

しかし、**相手名義の財産を得たときは、名義を変更したほうがいいでしょう。所有権を守ることができるからです。**

実際には、名義を変えなくても不動産に住んでいられますし、通帳と届出印があれば預貯金の入出金もできます。しかし、「○○の財産はこちらに分与された」と証明する文書があっても、**名義が他人のものである限り、取り上げられるリスクがなくなるわけではありません。**

将来的に財産を売却したいと考えたときにも、勝手に手続きを進めることはできなくなります。

登録にお金がかかることもある

一方で、高額な財産については、名義を変更するのにも、それなりにお金がかかります。

不動産の場合、登記時に登録免許税がかかるほか、固定資産税が毎年かかります。かといって登記しなければ自由な売買はできず、担保にもできません。

財産として運用する気なら、登記したほうがいいでしょう。しかし、**住居として住み続けたいだけなら、名義は相手に残し、自分が住み続ける権利を保証させたほうが得な場合もあります。**

不動産を使う権利は、住んでいる人のほうが所有者より優先されるので、むやみに追い出されることはありません。

なお、ローンが残っている自動車で所有権が販売会社かローン会社にある場合、名義変更はできません。

キーワード 名義

ここでは、その財産の所有権をもっている人のこと。なお、所有していなくても実際に使っていれば、占有権という権利が生まれる。

学資保険の名義変更

夫婦で契約者と受取人になっている保険は、離婚時に解約または名義変更しますが、子どもの学資保険など、将来使いたいものはどうすればいいでしょうか。

解約した際の払戻金は、支払った保険料より少なくなるのが普通ですので、可能であればこのまま契約を継続し、保険料を支払い続けるほうがやはり得です。**親権者ではない親が契約者や受取人になっている場合は、保険会社に名義変更を相談**してみてください。離婚などの特別な理由があり、夫婦で合意していれば受け付けてもらえます。

財産の名義変更手続き

不動産

窓口　都道府県法務局

必要書類　※登記原因証明情報によって必要な書類は異なる。

申請書・証明書類
- **所有権移転登記申請書**…局内で入手
- **固定資産評価証明書**…市区町村役場や主税局で入手
- **登記原因証明情報**（財産分与を証明するもの）…財産分与契約書／離婚協議書／調停調書／審判書／和解調書／判決書のいずれか

自動車

窓口　都道府県運輸支局／税事務所
※運輸支局に隣接していることが多い

必要書類

申請書・証明書類
- **移転登録申請書**…支局内で販売
- **検査登録印紙**…支局内で販売
- **手数料納付書**…支局内で入手
- **自動車検査証**
- **自動車税・自動車取得税申告書**

譲り渡す側
- **譲渡証明書**
- **印鑑証明書**
- **実印**
- **本人確認資料**

受け取る側
- **車庫証明書**
- **印鑑証明書**
- **実印**
- **本人確認資料**

保険

窓口　保険会社

必要書類　※保険会社により異なる。

申請書・証明書類
- **保険の証券番号がわかる書類**
- **名義変更申請書**
- **名義変更の同意書**…離婚協議書／調停調書／審判書／和解調書／判決書のいずれか
- **戸籍謄本**（離婚の事実を証明するもの）

譲り渡す側
- **現在の払込口座の通帳と銀行印**
- **本人確認資料**
- **認め用の印鑑**

受け取る側
- **新規の払込口座の通帳と銀行印**
- **本人確認資料**
- **認め用の印鑑**
- **1回分の保険料**

職場への届け出、親類などへのあいさつ

ここが大切

- 勤め先には離婚の事実だけ伝えればよい。
- 周囲への挨拶は手紙・メールでかまわない。

職場への報告

勤めている人は、離婚で家族構成が変わった時点で、勤め先に届け出る必要があります。勤め先が社会保険などの手続きを行う際に必要だからです。離婚の事実と新たな扶養者があるときは、それを報告すればよく、プライベートな事情を言う必要はありません。

離婚を届け出ることで、福利厚生の面でメリットを得られることもあります。たとえば、勤め先に家族手当などの扶養制度があれば、子どもを扶養することで、その対象になり、扶養者控除も受けられます。ひとり親家庭には寡婦・寡夫控除などの優遇もあります。元の配偶者の扶養者控除の枠内で働いていた人は、働き方の変更も検討してもらえるでしょう。

これから新しく勤める人は、報告は不要です。子どもを扶養していれば、それだけを届け出ましょう。

親族などへのあいさつ

離婚では戸籍が改まるので、少なくとも両親と兄弟姉妹には、事前に伝えたほうがいいでしょう。面と向かって言いにくいなら、メールでかまいません。

最低でも離婚の報告、別れたあとの暮らし方の2点を伝えます。離婚事情を言いたくなければ、「時間をおいて改めて話す」と伝えます。

結婚生活を支えてもらった感謝の気持ちも、必ずひと言添えてください。結婚生活が破たんしたことは別の話として置いておき、お礼を述べておきましょう。周囲の人たちのわだかまりは、この感謝のひと言でかなり消えるものです。

仲人や親族、結婚式の出席者の中で今もつきあいがある人には離婚あいさつ状を出します。新しい生活に向けて前向きな言葉を書くとよいでしょう。

気をつけて **年賀状での離婚の伝え方**

年賀状での離婚報告は特に非常識とされているわけではありません。「旧姓に戻りました」などとシンプルに書くのがスマートです。

離婚を伝えるタイミングの目安

離婚前に伝える

自分の両親　相手の両親　自分の兄弟姉妹

離婚直後に伝える

勤務先　相手の兄弟姉妹

離婚後すみやかに伝える

仲人　日頃つきあいのある自分の友人

折をみて伝える

結婚式に呼んだ親族　結婚式に呼んだ知人

離婚を伝える文例

■知人への離婚あいさつ状

離婚のごあいさつ

拝啓

〇〇の候、健やかにお過ごしのこととお慶び申し上げます。

さて、このたび私は、〇〇〇〇と離婚をし、それぞれの道を歩むことになりました。

夫婦として歩んだ〇年間、みなさまから温かいご支援をいただきましたことに、心より感謝しております。

まことにありがとうございました。

現在は、〇〇にて新生活をスタートしております。子どもたちともども、心機一転でがんばっておりますので、以前と変わらぬご鞭撻を、よろしくお願い申し上げます。

お近くにお越しの際は、ぜひお立ち寄り下さい。

敬具

- 手書きのほうがよい。
- まずは離婚をした事実を伝える。
- これまでの感謝の気持ちを伝える。
- 現在の生活について簡単に触れる。
- 引き続きの支援をお願いする。

弁護士からのアドバイス

離婚の事情を聞きたがる親族・友人への対応

反発したり無視したりするのは、逆効果です。頼りにしているふりをしつつ、遠ざけるのが一番です。「気にかけてくださって、うれしいです。でも、今はまだ話せる気持ちになれません。そのうち助けてもらうことができるでしょうから、その際に相談させてください」と、さりげなく距離を置きましょう。

児童扶養(ふよう)手当の支給には認定申請が必要

ここが大切

● 申請時にはかなり細かな聞き取り調査がある。

● 同居親族の所得によっては給付金を制限される。

児童扶養手当の認定

児童扶養手当とは、ひとり親家庭の子どもの生活の安定、自立促進を目的とした給付金です。母子家庭だけでなく、父子家庭や、公的年金を受給している祖父母が孫を扶養するケースも対象になっています。受給できるのは、子どもが満18歳になる年度の3月31日までです。

給付を受けるには、市区町村から認定される必要があります。認定申請をして、生活状況などの認定調査を受け、支給条件を満たしていると認定されれば、手当が給付されます。

認定の申請書類は、それぞれの生活状況によって異なります。すぐに入手できない書類を求められることもあるので、申請前に一度市区町村役場の担当窓口に出向き、必要な書類を確認しておきましょう。

認定に際しては、どうやって生計を立てているか、養育費はどのくらいもらっているかなど、細部にわたって生活状況が問われます。対面式のことが多いので、事前に受け答えメモをつくったほうがいいでしょう。

所得によって支給額が制限される

手当の支給額は、所得に応じて月1万7４０円～4万５５００円の間で決められます。その際、ひとり親と同居している人たちの所得も合算されます。法律上、その人たちにも**扶養義務**があり、子どもを扶養していて然(しか)るべきだとみなされるからです。

同居親族から援助をいっさい受けていないなら、それを証明する必要があります。児童扶養手当が全額支給されるのは、状況にもよりますが、ひとり親と子どもだけで生活していて、所得は１３０万円未満で養育費はゼロ、といったケースです。

キーワード　扶養義務

自力での生活がむずかしい人には、同居親族が義務として援助すべきだというルール。民法で定められている。

なお、**児童扶養手当を受給していると、別の優遇制度を使えるようになります**（⬇Ｐ２４２）。ですから、金額にかかわらず受給しておくとよいでしょう。

この手当は、ひとり親がきちんと働いている、または求職活動などをしている限りは、減額されることはありません。ただし、自立を支援する趣旨から、手当を受ける人が病気などの理由がなく働いていない場合、受給期間が５年を超えたところで２分の１に減額されるしくみとなっています。

自治体の独自制度もチェック

児童扶養手当のほかにも、都道府県や市区町村が独自の制度を実施している場合があります。児童扶養手当と併行して受給できるものも少なくありません。

東京都の各区市の児童育成手当、名古屋市の「ひとり親家庭手当」など、名称はさまざまなので、**役所の担当窓口に、「ひとり親家庭向けに独自の制度はありませんか」と直接聞くのが最も確実**です。

児童扶養手当の概要

児童扶養手当 ※2024年現在

1人め	2人め	3人め以降
45,500円	+10,750円	+6,450円

※上記は全額支給されたときの金額。

窓口

市区町村役場の住民課など

必要書類

- 戸籍謄本（とうほん）
- 世帯全員の住民票
- 預金口座確認書
- 養育費等に関する申告書
- 健康保険証・年金手帳

認定申請時におもに聞かれること

生計維持の方法

- どのように生計を立てていますか?

監護の事実

- お子さんとはいっしょに暮らしていますか?

離婚や別居の確認

- 離婚したのはいつですか?
- 別居はいつからですか?

養育費

- 養育費の仕送りは受けていますか?
- 昨年は合計でいくらですか?

就労状況

- 働いていますか?
- 勤務先はどこですか?
- 勤務日数や勤務時間は?
- 働いていないなら、それはなぜですか?

ほかの手当の有無

- 遺族年金をもらっていますか?
- 生活保護を受けていますか?

お金の貸付を行う制度もある

「目的どおりに使う」と証明する

母子・父子・寡婦福祉資金は、ひとり親家庭に対して、市区町村が資金を貸し付ける制度です。子どもの進学資金など、12種類の資金を借り受けられます。

お金を貸す制度ですので、民間の融資を受けるときと同様に貸付審査があります。もっとも、福祉が目的の制度ですから、民間に比べてかなり緩やかです。

審査で重視されるのは、以下の2点です。

①資金を目的どおりに使うかどうか
②返済プランを考えているかどうか

①については、目的を証明する書類や、目的達成に向けた計画書を提出しなければなりません。

資金を目的以外に使った場合や、目的を達成できなかった場合は、貸付金の一時償還を求められることもあります。

「必ず返済する」と証明する

ひとり親には「連帯保証人を頼める人がいない」というケースが少なくないため、母子・父子・寡婦福祉資金では連帯保証人がいない場合でも、貸付が認められています。**修学資金、就学支度資金、修業資金、就職支度資金（児童分）については、無利子**です。それ以外については、連帯保証人を立てた場合は無利子、立てない場合は年利1％の利子がつきます。

返済期限は、貸付金の種類にもよりますが、一定の据置期間をおいた後、3年～20年です。返済が滞ると、延滞元利金額（返済していない分の全額）につき、年3％の割合で、違約金が課されます。返済計画をしっかり立てないと、将来困るかもしれません。このほか、母子・父子・寡婦福祉資金の特例として、**養育費を確保するための裁判費用を貸し付けてもらえます。**

ここが大切
- 貸付審査をクリアしないと借りることができない。
- 連帯保証人がいなくても借りられる。

キーワード　一時償還
借りたお金を一度に返済すること。「一時的に返すこと」ではないので、注意してください。全額の返済を求められる場合と、金額を指定される場合があります。

母子・父子・寡婦福祉資金の内容

それぞれの制度の貸付の対象

母子福祉資金

- 母子家庭の母
- 母子家庭の母に扶養されている児童
- 母子家庭の母に扶養されている20歳以上の子

父子福祉資金

- 父子家庭の父
- 父子家庭の父に扶養されている児童
- 父子家庭の父に扶養されている20歳以上の子

寡婦福祉資金

- 配偶者のない女子で、かつて配偶者のない女子として20歳未満の児童を扶養していたことのある人
- 寡婦に扶養されている20歳以上の子
- 配偶者のいない女子で、40歳以上の人

窓口

市区町村役場の住民課など

必要書類

- 戸籍謄本（とうほん）
- 市区町村民税課税証明書または源泉徴収票
- 母子家庭と証明する書類…児童扶養手当証書など
- 貸付申請書
- 調査同意書

資金の種類とおもな内容

資金の種類		貸付限度額	年利率	据置期間	返済期限
生活資金	技能習得中	月額14万1,000円	1%	6か月	20年以内
	失業中	月額10万8,000円	1%	6か月	5年以内
修学資金	高等学校（国公立、自宅）	月額2万7,000円	ー	6か月	20年以内
	大学（国公立、自宅）	月額7万1,000円	ー	6か月	20年以内
就学支度資金	高等学校（公立）	16万円	ー	6か月	20年以内
	大学（国公立）	42万円	ー	6か月	20年以内
修業資金		月額6万8,000円	ー	1年	20年以内
技能習得資金		月額6万8,000円	1%	1年	20年以内
就職支度資金		10万5,000円	1%	1年	6年以内
医療介護資金	医療	34万円	1%	6か月	5年以内
	介護	50万円	1%	6か月	5年以内
結婚資金		31万円	1%	6か月	5年以内
住宅資金		150万円	1%	6か月	6年以内
転宅資金		26万円	1%	6か月	3年以内
事業開始資金		326万円	1%	1年	7年以内
事業継続資金		163万円	1%	6か月	7年以内

※有利子の資金は連帯保証人を立てることで原則、無利子となります。

※表は「東京都　母子福祉資金・父子福祉資金」に基づきます。貸付の条件等は自治体によって異なるので、最寄りの自治体に問い合わせましょう。

公的に仕事を紹介してくれる制度もある

ひとり親は就職がむずかしい

仕事をしなければ子どもを養えないけれど、仕事をしていたら育児ができない――。ひとり親、特に女性親は、就職で不利な立場に置かれています。

公的には、さまざまな就業支援が実施されています。ただし内容としては、すでにあった**就職困難者**向け制度が、ひとり親も使いやすいように改良されたものです。**ひとり親に優先して仕事をくれるような制度ではないので、過度の期待は禁物**です。

ハローワーク内にあり、子育て中の求業者を支援するためのマザーズハローワークやマザーコーナーはひとり親も相談しやすくなっています。福祉の仕事は女性が活躍しやすく求人も多いことから、特別に紹介コーナーを設けているハローワークもあります。

就職に向けた技術を身につけるためには、公共職業訓練が実施されています。ひとり親家庭向けに、託児サービス付きのコースもあります。子育て中の女性向けのコースは、ビジネスマナーやパソコン操作などの就職準備講座的なもの、介護などの福祉向けスキルが多い傾向にあります。

働きやすい職につくには

これらの制度の目的は、ひとり親などの就職困難者が、就職活動で一般の人と同じスタートラインに立てるようにするものといえます。

スタート後のことは、それぞれの努力に任されています。よい職につくためには、ほかの求職者と同じ立場で能力をアピールしなくてはなりません。

また、現実的には、ひとり親を安定的に雇用し、働きやすい職場環境をつくるための法整備はほとんど進んでいません。実際の職場環境づくりは企業に一任さ

ここが大切

- **既存の就業支援制度をひとり親にも使いやすく改良。**
- **支援があるのは就職活動をスタートするまで。**

キーワード **就職困難者**

さまざまな事情で、企業から雇用されにくくなっている人。ひとり親は社会的事情により就職がむずかしいとされる。

れている状態ですから、たとえマザーズハローワークを通じた雇用であっても、ひとり親が働きやすい環境である保証はないため、**自分で企業の情報を収集する必要があります。**

ひとり親向けのおもな就業支援

1 就業相談・職業紹介

- **マザーズハローワーク**
  育児中の女性に特化した職業紹介。
- **福祉人材コーナー**
  女性求人の多い福祉分野に特化したコーナー。
- **トライアル雇用**
  未経験者がお試しで働けるシステム。
- **在宅就業（内職）の支援**
  情報提供やスキルアップ支援。
- **母子家庭への訪問支援**
  福祉事務所の職員による生活相談。
- **託児サービス付きセミナー**
  マザーズハローワーク内で実施。

2 職業訓練

- **託児サービス付きの公共職業訓練**
  委託機関が託児サービスと訓練を実施。
- **ひとり親向けの訓練コース**
  ひとり親の特性にあった訓練コース。

3 給付金

- **職業転換給付金**
  ひとり親家庭になって3年以内に職業訓練を受けた人に支給。
- **職業訓練受講給付金**
  雇用保険がない人へ職業訓練費用を給付。
- **高等技能訓練促進給付金**
  2年以上の養成機関に入ったら生活費を支援。
- **自立支援教育訓練給付金**
  教育訓練終了後に受講料の一部を支給。

4 雇用保険給付

- **雇用保険の給付日数の延長**
  突然の解雇などに対応。
- **受給資格条件の緩和**
  期間労働者（派遣社員）などでも受給できる。
- **再就職手当**
  早期に再就職した人に給付。

5 企業への助成

- **特定求職者雇用開発助成金**
  ひとり親を雇った企業に助成。
- **トライアル雇用助成金**
  ひとり親をトライアル雇用した企業に助成。
- **両立支援助成金**
  育児と仕事を両立できる体制作りをした企業に助成。
- **キャリアアップ助成金**
  正社員への配置換え、待遇改善などをした企業に助成。

そのほかの優遇制度を知っておく

税は少なく給付金は多く

これまで紹介してきた以外にも、ひとり親家庭が利用できる優遇制度には次のようなものがあります。

①寡婦控除・ひとり親控除

ひとり親家庭の親が未成年の子どもを扶養している場合、申告すれば税金の負担が軽くなります。勤め先の担当部署に相談してみましょう。勤め先が対応できない場合には、**確定申告**をすれば大丈夫です。

控除の結果、納税額が少なくなれば、年末調整が多く戻ってきます。ひとり親家庭の場合「配偶者がいない」「生計を一にする子がいる」「所得の合計が500万円以下」の要件をすべて満たせば控除額が加算される特例があります。また、保育料などは支払う税金額によって決まるため、各控除により税負担が軽くなると、保育料も安くなる可能性があります。

児童扶養手当受給者への優遇

②ひとり親家庭医療費助成

ひとり親家庭が医療を受けた場合、医療費の一部が返ってきます。助成額は、市区町村で異なります。所得が一定未満であることが条件ですが、その金額も市区町村によって異なります。子どもの年齢に条件を設けているところもあります。

③福祉定期預金制度など

児童扶養手当を受けている人は、一般より金利が優遇されている福祉定期預金を利用できます。また、一定額までの利子が非課税になります。どちらも、金融機関への申請が必要です。

④ＪＲ通勤定期割引制度

児童扶養手当を受けている人は、ＪＲの通勤定期券が割引になります。割引率は3割です。

ここが大切

- 税の控除を活用すれば公的給付金が増える。
- 児童扶養手当受給世帯に限定の優遇制度がある。

キーワード　確定申告

一定以上の収入がある人が行う納税申告のこと。１年間に得たすべての所得を計算し、納税方法を確定させる。

ひとり親家庭の優遇制度

1 寡婦控除・ひとり親控除

内容 寡婦控除27万円、ひとり親控除35万円

対象
- 寡婦…離婚後に再婚していない、扶養している親族（子どもや老親）がいる、所得500万円以下
- ひとり親…生計を一にしている子どもを扶養している、前年の所得が500万円以下

窓口 勤務先／税事務所（確定申告をする場合）

必要書類
- 扶養控除等申告書

2 ひとり親家庭医療費助成

内容 負担した医療費の一部を助成 ※内容は自治体ごとに異なる。

対象
- 高校卒業年齢までの子どもがいるひとり親家庭
- 所得額が一定額以下（金額は自治体により異なる）

窓口 市区町村住民課や福祉課など

必要書類
- 戸籍謄本（とうほん）
- 健康保険証
- 所得証明書
- 児童扶養手当受給証明書

※自治体ごとに必要書類は異なる。

3 福祉定期預金制度・利子非課税制度

内容
福祉定期：定期350万円までの利息が高率になる
利子非課税：貯金350万円までの利子に税金がかからない

対象
- 児童扶養手当を受給しているひとり親家庭
※利子非課税制度は母子家庭限定。

窓口 銀行・郵便局

必要書類
- 児童扶養手当受給者証明書
- 通帳

4 JR通勤定期割引制度

内容 通勤定期代が3割引

対象
- 児童扶養手当を受給しているひとり親家庭

窓口 市区町村住民課や福祉課など→JR みどりの窓口

必要書類
- 児童扶養手当受給者証明書
- 証明写真
- 印鑑

※公営交通の定期券を割引している自治体もある。

知っておこう 公共料金が軽減されることもある

自治体によっては児童福祉手当を受け、一定の要件にあてはまる家庭は水道・下水道料金などが減額される制度もあります。自治体ごとに異なるので、居住する市区町村に問い合わせてみましょう。

どうしても困ったときの生活保護という選択肢

ここが大切

- ほかに生活費を得る方法がないときに申請を検討する。
- 自立を支援する目的なので受給中の義務もある。

最後のセーフティネット

生活保護は、最低限度の生活を保障する制度で、いわば、命の最後のセーフティネットです。本当に困っている人は、ためらわずにこのセーフティネットに頼るべきです。最低に満たない生活をし続けたら、体と心の両方をむしばむことになります。

しかし一方で、自力でなんとかできる余地があるなら、生活保護には頼らないでほしい――これが、保証を行う国の考え方です。

生活保護費は税金でまかなわれ、限りがあります。本当に必要な人に回すために、そうでない人は利用を控えてほしい、というのがその理由です。

生活保護の受給条件

では、本当に困っている人とそうでない人は、どこで分けられるのでしょうか。国は、以下の4点から、本当に生活に困っているかどうかを判断します。

①生活費に回せる資産が残っていないこと

家族全員の預貯金のほか、利用していない土地や家屋などがあれば、売る・貸すなどして、生活費に充てることが求められます。

②働けないこと

まったく動けない病気やケガを除き、働ける能力があるかぎりは、能力に応じて働くことが求められます。

③ほかの救済制度だけで生活できないこと

年金や児童扶養手当など、給付を受けられる制度があるなら、そちらが先に適用されます。

④親族からの援助を受けるあてがないこと

援助できる親族の有無を生活保護決定の前に審査されます。

この4つの条件を満たし、世帯の収入が最低生活費

キーワード　最低生活費

生活の最低限度の需要を満たすギリギリの生活費。年ごとに、その年の消費動向と前年の消費実態から算出される（水準均衡方式）。

に満たなければ、生活保護費が支給されます。

余力のあるうちに生活再建を

このように生活保護は、ほかにまったく方法がないときに利用するものとして想定された制度です。

現実問題として、まったく余力のない状態に行き着いてしまうと、そこからの生活再建はかなり厳しいものがあります。また、最低以上の生活には援助しない制度なので、たとえば、子どもが大学進学を希望したといったケースでは、認めてもらえないか、保護資格を失うといった対応になります。

生活にある程度の余力が残っているうちに、早めに別の支援制度、たとえば母子・父子・寡婦福祉資金（➡P238）**などを活用すること**を強くおすすめします。「自分はまだがんばれる」と無理し続け、すべての余力を使い切ってしまう事態は避けましょう。

生活保護とは

生活保護の考え方

最低生活費	
最低生活を送るのに必要なお金	この分を生活保護が保証する
	公的な給付金（児童扶養手当や年金など。）
	親族の援助
	自分の収入

手続きの流れ

窓口　市区町村の福祉事務所や住民課など

1 事前相談を受ける（必須）

- ほかの生活福祉資金、社会保障制度が適用できないかをチェックされる。

2 保護の申請による調査

- 実地調査　家庭訪問など
- 資産調査　預貯金・保険、不動産など
- 扶養義務者　親族の援助を受ける可能性
- 収入調査　就労所得（給料）、各種給付金など
- 就労調査　働いていない人は働くように指導

3 受給の決定

- 申請から2週間で保護の可否が決定される。

4 受給中の義務

- 収入の状況を毎月申告する。
- ケースワーカーの訪問調査を受ける（年数回）。

元配偶者からストーカー行為をされたときは？

ここが大切

- 離婚後にストーカー行為をされるリスクがある。
- 警察や裁判所などを通じて法的な対応を取る。

ストーカー被害を受けやすい場合

婚姻期間中に配偶者から身体的、精神的な暴力を受けていた場合、離婚後に元配偶者からのストーカー行為を受けるケースがあります。

具体的には、**つきまといや自宅や職場への押しかけ、無言電話、大量のメールで復縁を迫られる**などの行為が挙げられます。

特に子どもがいる場合は、面会交流や養育費に関わる連絡などで、相手と切っても切れない関係が続きます。面会交流について過剰な要求を頻繁に行い、応じないでいると大量の罵詈雑言(ばりぞうごん)をメールなどで送ってくるなどの被害が一般的です。

あるいは、**養育費を支払わず、逆に面会交流を拒否したとして裁判を起こす**などの方法（リーガルハラスメント）での嫌がらせも起きています。

警察や裁判所に頼る

ストーカー行為をする元配偶者と、２人で話し合いをして問題を解決しようとするのは困難であり、危険でもあります。話し合いをするのであれば、弁護士などの第三者を交えてください。

話し合いで解決しない場合は、警察に相談すると、ストーカー規制法に基づき警察署等から「ストーカー行為をやめなさい」と警告することができます。**警告に従わない場合は禁止命令が出され、従わないと刑事罰が科されます。** また、地方裁判所に申立てを行い、元配偶者に保護命令を出す方法もあります（➡P66）。

警察や裁判所に頼ることで、「相手から逆恨みされるのではないか」と不安に感じるかもしれません。しかし、元配偶者も社会的地位を失いたくないことが多いため、懲役や罰金などの可能性は一定の歯止めとな

気をつけて

ストーカー規制法に基づく行政措置の現状

警告はここ数年減少していますが、禁止命令等は急増しており、2022年は1,744件（前年比+4.4％）となっています。

り得ます。毅然とした対応を取らなければ、嫌がらせの継続・エスカレートが予想されます。自分が疲れ果てて相手からの要求に屈してしまえば、相手の思うつぼです。問題を一人で抱え込まずに、周囲の助けを借りることが肝心です。

ストーカー行為とは

以下のような行為をくり返し行うことをいう。

面会や交際の要求

●「復縁してほしい」と求める　など

無言電話、連続した電話・ファクシミリ・電子メール・SNS

●拒否をしているのに何度も連絡をしてくる　など

つきまとい・待ち伏せ・押しかけ・うろつき

●尾行する　●進路に立ちふさがる　●自宅や職場付近で見張りをする　など

名誉を傷つける

●中傷メールを送る　●SNSで中傷する　など

監視していると告げる行為

●行動や服装などをメールや電話で告げる　●帰宅直後に「お帰りなさい」などと電話する　など

乱暴な言動

●怒鳴る　●罵詈雑言のメールを送る　など

汚物等の送付

●汚物や動物の死体などを自宅や職場に送りつける　など

性的しゅう恥心の侵害

●わいせつな写真や動画を送りつける　など

ストーカー行為への罰則

行為	罰則
ストーカー行為	1年以下の懲役 または100万円以下の罰金
禁止命令等に違反したストーカー行為	2年以下の懲役 または200万円以下の罰金
禁止命令等に違反（ストーカー行為以外）	6か月以下の懲役 または50万円以下の罰金

再婚する際に注意したいこと

男女ともすぐに再婚できる

かつて女性に離婚後１００日以内の再婚は認められていませんでした。これを再婚禁止期間といい、「前と今の夫２人のどちらも子どもの父親になり得る」という事態を避けるために設けられたルールです。

しかし、現代の医療技術ではＤＮＡ鑑定により親子の血縁関係を明らかにしたり、妊娠の有無を判断したりすることができるようになっています。また、再婚禁止期間の制度には男女平等の観点から批判も集まっていました。

民法の改正により、嫡出推定制度の見直しが行われ、前と今の夫が重複して父親と推定される法律上の可能性がなくなったため、再婚禁止期間は廃止されました。現在では**男女とも離婚後すぐに再婚することができます。**

養子縁組の手続きに必要なもの

再婚の際、新しい夫婦は同じ姓を名乗ることになります。このとき、女性が再婚相手の戸籍に入る、もしくは再婚相手と新しい戸籍をつくるケースが多いといえます。

ここで女性に連れ子がいた場合、子どもの戸籍は自動的に母親といっしょに動くわけではなく、子どもの戸籍だけ元のままとなります。つまり、親子間で別の姓に分かれるということです。

再婚後、母親が子どもを自分と同じ戸籍に入れて同じ姓を名乗りたい場合は、再婚相手と子どもの間で養子縁組を行う方法があります。

養子縁組の手続きは養親（ようしん）または養子の本籍地か住所地の市区町村で行います。養親と養子が「養子縁組届」と戸籍謄本（とうほん）などの必要書類を提出します。養子が15歳

ここが大切

- 連れ子と再婚相手を同じ姓にできる。
- 養子縁組すれば相続もできる。

キーワード　養子縁組

血縁関係のない人との間に、法律上の親子関係をつくる手続き。届出をした瞬間から、親子関係が生まれます。養子は、養親の嫡出子としての身分を取得します。

以下の場合は親権者などの法定代理人が届出を行います。養子縁組届には20歳以上の証人2人の署名が必要となります。

養子縁組で親子関係が成立

養子縁組が成立すると、再婚相手と連れ子は法的に親子関係であると認められます。**再婚相手は連れ子に対して親権を行使することができ、連れ子には再婚相手の財産を相続する権利が得られます。**

子連れ同士が再婚した場合、夫婦ともに互いの連れ子と養子縁組しておかなければ、相続の際にトラブルが起きる可能性があります。たとえば、母の連れ子だけが養子縁組していた場合、母が亡くなったときには母の財産を相続できるのは母の連れ子だけで、父の連れ子は相続できないので注意が必要です。

養子縁組後も実親との親子関係はなくならないため、子どもは二重の親子関係下におかれます。子どもは実親と養親の両方の相続権をもちます。また、子どもの扶養義務は、実親よりも養親が優先されるようになります。

再婚での注意点

養子縁組と親子関係

ケース1 養子縁組をしない

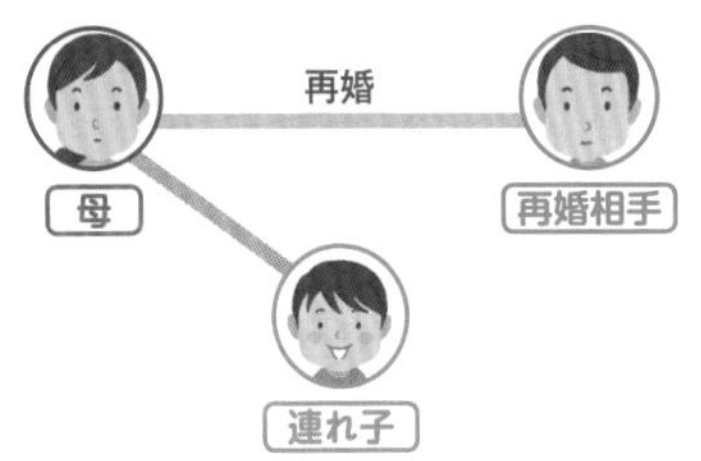

- 母と連れ子で別の姓に分かれる
- 再婚相手には連れ子の扶養義務を負わない
- 連れ子は再婚相手の財産を相続できない

ケース2 養子縁組をする

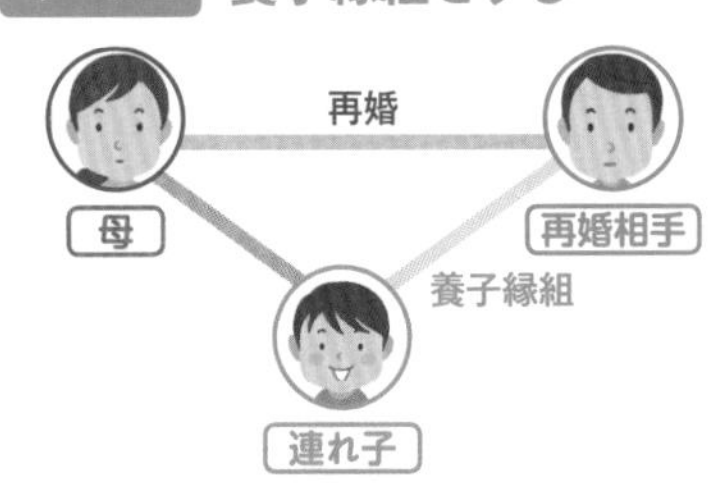

- 母と連れ子が同じ姓になる
- 再婚相手は連れ子の扶養義務を負う
- 連れ子は再婚相手の財産を相続できる

こんなときどうする? 妻の子と養子縁組したあと、離婚。養育費は?

養親は養子に対して養育費を負担する義務があり、妻と離婚しただけでは親子関係が解消されないので、養育費の支払い義務は免れません。離婚に加え、離縁の手続きをすれば、扶養義務はなくなります。

離婚するときに親権者になる人

母親の親権率が高い

離婚後の親権は、1987年に父親と母親の割合が逆転して以来、母親が取る割合が増加し続けています。現在、8割以上のケースで母親が親権を取っています。

また、未成年の子どもがいる夫婦が離婚する割合も、少しずつですが増えています。

夫妻の届出時の年齢（5歳階級）別に親権を行う者別の離婚率を見ると、親権を行わなければならない子がある離婚率は、夫妻ともに30代が最も高くなっています。

夫がすべての子の親権を行う離婚率は、夫妻ともに45～49歳で最も高くなっている一方、妻がすべての子の親権を行う離婚率は、夫妻ともに35～39歳で最も高くなっています。

● 親権者になる人の離婚割合

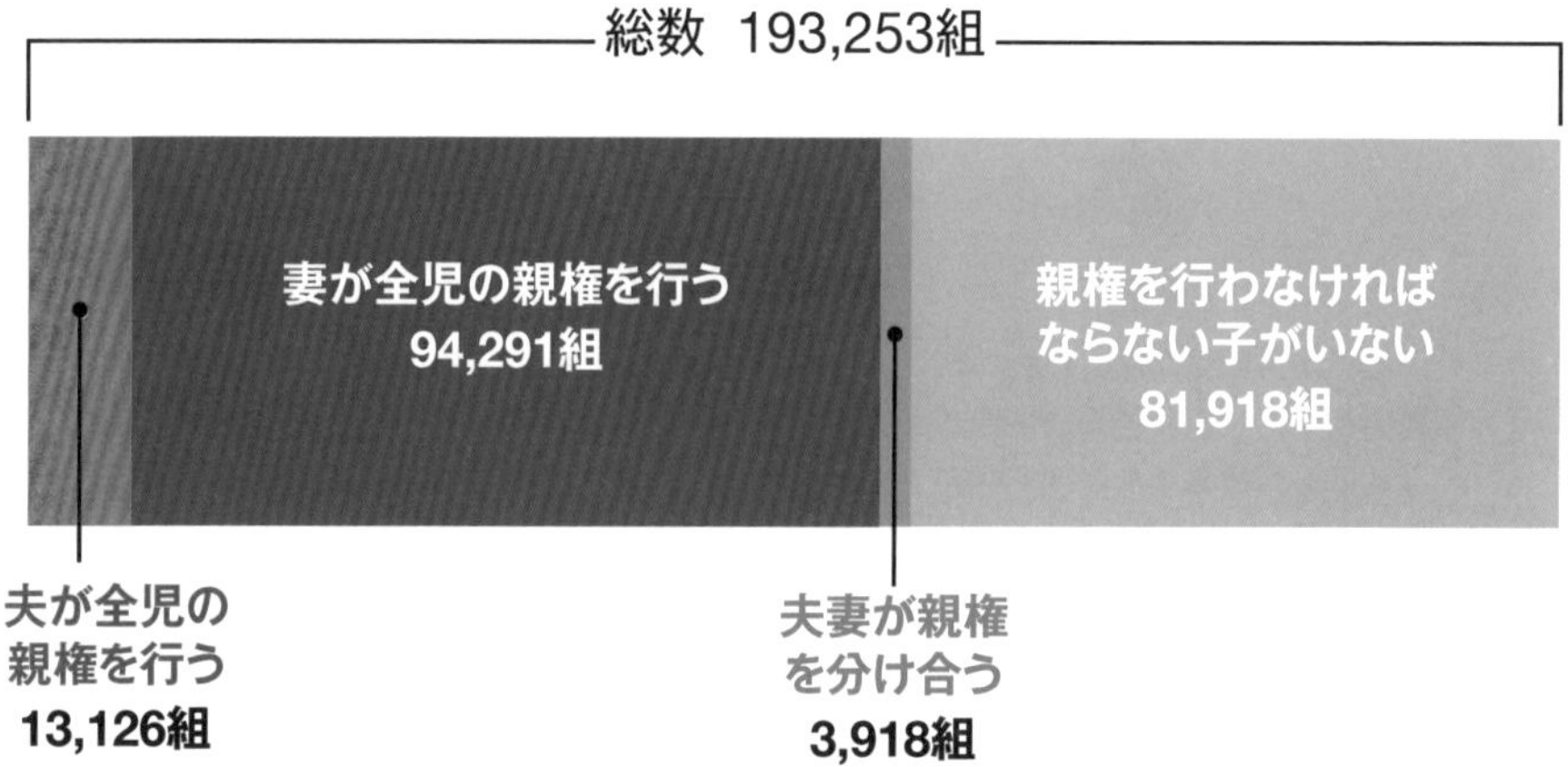

出典：データ「親権を行う者別の離婚件数」（厚生労働省「人口動態統計」2020年）

さ

し

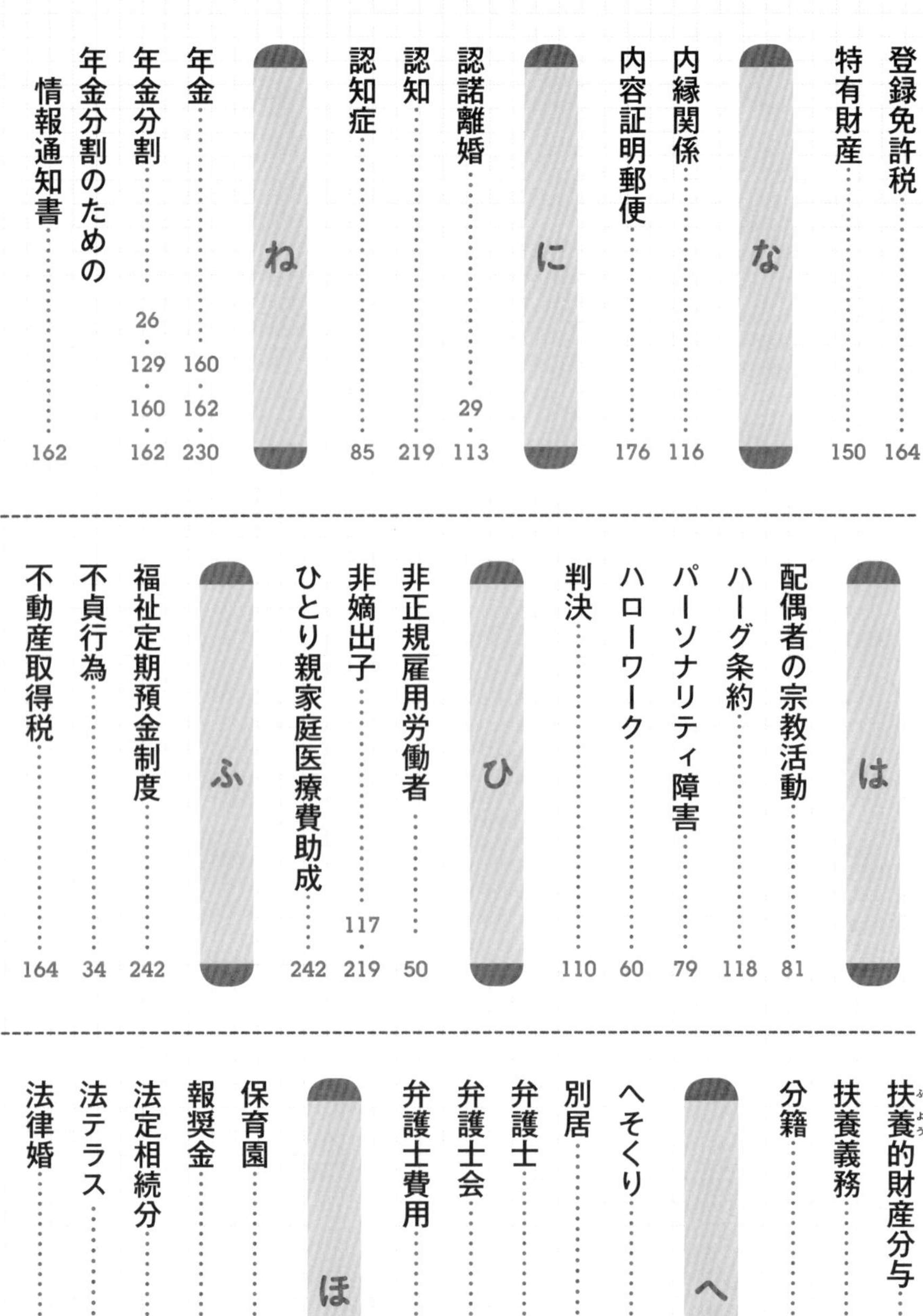

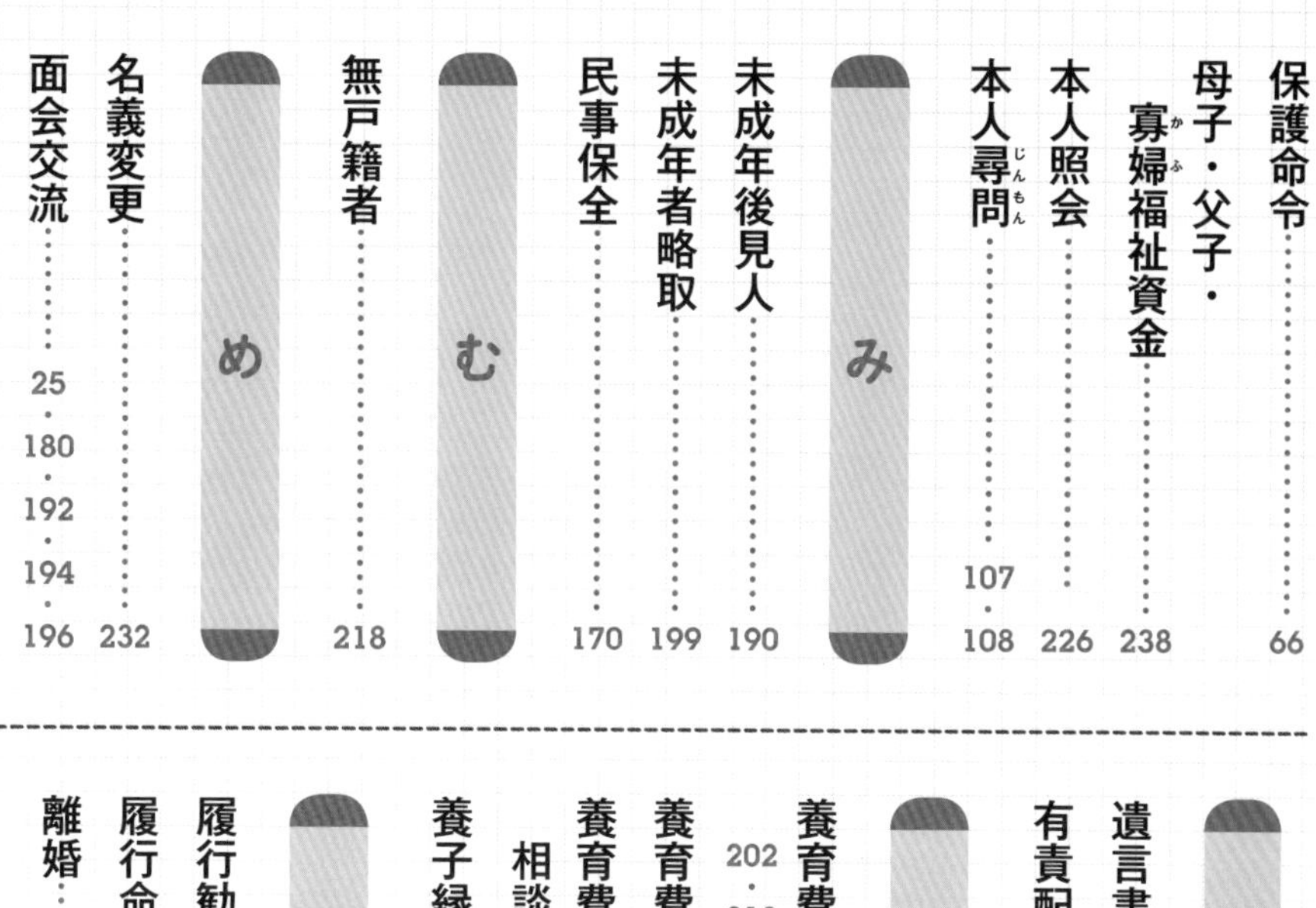

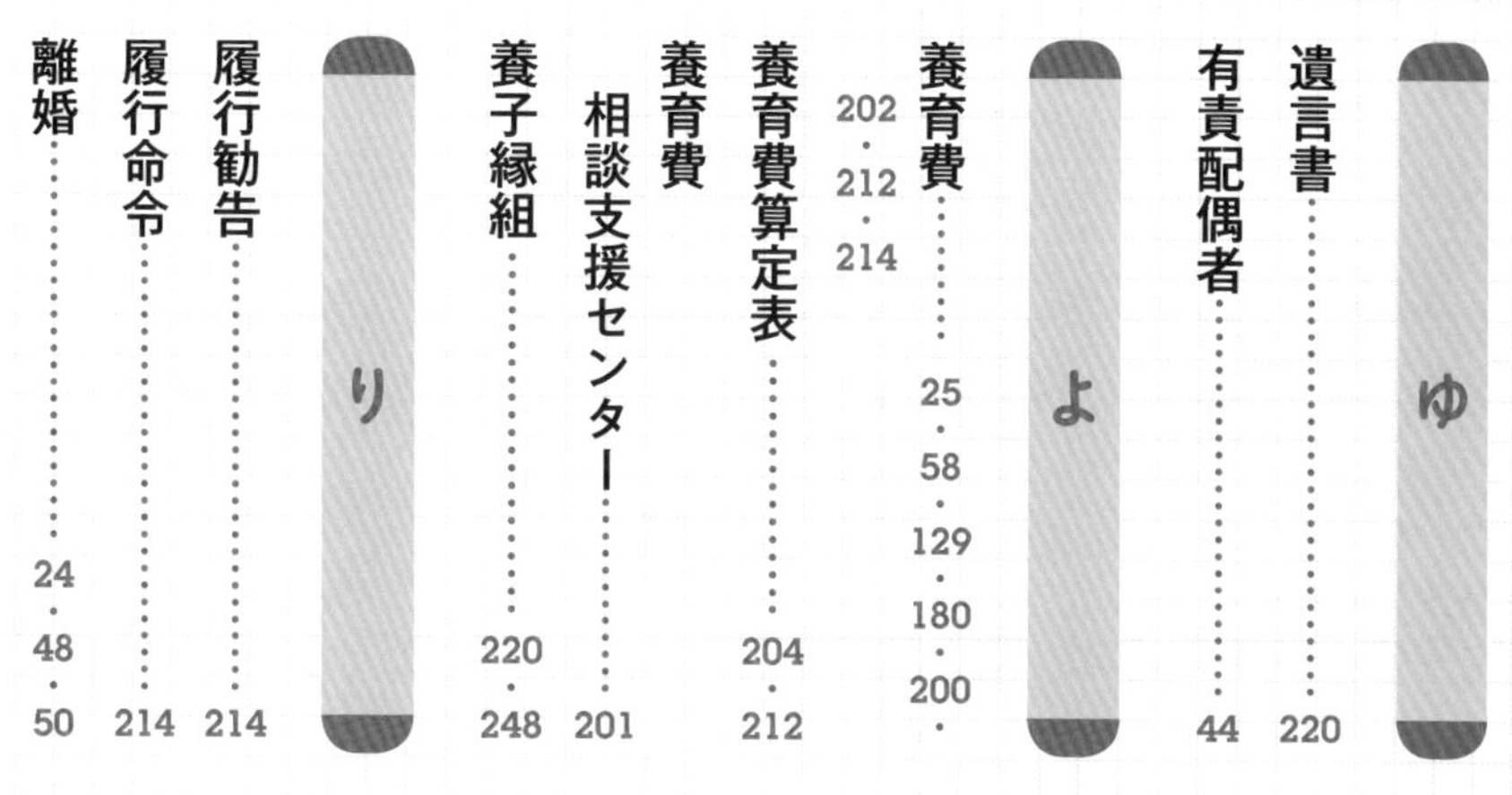

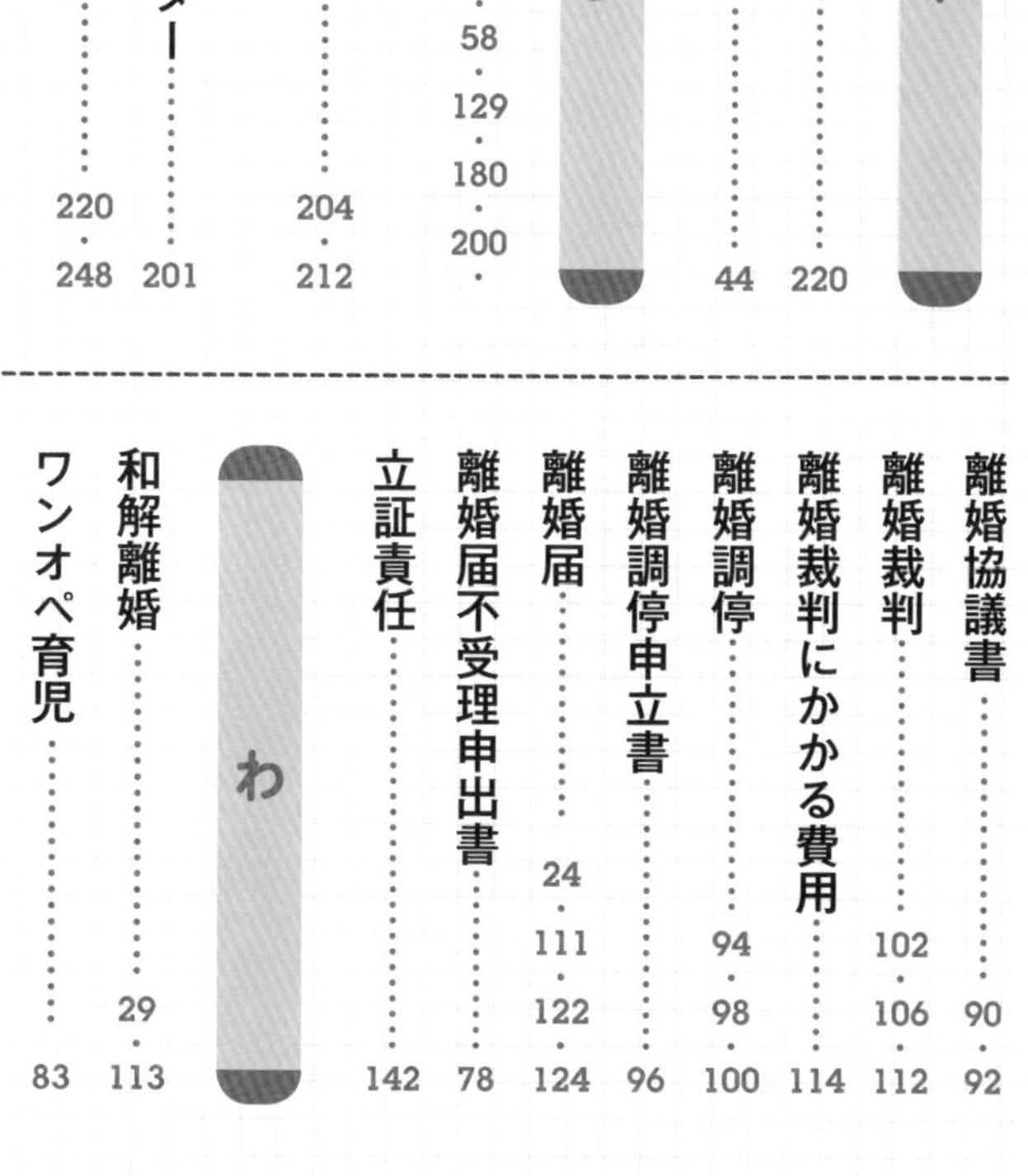

監修者 **森 公任**（もり こうにん）

1951年新潟県生まれ。中央大学法学部卒業。1981年弁護士登録（東京弁護士会）。1983年森法律事務所設立。離婚、相続などの家事事件を数多く取り扱っており、家事事件の受任件数は全国トップレベルを誇る。著書・監修書に『簡易算定表だけでは解決できない養育費・婚姻費用算定事例集』『2分の1ルールだけでは解決できない財産分与額算定・処理事例集』『「子の利益」だけでは解決できない親権・監護権・面会交流事例集』（いずれも新日本法規出版）などがある。

監修者 **森元みのり**（もりもと みのり）

東京大学法学部卒業。2006年弁護士登録（東京弁護士会）。2006年森法律事務所入所。森法律事務所でおもに離婚案件を担当しており、数多くの女性の悩みに応えている。著書・監修書に『簡易算定表だけでは解決できない養育費・婚姻費用算定事例集』『2分の1ルールだけでは解決できない財産分与額算定・処理事例集』『「子の利益」だけでは解決できない親権・監護権・面会交流事例集』（いずれも新日本法規出版）などがある。

イラスト　渡邉美里、西脇けい子
デザイン　大悟法淳一・大山真葵（ごぼうデザイン事務所）、武中祐紀
校閲　西進社
編集協力　渡辺稔大

※本書は、当社ロングセラー『カラー版 一番よくわかる 離婚の準備・手続き・生活設計』（2015年7月発行）を再編集し、書名、内容等を変更したものです。

最新　一番よくわかる
離婚の準備・手続き・生活設計

2021年 8 月10日発行　第 1 版
2024年 7 月10日発行　第 3 版　第 1 刷

監修者　森 公任、森元みのり
発行者　若松和紀
発行所　株式会社 西東社
〒113-0034　東京都文京区湯島2-3-13
https://www.seitosha.co.jp/
電話　03-5800-3120（代）
※本書に記載のない内容のご質問や著者等の連絡先につきましては、お答えできかねます。

ISBN 978-4-7916-3044-8